本书获得教育部人文社会科学规划基金（项目号 12YJA870002）

聊城大学学术著作出版基金资助

民国时期的古籍丛书研究

崔建利　著

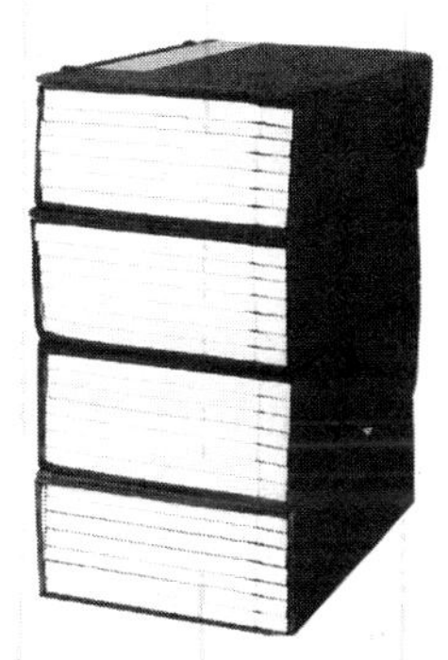

中国社会科学出版社

图书在版编目(CIP)数据

民国时期的古籍丛书研究/崔建利著.—北京：中国社会科学出版社，2016.8

ISBN 978-7-5161-8479-0

Ⅰ.①民… Ⅱ.①崔… Ⅲ.①古籍—丛书—研究—中国—民国 Ⅳ.①Z121.6

中国版本图书馆CIP数据核字(2016)第146140号

出 版 人 赵剑英
责任编辑 刘志兵
特约编辑 张翠萍等
责任校对 张依婧
责任印制 李寡寡

出　　版 中国社会科学出版社
社　　址 北京鼓楼西大街甲158号
邮　　编 100720
网　　址 http://www.csspw.cn
发 行 部 010-84083685
门 市 部 010-84029450
经　　销 新华书店及其他书店

印　　刷 北京明恒达印务有限公司
装　　订 廊坊市广阳区广增装订厂
版　　次 2016年8月第1版
印　　次 2016年8月第1次印刷

开　　本 710×1000 1/16
印　　张 18.25
插　　页 2
字　　数 305千字
定　　价 65.00元

目　　录

下 篇

绪　言

一　古籍丛书概念及发展简史概略

古籍丛书的概念实际上由古籍和丛书两个概念决定，因此，要确定古籍丛书的概念，首先要对这两个概念的内涵和外延加以界定。学界关于古籍的界定主要体现在对其时限的把握上，主要有两种：一是 1911 年之前（含 1911 年）说。上海图书馆编《图书馆工作手册》就认为："中国古代书籍，通常称古籍，主要是指书写或印刷于 1911 年以前、反映中国古代文化、具有古典装订形式的书籍。"① 也有的说成是"1912 年之前"，或"清代以前"等，虽表述有异，实际上是一回事，即认为古籍的时间后限为 1911 年。这种观点较普遍，目前已基本为学界所接受。现在全国古籍普查和《中华古籍总目》的编纂将时间定为 1912 年以前的汉文古籍。二是将古籍的时间后限界定为五四运动或 1919 年。这种观点以吴枫为代表，他认为："古籍，亦称古典文献，一般是指五四运动以前雕版、活字版或手抄的古籍文献，同时包括文书、卷册、碑铭、拓本等。"② 本课题研究所涉及的"古籍"概念，以第一种观点为据。

丛书是我国古籍编纂和存在的主要形式和方式，有关丛书演变历程及其内涵，历代学者多有述及，清末民初缪荃孙在其《校刻〈儒学警悟七集〉序》中曰："唐以来有类书，宋以来有丛书，朱氏《绀珠》、曾氏《类说》，已汇数十种而刻之，然皆删节不全，至取各书之全者，并序跋

① 上海图书馆编：《图书馆工作手册》第十三章《古籍整理》，中国国际广播出版社 1990 年版，第 652 页。

② 吴枫：《中国古典文献学》，齐鲁书社 1982 年版，第 55 页。

不遗，前人以左圭《百川学海》为丛书之祖，顾《学海》刻于咸淳癸酉，先七十余年已有《儒学警悟》一书，俞鼎孙、俞经编，计七集四十卷。”缪氏为近代中国版本目录及刻书大家，近代许多重要古籍丛书的刊刻都由他亲自董理。缪氏这段话最重要的意义不在于给世人传达出某种结论，而在于其彰示出一直到民国初年，关于丛书起源及其内涵和外延的界定仍旧众说纷纭。其实，直到目前，学界关于丛书的定义仍旧存在不同争论。1990年出版的《图书情报辞典》对丛书是这样定义的：

> 汇集多种单独著作而成的一套具有一个总书名、并以编号或无编号形式出版的图书。其中每一种书都有其自身的书名，都是一部完整独立的著作，可以由一人所著，也可以是多个著者的著作汇编。

这一定义基本上体现了学界主流观点。就目前来看，有关丛书的几个内涵，在以下方面基本无疑异：就内容而言，丛书一般围绕一个中心题目，但所收诸书彼此并不一定有内在联系；就形式而言，版式、书型、装帧等大多是相同的；就收集单独著作的数量而言，少则三五种，多达数千种，如《四库全书》共收图书3470种；就出版方式而言，或一次出齐，或逐册出版多年乃毕，不一而足，等等。但对于著者相同的多部书合刊是否应算作丛书，学界分歧还是较大的。曾贻芬、崔文印就认为：

> 所谓丛书，是指把不同作者的若干著作，按着一定的规程，完整而不是节略地把它们收录在一个总的书名之下，这个囊括诸书的新书，就是我们所说的丛书。这里有两点需要特别加以强调：（1）丛书所收之书，必须是两个或两个以上不同作者的著述；（2）丛书所收的任何著述，都应是完整而不是节略的。强调前者，是为了把丛书与个人选集、全集区分开来；而强调后者，则是为了把丛书与类书及其他资料汇编区分开来。①

这一观点也不无道理。但这样一来，同一著者不同著作的汇刊便被排斥在丛书之外，而这类汇刊在民国时期古籍出版中并不少见。为了尽可能

① 曾贻芬、崔文印：《中国历史文献学史述要》，商务印书馆2000年版，第475页。

全面地兼顾民国古籍丛书编纂出版的各方面，本课题研究舍弃此观点，而是遵从《中国丛书综录》为代表的主流观点对丛书内涵的界定和外延的取舍。

丛书在中国古籍的保存、传播过程中起着非常重要的作用。清代张之洞在《书目答问》中说："丛书最便学者，为其在一部之中可赅群籍，搜残存佚为功尤巨。"据杨家骆统计，中国历代著述之确曾成书并经著录者至少有25.3万余种，而今存世者仅约10万种，其中收入丛书中者约有8.5万种，靠单行散刻流传者仅约1.5万种，在收入丛书的8.5万种古籍中约有1.5万种存在单行本。故现存10余万种中国古代典籍中，因辑入丛书而免遭佚失并流传至今者多达7万余种。由此可见，古籍丛书对于保存中国古代典籍的重要性。

中国的丛书具有悠久的历史，可以溯源到先秦两汉，至宋代而成形，至明清而大盛。有关丛书的发展历程及其学术地位，谢国桢曾在《丛书刊刻源流考》中作过简明概述：

> 自唐有类书、宋有丛书，而后古今著述始流传于世，供诸读者，盖零圭片羽，搜求甚难，而汇辑众长，汇为一编，故传播自易也。沿及明、清两代，丛书之业，刊刻日繁，搜罗至广，学者欲求以往著述，属于何类之书，均可于丛书中求之，遂成学术之宝库矣。[①]

一般认为中国的丛书始于南宋俞鼎孙、俞经二人编的《儒学警悟》。李春光先生在《古籍丛书述论》中认为东汉末年的《熹平石经》应为中国丛书之始，这一观点是很有道理的。按今天学界关于丛书内涵的界定，《熹平石经》和《儒学警悟》都属于类编丛书，不同之处在于，《儒学警悟》之名是辑书时即有的，而《熹平石经》是后代命名的，至于木刻与石刻，只是刊刻方式或载体不同而已。遗憾的是，《熹平石经》在中国丛书史上的这一地位尚未引起学界充分重视。

《儒学警悟》编辑于嘉泰二年（1202），收入宋代《石林燕语》《演繁露》《嬾真子录》《考古编》《扪虱新话》《萤雪丛说》共六部著作。这部书流传很少，直到1922年才由陶湘刊行。因此，人们一般也将流传有

---

① 谢国桢：《明清笔记谈丛·丛书刊刻源流考》，上海书店出版社2004年版，第148页。

序的、南宋时期宋左圭所辑的《百川学海》作为丛书的鼻祖。《百川学海》收书100种，多为唐、宋时期的野史杂说，当时即经雕版印行，流传较广。元代也有丛书，但数量不多，较有名的是陶宗仪辑的《说郛》。不过，此书虽取“丛书”的形式，实际则是以“说”为标准的选本，因此，它在性质上还不能算作完全的丛书。明代在经历了元末的社会动乱之后出现了新的统一局面，社会经济得到了恢复和发展，印刷业更加发达。尤其是明中叶以后印刷技术不断改进和革新，应用了铜活字和木活字，印书能力明显提高，为丛书的快速批量印刷创造了有利条件，使丛书的数量和品种不断增加，质量不断提高。从形式上看，明代的丛书，既有只收两种的《庄骚合刻》，又有收书十几种、几十种乃至百种以上的丛书。从内容上看，既有综合性的，又有专科性的，诸如族姓（氏族）丛书、自著丛书、地方丛书等。嘉靖年间陆楫等编辑的《古今说海》收书135种，分说选、说渊、说略、说纂四部，多为唐、宋文人的小说，是中国最早的小说专门丛书。在综合性丛书中，又可区分为两种情况，一种是通代的，另一种则是断代的。《百陵学山》《夷门广牍》等当属前者，《汉魏丛书》《唐宋丛书》等属后者。

清代丛书的编刊在明代的基础上又进一步发展。其表现首先是注意编纂质量。有的非常注意选择善本，有的在校雠上下了很大功夫，有的则热心于刊刻罕见之书，以学术价值为决定取舍的重要依据之一。其次是丛书刊刻地域更广，数量更多。在现存丛书中，有很大部分系清代所编纂，较著名的丛书有曹溶编辑的《学海类编》、汪士汉校刊的《秘书二十一种》、卢文昭校刊的《抱经堂丛书》、鲍廷博校刊的《知不足斋丛书》等。在清代编辑的丛书中，规模最大、影响最深的是乾隆年间所编辑的《四库全书》。《四库全书》的编纂标志着我国古代丛书编纂水平达到了一个新高度，也标志着清代成为中国古籍丛书编纂的鼎盛时期。清人编纂的丛书不但在数量上超出了宋、元、明三代的总和，而且在质量上也远远超越了其前各代。清代考据学和校勘学的兴盛，为编辑古籍丛书提供了质量上的保证。而国人有志于保存古代文化，又给编纂古籍丛书提供了深厚的社会基础。许多学者几乎用毕生的精力整理古代文献，进行注释考证，辨别真伪，校勘讹误，既保证了丛书出版的质量，也为丛书的出版提供了丰厚而又高质量的学术资源。

二　民国古籍丛书研究的学术史回顾

民国时期是指1912—1949年间38年的历史时期。当时的中国虽然战乱频仍，内忧外患不断，但思想很活跃，中国出现了春秋战国之后的又一次百家争鸣的盛况。学术相对繁荣，加上印刷技术的进步和逐渐推广，现代图书馆运动的扩大和深入人心及各级各类图书馆纷纷建立等，为大型古籍丛书的编纂和出版提供了丰厚的文化基础、坚实的技术保障及广阔的市场需求，相继出现了《四部丛刊》《四部备要》《丛书集成初编》等大型综合性丛书。这些丛书不仅从收书容量上进一步增加，分类及印刷方式上也更加多样和灵活，既有传统的雕版印刷，又有石印、影印、铅字排印等近现代印刷方式的运用；既有传统的四部分类法，也采用十进制等现代分类法。这些都标志着传统古籍丛书的编纂和印刷随着现代印刷技术的出现和成熟而进入一个新阶段，也使古籍丛书保存和传播古典文献的功能得到进一步加强。据上海图书馆编《中国丛书综录》、《中国近现代丛书目录》及阳海清编《中国丛书广录》、施廷镛编《中国丛书综录续编》等丛书目录统计，民国年间出版的古籍丛书超过1000种，对这份丰厚的学术文化遗产进行系统深入的研究，不仅具有重要的学术理论价值，也具有很好的实际应用价值。

传统古典文献学中的“丛书”概念，主要是指古籍丛书。所以，古籍丛书的研究在中国已有很长的历史。但就民国时期的古籍丛书而言，到目前为止，国内专门的研究著述并不是很多，国外相关著述更是罕见。就国内而言，涉及民国时期古籍丛书的著述主要有以下几类。

一是民国时期。民国时期虽然是古籍丛书编纂出版的小高峰，但很少有人从研究的角度对此加以审视，纯粹意义的研究著述很少见。这一时期对于古籍丛书的研究主要体现在丛书书目的编撰及整理上，可视为民国古籍丛书研究的先声。嘉庆四年（1799）顾修刊《汇刻书目》，这是迄今最早行世的专门丛书目录，后来结一庐主人朱学勤（1823—1875）又对其进行了增订。在此基础上，1911年金步瀛撰《丛书子目索引》，可视为民国以来丛书编目暨研究之发轫之作。1914年，罗振玉因感于朱学勤修撰《汇刻书目》失载颇多，遂刻其《续汇刻书目》10卷，朱编未载者尽其能一一补入。同年杨守敬编《丛书举要》多至60卷，收书704种，且附刊误记。1918 年李之鼎增订为 80 卷，以四部分类排列，更按时代、地方分类。1928 年医学书局印行《丛书书目汇编》附补遗，以笔画为次，附子目。同时，开明书店也刊印《丛书子目索引》。1929 年，刘声木补续《汇刻书目》，次年又刊印再续补本，收书 780 种，1935 年编三续本，共收书 700 种。1930 年，浙江图书馆印《丛书子目索引》，1931 年，杜苏韶编印《丛书书目续编初集》。1934 年，杨树达编《群书检目》，同年孙殿起编印《丛书目录拾遗》。1935 年，金陵大学图书馆编印《丛书子目备检・著者之部》。1936 年，清华大学图书馆编印《丛书子目书名索引》、杨家骆辞典馆编《丛书大辞典》等，尽管这些丛书书目及工具书的编纂主要针对清以前的古籍丛书，但传统目录学所具有的“辨章学术、考镜源流”的功能，使得这些书目编纂活动本身体现了编者对传统古籍丛书的梳理和审视。

二是新中国成立以后。中华人民共和国成立以后至今，世人对于民国时期古籍丛书的研究呈现出由疏到密、由宽泛到专门等特征。从时间上看，学界有意识地以古籍丛书为研究对象，主要在 20 世纪 70 年代末期以后。研究成果的表现形式主要有专著、论文两大部分。

就研究专著来看，主要有以下几种情况。

1. 有关丛书或古籍丛书的研究著述

这类著述主要以中国古籍概况或丛书史为主要研究对象，其中或多或少涉及民国部分丛书情况的介绍。上海古籍出版社 1989 年出版了刘尚恒的《古籍丛书概说》一书，可说是新中国成立以来第一部以“古籍丛书”为主要研究对象的专著，该书内容大体分两部分，前一部分主要从古籍丛书的概念和起源、古籍丛书的发展、古籍丛书的类别、古籍丛书的价值和利用四个方面探讨了中国古籍丛书的发展演变历程及特征，后一部分则是对 75 种综合性古籍丛书进行了罗列式简述。书中除了对清代以前的古籍丛书作系统论述外，还对民国及新中国成立后的古籍丛书状况作了研究叙述。此后，1991 年辽沈书社出版了李春光的《古籍丛书述论》一书，该书阐述了中国古籍丛书的性质和种类、起源和发展、作用和价值，并分别论述了宋、元、明、清及民国时期的丛书，内容及结构特点是以时代为经，以各时代重要丛书为纬，对民国时期重要古籍丛书的论述占较大篇幅。吴家驹的《古籍丛书发展史》则除了从介绍古籍丛书的概念源流分类入手，逐朝分析总结该时段的古籍丛书发展状况外，更多着眼于古籍丛书的体例、内容及类别发展的历史，编撰理念、成熟与否等，且关注了台湾地区的古籍丛书出版状况以及新兴的古籍资源数字化建设现状，弥补了已有关于古籍丛书研究的不足，其中关于民国时期古籍丛书情况的介绍也颇翔实。

2. 出版史或古籍史类著述

大陆方面主要有王余光、吴永贵《中国出版通史·民国卷》，吴永贵《中国出版史（近现代卷）》和《民国出版史》，肖东发《中国图书出版印刷史》，张志强《20世纪中国的出版研究》，叶再生《中国近代现代出版通史》，吉少甫主编《中国出版简史》，张煜明编著《中国出版史》（武汉出版社，1994），来新夏等编著《中国图书事业史》（上海人民出版社，2009），金德建著《古籍丛书》（上海书店出版社，1986），蒋复璁等著《中国书籍考论集》，李文琦等著《中国书籍演变论集》，昌彼得著《中国图书史略》等。港台及海外学者有关图书史的研究著作主要有史梅岑著《中国印刷发展史》、台湾印刷学会编《中国印刷简史和现况》、高越天著《中国书纲》，等等。这类著作有的以出版为视角，有的以图书史为主线，对民国时期的古籍丛书的介绍或是几笔带过，或是鸟瞰式概述，或是就最具影响力的三两部丛书进行剖析，虽然这些论述主要是为阐释“中国出版史”或“古籍图书史”服务，却为“古籍丛书”的研究提供了颇有价值的参考或线索。

3. 出版史资料整理类著述

主要以张静庐的《中国近代出版史料》和《中国现代出版史料》及宋原放主编的《中国出版史料》（现代部分）及其补卷等为代表。张静庐的《中国近代出版史料》分初编、二编两册，系收集自同治元年（1862）至1918年间有关新兴出版事业的重要资料编纂而成；《中国现代出版史料》分甲、乙、丙、丁四编，在丙、丁两编间出有《中国出版史料补编》（“补编”和“丁编”主要集录近、现代各编中未及收录的资料），甲、乙、丙三编收集了1919年至1949年间有关出版事业的重要资料，取材范围以与图书、期刊的编译、出版、印刷有关者为主，附刊书影、插图等。张氏二书中有关民国时期古籍丛书资料颇丰，对于研究民国时期古籍丛书的出版状况及时代背景具有很大的参考价值。宋原放主编的《中国出版史料》特别是近现代部分，时间跨度长（1919—2005），选录资料翔实，为课题研究必备参考书目。除上述两著外，宋应离、袁喜生、刘小敏编辑的《20世纪中国著名编辑出版家研究资料汇辑》（河南大学出版社，2005）也是近代古籍丛书研究必备参考文献。该书采用《史记》的写法，逐个介绍了中国20世纪对编辑出版业作出了重要贡献的著名人物共54位，如张元济、王云五、高梦旦、陆费逵、舒新城等，其中有许多既是开创现代出版业的代表人物，也是近代古籍丛书编纂出版大家。该书对每一位代表人物收集和选登的历史资料主要分为四部分：第一，传主本人写的与编辑出版工作有关文字或生平自述；第二，传主亲属写的回忆录；第三，友人和研究者写的回忆和评论；第四，与主题有密切关系的史料存目，包括专著和文章。范军编撰的《中国出版文化史研究书录（1985—2006）》则对20世纪后期到21世纪初期有关中国出版文化史研究方面的著述作了辑录和介绍，是一部颇有参考价值的工具书。

4. 部分文献学通论或文史工具书指南类著述

这类著作很多，大多从文献学术语角度或从工具书查阅角度来诠释古籍丛书，多以民国时期编辑出版的三大丛书为例介绍丛书的功能、特点及作用。像杜泽逊《文献学概要》（中华书局，2001）、李国新《中国文献信息资源与检索利用》（北京大学出版社，2004）等。

以上几类著述虽都有对民国时期古籍丛书的介绍或研究，有些出版类著述中的相关内容还颇为翔实，但或侧重于"丛书"概念的阐释，或立足于出版史整体，或局限于极个别重要丛书的举例性介绍，都无法形成或替代对于民国时期古籍丛书的专题研究，这正是本选题的一个重要出发点和努力方向。

专题论文方面，主要有期刊论文和学位论文两种情况。

期刊论文方面，近年来，民国时期的古籍丛书逐渐引起学人的关注，出现了几篇以民国时期的古籍丛书为直接研究对象的论文，如张敏慧的《近代三大古籍丛书的比较研究》（《安徽师范大学学报（人文社会科学版）》2003/01）、杨嫚的《民国时期的古籍丛书出版探要》（《图书馆学刊》2005/02）、贾鸿雁的《民国时期古籍丛书出版的成就与影响》（《图书馆杂志》2003/01）及《民国时期丛书出版特点试析》（《江苏图书馆学报》1995/06）等，这类论文虽侧重于民国时期古籍丛书的某一方面进行论述，但针对性强，局部论述和分析较透彻，具有重要参考价值。此外，非直接以古籍丛书为切入点的论文更多，有的从古籍出版的角度，像刘洪权的《民国古籍出版对当代古籍出版的文化贡献》（《编辑之友》2007/

03)、吴永贵的《学习民国时期的古籍出版》（《出版广角》2007/04）等；有的从古籍丛书出版机构或出版人角度，像方厚枢的《我了解的商务印书馆若干史事——八十回望访谈录》（《出版科学》2009/02）、汪家熔的《陆费逵人品和创办中华书局动机考辨》（《中国编辑》2006/01）等，不一而足，都能直接或间接地展示出民国时期古籍丛书的某些侧面。

学位论文方面，近年来，随着研究生教育的发展，从多方面对传统古籍进行深入研究的课题越来越多地进入硕士和博士学位论文选题中，出现了一些与民国时期古籍丛书研究相关或相近的硕、博士学位论文，其中以刘洪权的博士论文《民国时期古籍出版研究》最具代表性。该论文从民国时期古籍出版的时代背景、民国时期古籍出版的历程、民营出版业与古籍出版、商务印书馆与民国时期的古籍出版、图书馆、私人藏书家与古籍刊刻、民国时期古籍出版的文化贡献等方面系统论述了民国时期古籍出版状况，其中有关古籍丛书的论述占很大部分，极具参考价值。刘萌硕士学位论文《商务印书馆古籍出版研究》（河南大学，2010）、杜少霞硕士学位论文《民国时期古籍版本学研究》（郑州大学，2007）第四章主要讨论了民国时期古籍出版、古籍版本目录及古籍善本书影三方面的古籍版本学实践活动；古籍出版以张元济主持出版的《四部丛刊》和《百衲本二十四史》两部大型古籍丛书为代表，探讨了其在版本方面所取得的成就及存在的局限。杨丽莹的博士论文《扫叶山房史研究》（复旦大学，2005）、齐琳硕士论文《20世纪上半叶中华书局古籍出版情况研究》（东北师范大学，2009）等分别以个案形式对民国时期的重要书坊历史做了研究，其中关于民国初年部分的论述涉及很多古籍丛书出版方面的信息。

综上所述，目前国内外有关民国时期古籍丛书的研究还很薄弱，这与民国时期古籍丛书的成就与历史价值很不相称。随着民国文献研究的深化和相关领域研究的不断拓展，民国时期古籍丛书的重要性会越来越受到世人和学界重视，这一课题的研究也会越来越引起学者的兴趣，一些高质量的研究成果也会随之产生。

上　篇

第一章　民国时期古籍丛书编纂出版的历史背景

民国时期古籍丛书的编纂出版状况既受当时社会发展的影响和制约，也是当时社会历史状况在图书编纂出版这一独特角度的直接反映。1840年鸦片战争以后，中国社会逐步沦为半封建半殖民地社会，中国近代百余年的政治、经济、文化、学术均与此前的封建社会有了差异，既有千百年来浓厚的封建社会思想根基，又有传统向现代转型过程中所具有的新思想和新观念，这些变化对中国近代图书出版乃至古籍丛书的发展均有或多或少的影响。因而了解民国时期的社会背景，是把握中国近代古籍丛书发展状况的重要环节。

第一节　民国年间新版古籍丛书的政治经济因素分析

一　社会政治因素

刘国钧在其《书史简编》中曾表述过如下观点："一定历史时期的图书必然有一定的内容与一定的形式，图书的内容与形式反映出一定社会一定时期的生活状况和意识形态，社会生活的实践决定了图书的内容与形式，同时图书的内容与形式又成为影响社会进一步发展的有利因素。图书是社会生活的产物，同时又是推动社会生活的一股巨大力量，图书的社会意义、图书在社会发展中的作用就在于此。"① 说明了图书与社会关系之密切。同样，考察民国时期的古籍丛书，也离不开对其所处时代和社会背

---

① 刘国钧：《中国书史简编》，郑如斯订补，书目文献出版社1982年版，第1页。

景的分析。

道光以后，在清朝封建政权日渐衰落的同时，西方某些资本主义国家经过工业革命而日益强盛，凭着相对先进的现代工业设备开始向外进行掠夺和殖民扩张。经过中英鸦片战争的较量，中国败下阵来。接下来的中法战争、中日战争、八国联军入侵，带给中国的是接连不断的战乱与割地赔款、农民起义引起的动乱等，使得清末的中国已是遍体鳞伤。内忧外患相继，国家积贫积弱，成为当时社会发展的主基调和主旋律。这种动乱的社会政治现实对中国传统古籍的毁坏和流失是致命的。隋朝牛弘就曾提出书有“五厄”：第一次劫厄是秦始皇焚书坑儒；第二次劫厄是西汉末年赤眉入关；第三次劫厄是东汉末年董卓移都；第四次劫厄是西晋末年的刘石乱华；第五次劫厄是南梁周师入郢。明朝胡应麟又把隋以后明以前发生的书的灾劫总结为“五厄”：第一次劫厄是隋末炀帝被杀，图书被烧；第二次劫厄是安禄山入关；第三次劫厄是黄巢攻陷长安；第四次劫厄是北宋末年金人入汴；第五次劫厄是南宋德祐二年（1276）伯颜南下。明代以前中国典籍所遭遇的“十厄”之中，几乎都和社会政治动乱和昏庸的政策相关。

1912 年中华民国的建立虽然推翻了几千年封建帝制，但并未从根本上改变中国社会性质及物质经济状况，随之而起的是国内各军阀混战、日本的入侵、国共内战等，依旧成为民国时期社会政治状况的主旋律。这种动荡的社会政治现实，使古籍遭受重大破坏和流失，大量古籍在战火中被毁。仅以日本侵华战争对中国古籍的毁坏为例就可窥见一斑。九一八事变时，日军炮火击中沈阳东北大学图书馆，仅东北大学教授王华隆一家即损失私人藏书 8900 册，日军趁火打劫，掠夺沈阳清故宫中的文溯阁正本《四库全书》准备运往日本，抗战胜利后始被收回。七七事变后，随着日本帝国主义全面侵华战争的爆发，华北、华东、华中及华南大片国土沦入敌手，日本对我国文献典籍的掠毁也向全国蔓延。据不完全统计，沦陷地区及战区内之图书馆有 2500 余所，受损图书当在 1000 万册以上。特别是沿海各重要都市之精美大图书馆诸如南京国立中央图书馆及江苏省立国学图书馆、北平之国立北平图书馆及清华大学图书馆、杭州之浙江省立图书馆等均陷入敌手，这些图书馆大多收藏丰富，且多善本名抄，均遭损毁劫夺。战乱对私家藏书的破坏也是致命的，吴兴刘氏嘉业堂，常熟瞿氏铁琴铜剑楼，苏州潘氏滂喜斋，天津李氏木犀轩等著名藏书楼，藏书之精美为全国之冠，许多珍本为公共图书馆所无，但也逃不出遭战乱毁坏的厄运。同时，大批古籍也在战乱中流失海外。一些外国侵略者乘机大肆抢掠，或乘国困民穷之机廉价抢购中国古籍，然后将这些珍贵典籍文献抢运回国，导致珍贵文献的大量外流。这方面最具代表性的是继俄国人奥勃鲁切夫、英籍匈牙利人斯坦因、法国人伯希和之后，日本人对中国典籍的劫掠。据严绍璗统计，20 世纪三四十年代日本劫掠中国文献典籍共计 23675 种，2742180 册。[①] 其中又以 1937—1945 年的 8 年侵华战争中所劫中国公私藏书最为集中、数量最多。[②]

表 1—1　　日本 1937—1945 年所劫中国公私藏书一览表　　单位：册

	南京	北京	上海	江苏	浙江	湖南	湖北	福建	广东
公家	886461	448957	264715	61851	39400	22276	104867	96833	624008
私家	53118	137471	25726	70419	31213	9077	93917	576	13865

从表 1—1 所示 6 省 3 市为日本侵略者所掠公私典籍数量，可以窥见日本军国主义通过侵华战争对中国典籍文献的劫掠和破坏程度。

总之，动乱的社会政治环境导致的古籍毁坏和流失，为民国时期古籍丛书大量刊刻的重要原因之一。

就执政当局的统治政策和政治理念来看，儒家文化为根基的执政理念也是民国年间古籍丛书相对繁荣的重要社会基础。因为重元典、求根源，是中华文化心态的一个重要特征，也是以儒家文化为主导因素的历代统治者执政理念和相应文化政策的一个基本立足点。民国时期虽然政权更迭频繁，历届政府对待传统文化或国故的态度和依赖程度也各有差异，但尊重传统、借古典装点门面、从传统中寻求正统和理据的实用理性心态却并无二致，从民国历届政府对待影印《四库全书》的态度上就可充分说明这一点。《四库全书》自清代乾隆年间编纂完成后，历经劫难，至 20 世纪初，仅存四部。为使《四库全书》免遭《永乐大典》化作灰烬的厄运，如何传播与保存这卷帙浩繁的镇国奇珍，一直是近代有识之士梦萦魂牵的事业。19 世纪末罗振玉等人就倡议将其迁入新创建的京师图书馆，让其

① 参见严绍璗《汉籍在日本的流布研究》，江苏古籍出版社 1992 年版，第 202 页。

② 同上书，第 201 页。

有永久无虞的安身之地。当然，要让这东方文化的“金字塔”不遭沦灭，印行是最好的办法。从1919叶恭卓等向徐世昌政府转述欧美对印行《四库全书》的兴趣，北洋政府迅速决定在北京设立文化局，专门施行印行之事，到1936年《四库全书珍本初集》选印完毕，其间经历了四次倡议影印《四库全书》之举，虽然由于各种原因失败，最后只是以选印《四库全书珍本初集》而告终，但历届执政当局或明或暗的支持态度还是显而易见的。而在武夫当道占多数的历届北洋政府中，徐世昌算是一个例外。其执政理念和成效虽也可圈可点，但其偃武修文的理念对近代文化的发展和传承还是起了一定作用的，也是颇值世人称道的。20世纪初的中国，新旧思想交锋正酣，既发生了“打倒孔家店”的新文化运动，又发生了五四爱国运动，同时，西方各种思潮如杜威的实用主义、巴枯宁的无政府主义、马克思的共产主义等一齐涌入中国，中国传统的文化思想受到极大冲击。在这种情况下，徐世昌大力提倡颜李之学，以“笃实学术，端正风会”，恢宏中国传统的“周孔正学”。正是出于对传统文化的尊崇，徐世昌不仅极力支持影印《四库全书》，还专门组织设立编书处，亲自主持编纂了大批古籍丛书。蒋介石虽系武人出身，但他所倡导的恢复固有道德和尊孔读经活动，更是掀起了1934—1937年翻印古籍的风潮，其中就包含一些著名古籍丛书的刊印。

二 经济因素

民国时期国内的经济形式呈现两种发展倾向。动乱频仍、积贫积弱的现实，使国内的经济发展一直停留在低水平，普通民众基本处于饥寒交迫、水深火热的生活状态。正如费惟凯所描述的那样：“在1949年以前的年代，看不到趋于总产量持续增长的起飞，及其带来个人福利增长的可能性，绝大多数中国人至多不过勉强维持生平而已。”[①] 应该说这种描述是贴近当时的实际状况的。当然，这只能是对于占绝大多数的基层百姓而言。对于居于社会中上层的一部分知识分子和文化人来说，他们的经济状况相对而言要好得多。以胡适为例，26岁的胡适1917年从美国回来到北大任教，一开始就拿260银圆的月薪，相当于今人民币10000多元。他在该年9月30日给母亲的信中写道：

---

① 费正清编：《中华民国史》上卷，中国社会科学出版社1993年版，第35页。

> 适之薪金已定每月二百六十圆。……教英文学、英文修辞学及中国古代哲学三科，每礼拜共有十二点钟。……适现尚暂居大学教员宿舍内，居此可不出房钱。饭钱每月九圆，每餐两碟菜一碗汤。①

“饭钱每月九圆”，伙食已很丰盛，因为当时北大的学生在食堂包伙仅4两银子即5.6银圆，可知胡适当时的收入除了基本生活支出外，还会有很多节余。

再看看鲁迅。有人曾作过统计，从1912年到北京教育部任职，一直到1936年去世，24年中，鲁迅总共收入12万多银圆，约合今天人民币480万元，即他每年收入相当于今天的20万元。这些钱除了保障他和家人基本生活外，还可节余很大部分让他从事购书、写作等文化活动。鲁迅生平将读书与买书看得比吃饭还重要，据说有一次，母亲劝鲁迅买几亩水稻田，供自家吃白米饭，省得每月向粮店买大米吃。鲁迅听了笑笑说：“田地没有用，我不要！”然后又大声说：“有钱还是多买点书好！”从1912年5月（鲁迅31岁）初到北京教育部工作，至1936年10月（鲁迅55岁）在上海病逝，这24个年头中，鲁迅平均收入的11.1%专门用来购置图书，共耗资1.3万多银圆用来购置图书1万多册（幅），价值约合今天人民币52万元；也就是说，平均每年耗资5000多银圆（约今人民币2万多元）专门用来买书，别人赠送的图书还不计在内。②

如果说胡适和鲁迅都是顶级学者，他们的经济收入和生活状况不足以代表中上层阶级一般情况的话，30年代作为国立青岛大学图书管理员的江青，可作为基层雇员的代表，当时她月薪为30圆，时任青岛大学图书馆馆长的梁实秋月薪为270圆。虽然作为一般馆员的江青工资比顶级学者少得多，但其收入水准也远远超过当时的一般民众了。就算按胡适的月生活支出9圆标准，她还有20多圆的节余可保证基本生活之外的文化生活支出。可见，民国时期中上层知识分子相对宽松的经济状况，为他们从事文化消费和学术研究提供了基础，在某种意义上也成为当时古籍丛书大量

---

① 《胡适书信集》上册，北京大学出版社1996年版，第106页。

② 参见大河《60年前中国文化人财富排行：鲁迅是百万富翁》，《职业天地·上半月刊》2007年第7期。

编纂与流通的重要前提条件。

民国的成立提高了民族资产阶级的地位，激发了资产阶级振兴实业的热情，特别是第一次世界大战前后，欧美帝国主义暂时放松了对中国的经济侵略，中国资本主义得到空前发展，导致中国民族资本经济在二三十年代短暂的相对繁荣局面，为社会文化事业的发展创造了有利条件，其中就包含大量近代图书馆的创立，纷纷建立的各类图书馆的藏书需求，也给同时期的图书出版带来无限商机。

第二节　思想文化与教育因素

民国时期面临国家的生存危机、社会的动荡不安、各派政治力量的彼此争斗等错综复杂的背景，导致这一时期社会意识形态多元化和思想文化领域百家争鸣的局面。而对西方思想的大量引进、消化、吸收和对传统思想的反思、改造、更新，则构成了民国时期思想文化脉络的主流，因此，新旧思想的斗争、中西文化的争论一度成为民国初期思想界的热点。

一　以科学、民主、创新为旨归的反传统思潮

辛亥革命民主共和政体的建立，从思想上极大地动摇了封建帝王的专制思想，使民主共和思想得到了广泛的传播。同时，新文化运动的进行和西方哲学思想的大量输入，使民国以来的思想界呈现出激进的求异、求新等反传统倾向。各种新文化机构纷纷成立。“一时报纸风起云涌，蔚为大观。”[①] 一些目光敏锐、思想激进的知识分子意识到：单纯的政治革命尚不足以救治中国，原因在于多数国人思想守旧。迷信盲从，无独立性，无自觉心。“立宪政治而不出于多数国人之自觉、多数国民之自动”，与封建政治、奴隶政治没有两样。[②] 因此，若想保住共和制度、实现真正民主，应该首先培养国民的自觉自动精神。而要做到这一点，就必须大力宣传现代文明意识，批判传统文化中的腐朽观念。民国四年（1915）9月15日，陈独秀在上海创办《青年杂志》（第二卷起更名《新青年》），以此为主要阵地，一批新型知识分子发起了一场旨在更新民族文化、塑造新

① 戈公振：《中国报学史》，三联书店1955年版，第147页。

② 陈独秀：《吾人最后之觉悟》，《青年杂志》1915年第1卷第6号。

的国民性格的新文化启蒙运动。

陈独秀是首先向传统学说发难的人，民国五年（1916）10月，为批驳康有为致书黎元洪、段祺瑞请在宪法中保留孔教与“拜圣”之礼的提议，他接连发表《驳康有为致总统总理书》《宪法与孔教》《孔子之道与现代生活》《再论孔教问题》等数篇文章及通信。他指出：孔教不是宗教，即勉强称为教，立为国教是与信仰自由之说不符，并且“孔教与帝制，有不可离散之因缘”；独尊孔氏，将造成学术思想之专制，“其湮塞人智，为祸之烈，远在政界帝王之上”。[①] “封建时代之道德、礼教、生活、政治，所心营目注，其范围不越少数君主贵族之权利与荣誉，于多数国民之幸福尤无与焉。”[②] 有鉴于此，他认为：“非独不能以孔教为国教，定入未来之宪法，且应毁全国已有之孔庙而罢其祀。”[③] 这实际上是提出了砸烂孔家店的口号。

激进派这种矫枉过正的理念，就当时贫弱交加的中国现实、对于唤醒深受几千年封建文明浸润的愚昧落后的国民心态来说，的确比以往任何思想家都更具有现实意义。正如胡适所言：“新文化运动的根本意义是承认中国旧文化不适宜现代化的环境，而提倡充分接受世界的新文明。”[④] 这一观点与陈独秀基本一致。当然，这种以科学求新为主旨的激进反传统思潮的片面性也是显然易见的，在他们看来，几千年的中华文明传统只是一个毫无生命力的僵死的历史遗存，在此有色眼镜下，将中国的现代化历程简单归之为一个必移植西方现代性而将中国彻底摧毁的全盘西化过程。但是，它毕竟是中国人冲破几千年封建桎梏后第一次从中西文化视野的角度审视自己的颇具原生态的呐喊，在当时的影响还是相当大的，正如曹聚仁在其《我的读书经验》中所言：“五四运动所带来的社会思潮，使我们厌倦于琐碎的考证。胡适的《中国哲学史大纲》带来实证主义的方法，人生问题，社会问题的讨论，带来广大的研究对象，文学哲学社会……的名著翻译，带来新鲜的学术空气，人人炽燃着知识欲，人人向往于西洋

① 陈独秀：《宪法与孔教》，《独秀文存》，安徽人民出版社 1987 年版，第 74 页。

② 陈独秀：《孔子之道与现代生活》，《独秀文存》，安徽人民出版社 1987 年版，第 85 页。

③ 陈独秀：《再论孔教问题》，《独秀文存》，安徽人民出版社 1987 年版，第 94 页。

④ 胡适：《新文化运动与国民党》，《胡适文集》5《胡适文存四集》，北京大学出版社 1998 年版，第 580 页。

文明。”[①]

这种求新的视野、开放的态度，给当时各类文化事业的发展带来了新的血液和活力。这在当时最大的民营出版机构商务印书馆的编纂出版理念方面体现得最为明显。保持对时代发展的高度敏感，追随新思潮，确保编译及出版物的适用性及时效性，一直是商务印书馆努力的业务目标之一。早在1916年，面对蓬勃发展的新形势，张元济就指出：“余等以为本馆营业，非用新人，知识较优者难与学界、政界接洽。”[②] 此后几年，商务印书馆一直致力于引进新人并在馆内实行改革的重要举措，其中就包含对当时激进思潮的主将胡适的拟聘：

> 现在各省自编教科书，又新思想激进，已有新“妇女”、新“学生”、新“教育”出版。本馆不能一切迎合，故今年书籍不免减退，应当注意印刷，力求进步。[③]
>
> 余与梦翁谈，拟设第二编译所，专办新事，以重薪聘胡适之，请其在京主持，每年约费三万元，试办一年。[④]

民国初年的这种激进思潮反映了近代以来中国知识分子在思考中西方差距、寻觅救国道路的过程中在精神文化层面的觉醒；它对以儒家学说为代表的传统观念的深刻揭露，大大动摇了传统意识形态在知识分子心目中的地位，影响和造就了一大批具有自由观念、开放意识的知识青年，为包括马克思主义在内的现代思想的大量输入打开了大门，为当时社会意识形态在一个新的氛围和层次上的更新发展创造了条件，也为民国时期包括出版业在内的文化事业的发展提供了良好的社会环境。正是在这种背景下，从20年代起，各类民营出版企业迅速崛起，成为当时新兴实业和文化产业，为民国时期古籍丛书的编纂出版积累了丰厚的物质基础和业务经验。

---

① 曹聚仁：《我的读书经验》，载范侨等选编《名人自述》，贵州人民出版社1994年版，第271页。

② 张元济：《张元济日记》上册，1916年9月6日，商务印书馆1981年版，第118页。

③ 张元济：《张元济日记》下册，1920年2月3日，商务印书馆1981年版，第709页。

④ 张元济：《张元济日记》下册，1920年3月8日，商务印书馆1981年版，第719页。

二　整理国故运动

民国时期对古籍丛书出版影响最大的当属激进思潮后兴起的整理国故运动。辛亥革命后，民国名存实亡的局面，导致部分人对西方民主共和思想的失望。“革命成功将近十年，所希望的件件都落空，渐渐有点废然返思，觉得社会文化是整套的，要拿旧心理运用新制度，决计不可能，渐渐要求全人格的觉悟。”[①] 新文化运动对传统文化道德的冲击引起了一些对传统文化抱有好感，提倡以恢复旧文化、旧道德、挽救世道人心的人们的不满：“近年来为学之士，竟分两途，一曰守旧，一曰维新。……守旧则违于时而为时人所恶，维新则合于时而为时人所喜，所以维新者日益多，守旧者日渐少也。人心风俗将有不堪设想者矣。”[②] 同时，世界大战的惨景和西方学者对自身文化的反思，亦引起中国人对于西方文化的怀疑。因此，在思想界引起了对以孔子学说为主要内容的中国传统学术研究的重视。

1919 年初，北京大学刘师培、黄侃等人成立国故社，提出了国故研究的课题。作为激进反传统思潮的主要支持者的胡适更是强调了整理国故的必要性。他在 1919 年 8 月写的《论国故学——答毛子水》一文中强调，“学术是平等的”，要用“为真理而求真理”的标准去批评各家学术，要抛弃成见和“狭义的功利观念”。并进而提出，“我们应当尽力指导国故家用科学的研究方法去做国故的研究”，而不应当“先存一个有用无用的成见，致生出许多无谓的意见”。他甚至还说：“发明一个字的古义，与发现一颗恒星，都是一大功绩。”[③] 同年 12 月，胡适又发表《新思潮的意义》一文，把整理国故放到新文化运动的发展历程中加以阐释，提出了“研究问题，输入学理，整理国故，再造文明”的理念。对于为什么要整理国故及如何整理，胡适提出了四个步骤。第一步便是进行“条理系统的整理”，原因是“古代的学术思想向来没有条理，没有头绪，没有系统”；第二步是“要寻出每种学术思想怎样发生，发生之后有什么影响效果”，原因是“前人研究古书，很少有历史进化的眼光的，故从来不讲

① 梁启超：《五十年中国进化概论》，载刘东编《梁启超文存》，江苏人民出版社 2012 年版，第 252 页。

② 刘大鹏：《退想斋日记》（1905 年 7 月 13 日），山西人民出版社 1990 年版，第 143 页。

③ 胡适：《论国故学——答毛子水》，《新潮》第 2 卷第 1 号，1919 年 10 月 30 日。

究一种学术的渊源，一种思想的前因后果”；第三步是“要用科学的方法，作精确的考证，把古人的意义弄得明白清楚”，原因在于前人读书有以讹传讹的恶习；第四步则是“综合前三步的研究，各家都还他一个本来的真面目，各家都还他一个真价值”。[①] 此后，胡适接连发表了《研究国故的方法》（1921 年 8 月 4 日《时事新报·觉悟副刊》）、《再谈谈整理国故》（1924 年 1 月 25 日《晨报副刊》第 38 期）等多篇文章，对整理国故的方法、意义、目的等进行了较为深入的探讨，整理国故运动亦就此兴起。

20 年代的整理国故之所以大盛于学术界，蔚然成为一场文化运动，是与中西文化冲突、交融以及创建中国新文化的大背景分不开的，也是中国文化由传统向现代的转型所必需。从形式上看，胡适等的整理国故与清代乾嘉汉学的古籍整理和近代国粹派的国学研究保持着历史联系，但从内容上细加分析，他们却有着本质的区别。首先，表现在研究范围上，乾嘉汉学和国粹派只把传统经史典籍视为“国故”，而胡适则认为“中国的一切过去的文化历史”都是我们的“国故”，上自思想学术之大，下至一个字、一支山歌之细，都属于国学研究的范围。这就增加了“整理国故”的视野和领域。其次，在研究目的和研究方法上，也存在原则性的区别。从总体上说，胡适整理国故，主要是着眼于中国现代文化建设。他在 1919 年给北大学生刊物《新潮》（英译名意为“文艺复兴”）作了题词：“研究问题，输入学理，整理国故，再造文明。”[②] 这是他创建中国现代文化的纲领，也是能否对其整理国故思想以及中西文化观作出正确评价的关键所在。也就是说，胡适所倡导的“整理国故”是同“再造文明”紧密联系在一起的，单纯地强调“整理国故”，或一味凸显“输入学理”，都有悖于胡适的本意，“整理国故”只有与“输入学理”结合起来，共同服务于“再造文明”这一主题，才能超越意气之争而得到恰当的评价。胡适要“使人明了古文化不过如此”，要人摆脱因长期封闭所造成的盲目自大心理，承认古文化有不足，从而产生学习新东西的愿望。推倒儒学正统，恢复思想活力，这是接受新东西、创造新东西的必要前提。使中国古

---

① 胡适：《新思潮的意义》，《胡适文集》2《胡适文存一集》，北京大学出版社 1998 年版，第 557 页。

② 胡适：《新思潮的意义》，《新青年》第 7 卷第 1 号，1919 年 12 月 1 日。

文化中的“异军”复活，从这些异军中觅得以前被人们忽略、抹杀的某些近乎科学的、合理的东西，这对于吸收新东西和创造新东西显然是一种有益的知识上和心理上的准备。

如果说胡适等所倡导的整理国故运动为民国时期文化及相关实业的发展提供了理论指导和舆论氛围，一些重要的出版机构和出版商则在出版实践上印证了整理国故的意义。

作为商务印书馆的重要掌门人，张元济既具有激进反传统的勇气：“一国艺事之进退，与其政治之隆污、民心之仁暴，有息息相通之理；况在书籍为国民智识之所寄托，为古人千百年之所留贻，抱残守缺，责在吾辈。”① 又不乏对中华国故的尊崇意识和使命情怀：“吾辈生当斯世，他事无可为，惟保存吾国数千年之文明，不至因时势而失坠，此为应尽之责。能使古书多流传一部，即于保存上多一份效力。”② 1921 年胡适到商务印书馆考察，曾在涵芬楼所藏善本书中见到一部原属黄丕烈“士礼居”藏书的宋版《前汉书》，购价 2000 元，他感叹道：“其实二千元买一部无用的古董书，真是奢侈。”③ 可见，在整理和保存古籍文献方面，商务印书馆领导人的国故意识和观念比胡适还要浓厚。

三　教育

中国近代出版业与新教育几乎同时起步，且从一开始便相辅相成，特别是民国时期教育界与出版界之间的合作互动对近代教育和出版的发展都产生了重要影响。民国以降，各级新式学堂遍及各地。1912 年，全国的大、中、小学学生比 1911 年增加了一倍以上，教育基础进一步扩大，各种新文化开始进入下层社会，白话文和新文学成为群众的精神食粮。从南京国民政府成立到抗日战争爆发前的 10 年间，是民国教育稳步发展、趋于定型的时期。这一时期，中国各级各类教育稳步发展，并逐渐趋向本土化。至抗战前的 1936 年，无论学校数、招生数、毕业人数，还是教育经费投入数、教育质量与学科程度，都达到了民国以来的最高水平。表 1—2 是 1928—1936 年高等教育（含中专）状况一览表。

---

① 张元济：《宝礼堂宋本书录序》，《张元济全集》第 8 卷《古籍研究著作·宝礼堂宋本书录》，商务印书馆 2009 年版，第 12 页。

② 《张元济傅增湘论书尺牍》，商务印书馆 1983 年版，第 145 页。

③ 张元济：《张元济书札》，商务印书馆 1997 年版，第 1 页。

表 1—2　　1928—1936 年中国高等教育状况一览表

年份	学校数	学生数
1928	74	25198
1929	76	29123
1930	85	37566
1931	103	44167
1932	103	42710
1933	108	42936
1934	110	41768
1935	108	41128
1936	108	41922

资料来源：王余光：《中国新图书出版业初探》，武汉大学出版社 1998 年版，第 9 页。

在抗战八年中，由于国民政府和各方面的共同努力，高等教育发展显著，造就了大批硕彦英才，许多人后来活跃在国内外科技文化教育领域的前沿；高校西迁，又带动了西南、西北地区文化教育事业的发展。中等教育中的国立中学实行贷金制度，教学秩序稳定，教学质量良好。初等教育实施的是国民教育制度，把儿童义务教育和失学民众的补习教育融为一体，较大地增加了国民接受教育的比例。到 1945 年抗战胜利前，全国各级教育的规模竟超过了战前发展水平最高的 1936 年，小学生入学率占适龄儿童总数的 76%。就在校生数而言，中学生增加了 1.62 倍，师范生增加了 1.3 倍，大学生增加了 1 倍。①

各类教育的发展既成为当时包括古籍出版在内的社会文化发展的前提和基础，也为出版业提供了动力和需要。正如王云五在其《商务印书馆与新教育关系》一书中所说："书名定名为《商务印书馆与新教育年谱》，盖商务创办，实受新教育影响，而其间作述，亦转而影响于新教育；合并撰述，可知其间关系。……同时并得睹新教育之发展及其与商务之相互

① 参见李华兴主编《民国教育史》，上海教育出版社 1997 年版，第 14 页。

关系。”①

第三节　物质技术基础和社会需求

中国传统出版印刷方式主要以雕版印刷为主，19 世纪中叶以后，随着西学东渐的进一步深入，机器文明开始进入出版领域，西方先进思想与国内变革思想的影响也使出版物从内容到形式都发生了变化，传统出版开始了其近代转变。特别是西方现代印刷技术的传入和逐步推广，极大地促进了出版业的发展，使当时的图书出版由传统雕版印刷的手工操作向机械化发展，为大部头、大容量综合类图书的大量出版创造了条件。

一　国外先进印刷技术的引进

第二次鸦片战争（1856—1860）以后，中国民族资产阶级要求变法维新，宣传改良、革新、提倡新学。他们创办报纸、刊物，印刷新书，古老的雕版印刷技术已不能适应新的需求，于是开始了对外国机器的引进。1872 年《申报》在上海创刊，使用了手摇印刷机，19 世纪 70 年代，上海、广州、天津、汉口等地出版的报纸、杂志、书籍等多采用铅印技术。“至 20 世纪初年，铅活字凸印、石印术、平板胶印、雕刻和影写凹版、泥版、纸型铅版和珂罗版技术，逐渐被引进中国，这为中国近代出版业的转型提供了坚实的基础。”② 以商务印书馆和中华书局为例，二者均为民国以来民营出版业的两大龙头，也是古籍丛书出版大户，分别在铅印和石印基础上引进了国外的珂罗版和三色铜版印刷术，20 年代又引进胶印技术，比彩色石印技术提高了一大步。1924—1931 年历年印刷机械从国外输入情况，见表 1—3。

表 1—3　　1924—1931 年印刷机械从国外输入情况表

年份	输入情况（单位：海关两）
1924	1032449

① 王云五：《商务印书馆与新教育年谱序》，载《王云五文集》第 5 卷《商务印书馆与新教育年谱·上》，江西教育出版社 2008 年版。

② 周其厚：《传教士与中国近代出版》，《东岳论丛》2004 年第 1 期。

续表

年份	输入情况（单位：海关两）
1925	651487
1926	579631
1927	434528
1928	769093
1929	1229593
1930	115867
1931	731630

资料来源：《中国印刷机械工业发展史》，机械工业出版社 1986 年版，第 4 页。

新式印刷术的出现，为古籍的大量出版特别是大套丛书的出版提供了更为便捷的工具，不仅使古籍的内容和品种增多，也使新版古籍的形式产生了变革，在保留传统的线装古籍形式的同时，也形成了多样化的装帧模式，诸如精装、平装等，同时也使丛书内容体制进一步扩大。如商务印书馆、中华书局等大出版企业均利用先进印刷术辑印许多大部头丛书。“商务印书馆辑印《四部丛刊》，出至三集；又《涵芬楼秘笈》，亦出至十余函。其内容则经史百家，包罗万象；其价值则宋元善本，名家校藏。在昔时士庶之家，一部犹不可得者，至此以千余元即可集古今图书之精英，其有关学术文化之普及，与夫善本书籍之流传，影响之巨，不仅中外钦崇，实自乾隆时纂修《四库全书》而后，数百年来，无此大成绩也。”①

二 封建式藏书楼的衰落和开放式图书馆的兴起

在现代图书馆兴起以前，中国藏书模式一直是以私人或官府藏书楼为主要形式。因此，藏书楼在中国具有悠久的历史。除皇室藏书、官府藏书、书院藏书外，大量分布的还是私人藏书。皇室藏书只供皇帝一人使用，官府藏书和书院藏书只供官员和书院师生使用，私人藏书属于个人私有财产，处于十分封闭的状态。所有这些藏书模式，私人或局部拥有性质都非常明显，大量图书深藏庋阁，“秘而不宣”，大大限制了图书的传播和流动，若遇兵乱或天灾人祸，大批书籍甚至未曾被世人阅读就毁于一

① 谢兴尧：《古书之翻印与旧书业的进步》，载张静庐编《中国出版史料补编》，中华书局 1957 年版，第 430 页。

旦。因此，随着社会经济、文化、教育的发展，中国古代以藏书楼为主的藏书模式越来越受到抨击，许多开明智士指责封建藏书楼的弊端，并开始提出“藏书公开、藏书开放、允许别人来看”的主张。正如董明道在其《现代公共图书馆之特征》一文中所言：

> 今日出版书籍浩繁，以一人之力而设立图书馆，诚非事实所能；如合众人之力而设立之，则轻而易举。故今日的图书馆，多以社会举力为原则。昔日的图书馆，蓄书如蓄珍玩，故属私人事业。今日的图书馆，为社会文化机关之一，社会民众皆得享受其利，故应由社会设立，或政府设立。此今日图书馆所以必由不公开的藏书楼而变为公共事业之一也。①

其实早在明清时期就有许多人对私人藏书及传统藏书楼的弊端进行了指责。由明入清的曹溶就是其中的代表。曹溶（1613—1685），字秋岳，一字洁躬，亦作鉴躬，号倦圃、锄菜翁，秀水（今浙江嘉兴）人。明崇祯十年（1637）进士，官御史。家富藏书，是清代著名藏书家之一，朱彝尊纂《词综》，即多从其家藏宋人遗集中录出。曹溶深感旧式藏书楼的弊端，认为珍贵书籍一旦归藏书家，“无不绨锦为衣，旃檀作室，扃钥以为常”，一旦遭受兵灾火厄，“其书十存四五”，“稍不致慎，形踪永绝，只以空名挂目录中”。他认为，藏书家的职责不仅在于保存图书，更重要的是让图书为众人所识所用，以使“古人竭一生辛苦所著之书，不致因密藏而湮灭”。② 之后，清朝周永年在其《儒藏说》中也对这一观点进行了阐述。他反复强调密藏书籍的危害性及公开藏书的必要性：“盖天下之物，未有私之而可以长存，公之而不能长存者。”如果能将私人藏书公开，“古人著述之刻传者，自今日永无散矣，以与天下万世共读之”。③

曹溶和周永年的思想中孕育着初期公共使用藏书的观点，可以说是对历代藏书家和传统封建藏书楼的一大挑战，在中国藏书史上具有划时代的

① 董明道：《现代公共图书馆之特征》，《安徽省立图书馆季刊》1929年第1卷第2期。

② 曹溶：《流通古书约》，见李希泌、张淑华编《中国古代藏书与近代图书馆史料》，中华书局1982年版，第31页。

③ 周永年：《儒藏说》，见李希泌、张椒华编《中国古代藏书与近代图书馆史料》，中华书局1982年版，第47—49页。

意义，为后世公共图书馆观念的兴起做了早期的舆论准备。

戊戌变法后，一些有识之士开始认识到，只靠坚船利炮，只靠少数精英想要救亡图存是不可行的，要想振兴中国，改变现状，必须依靠广大民众文化素养和思想觉悟的提高。于是，社会教育、民众教育问题在20世纪初形成了一种社会思潮，这种思潮在进入民国后得到进一步发展。社会教育的基本目的是向广大民众普及知识、传授技能，以提高民众素质，最终唤起民众，改良社会。基于此，就要利用各种社会手段和设施进行民众教育，而图书馆作为各种出版印刷物的集聚与发散地，被视为社会教育的第一大机关，得到倡导社会教育者的重视：

> 现在的社会情况，失学的人，可说是有百分之九十六七，想求学而又没有得到机会的，更占全民的大多数。一国的进步，全靠知识，方能产生力量，所以图书馆问题，可说是目下民众运动的急先锋。[①]

民国政府也把图书馆事业列入整个社会教育规划中，要求各地政府设立图书馆，面向普通民众开放，并提倡通俗图书馆和私立图书馆的创建。民国初年教育部设置了社会教育司，与普通教育司、专门教育司并列，这是我国首次在教育行政上使用社会教育这个名词。教育部所设社会教育司执掌了许多有关培养和促进国民精神的机关，并提出了许多有关推行通俗教育的方式，其中图书馆便被列为此司的一项事务。民国四年（1915），教育部连续颁布了《图书馆规程》《通俗图书馆规程》两个文件，明确规定了图书馆的类型、名称、管理体制、人员、经费及阅览条件等，使民国以后中国各类型图书馆的发展有法可依。《图书馆规程》就规定："各省、各特别区域得设图书馆……各县得视地方情形设置之。……公私立学校、公共团体或私人得设立图书馆。"[②] 其中，各省、特别区、县所设立图书馆称公共图书馆；公共团体及私立学校所设图书馆称某团体或某学校附设图书馆；私人所设立图书馆称私立图书馆。

两项图书馆法规发布后，中国公共图书馆获得较大发展，甚至一些基

① 陈时：《图书馆的民众要求（十八年年会论文）》，《中华图书馆协会会报》1929年第5卷第1、2两期合刊。

② 转引自张树华、张久珍编著《20世纪以来中国的图书馆事业》，北京大学出版社2008年版，第31页。

层图书馆也都有了较为现代和健全的部门机构，并设立了自己的图书馆规程，如1917年成立的南京特别市立第一通俗图书馆就在自己的规程中对办馆原则及馆务和机构作了明确规定，其中馆内机构就有总务股、选购股、编目股、参考股、典藏股、推广股六个职能部门①，可谓功能健全，职责分明，已完全符合现代图书馆的规制要求。据民国五年教育部调查，包括巡回文库在内，共有各类图书馆293所，到民国七年，已增至725所。到1931年，全国公共图书馆达1419所，民教馆达948所，两者共计2367所，而据中华图书馆协会统计，公共图书馆与民教馆总数为2321所，反映了民国以后公共图书馆的发展情况。②

学校图书馆事业发展也很快。大学图书馆方面，20世纪20年代末到30年代初，各大学图书馆基本建成，“据民国教育部1933年统计，全国公私立大学学院及专科学校共计109所，图书馆藏书总计4493616册，其中，国立大学图书馆23所，藏书1564454册，公立大学图书馆6所，藏书29314册，省立大学图书馆29所，藏书523706册，私立大学图书馆51所，藏书2376142册”③。不少高校随着学生人数的增加，购书经费也会逐年增加，这从1936年《学觚》杂志中有关大夏大学图书馆分配购书费的消息中可见一斑：

> 上海大夏大学，近因学生增加，图书费亦因之而增。约共得四五六〇元之谱，经该校教务委员会议决，各学院每系购书费，应各占一百二十元，师范专科以两系计算，占二四〇元，体育专科作一系计，占一二〇元。全校十九系共占二二八〇元，其余二二八〇元，应以一千元订购各种西文杂志，五百元订购各种中文杂志，其余七八〇元，则作为购置普通参考书，各种丛书，类书及各种自由阅览图书之用云。④

30年代前后，中小学图书馆也有较大发展，据北京、天津、上海、杭州、广州五城市统计，1920—1936年共建立中学图书馆99所，小学图

① 参见《南京特别市立第一通俗图书馆规程》，《教育月刊》1917年第1卷第2期。

② 参见张树华、张久珍编著《20世纪以来中国的图书馆事业》，北京大学出版社2008年版，第37页。

③ 同上书，第40页。

④ 《大夏大学图书馆分配购书费》，《学觚》1936年第1卷第12期。

书馆9所。截至1936年，藏书最多的中学图书馆馆藏达到6.8万册（北京孔德学校），藏书在3万册以上的有5所，2万册以上的有8所，1万册以上的有31所，小学图书馆藏书最多的达1.5万册。①

总之，现代图书馆观念的日益普及和各类新式图书馆的创建，为各类古籍丛书提供了市场需求。据相关资料统计，至1936年全国各省、市、县公共图书馆基本建立，各大、中、小学也建立起不同规模不同类型的图书馆，各图书馆需要大量的图书来填充馆藏和满足读者的需求。所以，民国时期出版的古籍丛书有相当一部分销售到了图书馆，成为各图书馆的基础藏书。商务印书馆编纂出版的《丛书集成》初编、《万有文库》等大型丛书，在很大程度上也是看准了当时方兴未艾的各类图书馆的藏书需求，正如王云五所言：

> 我创编万有文库的动机，一言以蔽之，不外是推己及人。就是顾念自己所遭历的困难，想为他人解决同样的困难。我少年失去入校读书的充分机会，可是不甘失学，以努力自学补其缺憾。读书，爱书与聚书之癖也就与日俱增。久而久之，几于无书不读；因爱书而聚书，既漫无限制，精力物力也就不免有许多非必要的浪费。中年以后，渐有觉悟。适主持商务印书馆编译所，兼长东方图书馆。后者以数十万册的私藏图书公开于读书界，前者又有以优良读物供应读书界的可能。自从东方图书馆以专供商务印书馆编译所同人参考的涵芬楼为基础，而改组公开以后，我的次一步骤，便想把整个的大规模东方图书馆化身为千万个小图书馆，使散在于全国各地方、各学校、各机关，而且可能还散在许多的家庭，我的理想便是协助各地方、各学校、各机关，甚至许多家庭，以极低的代价，创办具体而微的图书馆，并使这些图书馆的分类编目及其他管理工作极度简单化；得以微小的开办费，成立一个小规模的图书馆后，其管理费可以降至于零。这一事经过了约莫两年的筹备，卒于民国十八年四月具体化，而开始供应于全国。这便是万有文库的印行。②

---

① 参见张树华、张久珍编著《20世纪以来中国的图书馆事业》，北京大学出版社2008年版，第60页。

② 王云五：《商务印书馆与新教育年谱·上·民国十八年》，《王云五文集》第5卷，江西教育出版社2008年版，第267页。

第二章　民国时期古籍丛书的编纂出版状况

民国时期受当时社会政治经济状况的影响，图书出版主要以实用性工具性为主。肖东发在其《中国编辑出版史》一书中对这一时期的出版物情况归纳为四种类型：一是传播和普及科学文化知识的读物，以新型教科书和普及读物为主；二是宣传革命思想，引导民众觉醒的马列主义著作和通俗读物；三是提高民众情操，丰富民众生活的各类文学艺术读物；四是继承文化遗产，积累和弘扬民族文化的古籍读物及与其有关的工具书。[①]古籍丛书的编纂出版显然属于上述四种类型中的最后一种。

民国时期，由于现代出版事业的发展和学术发展的需要，以往有学术价值的古籍纷纷以"丛书"形式被加以纂辑出版。民国以来，丛书刊刻门类繁多，数量可观，据《民国时期总书目》（实际上只是北京、上海、重庆三图书馆所藏民国知见书目，不含线装古籍）统计，民国时期共出版各类普通丛书2520种（其中不含线装丛书）。[②]就古籍丛书而言，仅商务印书馆在1949年以前出版的古籍丛书就有63种之多。古籍丛书的编纂出版是民国图书出版业的重要组成部分，所占比例虽不大，但在出版方面所面临的条件和其他丛书既有很多相同之处，也有自己的独有特征。

---

① 参见肖东发《中国编辑出版史》，辽宁教育出版社1996年版，第416页。

② 参见邱崇丙《民国时期图书出版调查》，载叶再生主编《出版史研究》第2辑，中国书籍出版社1994年版，第171页。

第一节 民国时期古籍丛书编纂出版的时段特征及其统计

一 民国时期古籍丛书统计来源及其数量

王云五说："要使人对于中国的出版事业有相当的认识，必须从出版物的统计着手。"① 同样，要对民国时期的古籍丛书进行深入研究，也必须首先对其数量加以精确统计。目前有关民国时期古籍编纂出版状况的研究、著述尚不多见。贾鸿雁在其《民国时期古籍丛书出版的成就与影响》一文中有如下论述：

> 据上海图书馆编《中国丛书综录》、《中国近现代丛书目录》及阳海清编《中国丛书综录补正》等丛书目录统计，民国时期出版的古籍丛书约800余种。②

这是目前所见有关民国时期古籍丛书种类的最为具体的数量统计，但"800余种"仍是个约数。而且，从其所依据的丛书目录文献看，除了《中国丛书综录》对民国时期的丛书收录较全外，《中国近现代丛书目录》和《中国丛书综录补正》都不适合用作本专题的统计文献。因为与《中国丛书综录》只收录古籍丛书不同，《中国近现代丛书目录》只收录近、现代古籍丛书以外的各类丛书。而《中国丛书综录补正》只是就《中国丛书综录》所收书目中存在问题的部分条目进行了校补，所收书目并未超出《中国丛书综录》之范围。所以，这两种丛书书目均不适合用作民国时期古籍丛书的数量统计。

笔者认为，要精确统计民国时期的古籍丛书，以下三部书目是必不可少的参考工具：一是《中国丛书综录》。由上海图书馆组织编纂，中华书局1959年初版。该书主要收录1959年以前大陆41家图书馆所藏的古籍丛书（少数注明"建国以后"者，主要是就丛书作者的主要生活时代而

① 王云五：《十年来的中国出版事业》，《新目录学的一角落》，商务印书馆1943年11月初版，第252页。

② 贾鸿雁：《民国时期古籍丛书出版的成就与影响》，《图书馆杂志》2003年第1期。

言，所涉丛书出版年代也多在民国时期），不收释、道两类。该书是中国目前收录古籍丛书最广、体例最完备的一部丛书目录，共收录古籍丛书2797种，其中民国时期为708种。二是阳海清等编著的《中国丛书广录》，于1999年由湖北人民出版社出版。此书对于《综录》已收者不再收入（少数书名、版本、子目等异于《综录》者除外）。关于《广录》所收条目范围及其与《综录》的关系，阳海清在《中国丛书广录》前言中有如下论述：

> 名曰《广录》，大体上有两层意思：其一，是编所录乃“总聚众书为一书”之广义丛书，并不局限于在分类上所特指的“举四部之书而并括之”的狭义丛书。其二，较之《综录》，在收罗范围上有所扩展，即不唯收目前实存的丛书，亦录历史上曾经有过而今仅“存目”之书；不唯收原刻本和影印本，也收近几十年出版之整理本；不唯收大陆地区出版的，还收港、澳、台地区乃至国外印行的；对于已汇入大丛书中的一些小丛书，其原刻本和抽印本亦予揭示……在著录上亦力求详尽，比如，一书有多个版本，《综录》是“择要著录”，是编则全面反映；一书有多个异名，《综录》仅列举一个或不列，是编则一一列出。如果说《综录》是一部反映大陆地区主要图书馆收藏古籍丛书的联合目录，那么《广录》则是一部知见性质的丛书目录，二者互为补充。①

《广录》共收录1990年以前海内外刊印的古籍丛书达3279种，其中民国时期的丛书占334种。三是施廷镛的《中国丛书综录续编》。这是当代目录家施廷镛先生的遗著，书稿经其子施锐整理后于2003年由北京图书馆出版社出版。该书补录了《综录》《广录》不载的古籍丛书条目约1100种，其中民国时期的古籍丛书122种。这三部丛书所收条目互不重复、互相补充，且都是著者爬罗剔抉、几近竭泽而渔后的成果，尽管受多种条件限制都存在失收或误收的现象，但基本上将此前的古籍丛书收罗殆尽。因此，立足于这三部丛书目录对民国时期的古籍丛书进行统计并分析研究，可在一定程度上保证研究结论或结果具有较高的科学性和可靠性。

① 阳海清：《中国丛书广录·前言》，湖北人民出版社1999年版。

经过详细统计得知，三部书目共收录民国时期的古籍丛书 1164 种，各书所收录具体种数见表 2—1。

表 2—1　　《综录》《广录》《续编》收录民国古籍丛书一览表

书名	中国丛书综录	中国丛书广录	中国丛书综录续编	合计
收书种数	708	334	122	1164

以上统计数据主要遵循以下原则：（1）包含所有当时存在的版本形式：刻本、影印本、排印本、抄稿本。（2）同一种丛书被不同出版社出版或在民国年间的不同时间出版者，均作一种计。（3）选取某丛书中的若干种以另一种丛书名加以出版的，作一种计。（4）统计时限为 1911—1949 之间。

二　民国时期古籍丛书的时段特征

我们以 10 年为一个时段对民国时期的古籍丛书作了种数统计，见表 2—2。

表 2—2　　民国古籍丛书分时段数量统计表

时段	1911—1920	1921—1930	1931—1940	1941—1949	年代不详	合计
丛书种数	302	330	334	91	107	1164

以上统计数据中有几点需作说明：一是数据涉及古籍丛书的刻本、影印、排印、抄本、稿本等多种类型；二是好多丛书出版时间在 1 年以上者，均以最早开始年代归入所在时段；三是其中抄稿本多无详细年代，多归于“年代不详”类，这与丛书含多部子书的特点和抄稿本系人工陆续抄写之状况有关。根据上述数量统计及时代背景，我们可以将民国时期古籍丛书的发展分为三个时段，即民国初的 10 年、抗战爆发前的 16 年、抗战爆发后至新中国成立的 12 年。

（一）民国初 10 年

从表 2—2 可以看出，民国初至 20 世纪 40 年代以前的古籍丛书出版数量整体上呈上升趋势。其中，1911—1920 这 10 年中，丛书编纂出版机构仍旧以私人和承自清代的各类书坊为主，新兴的民营出版公司像商务印书馆、上海文明书局、有正书局等虽然发展势头很猛，而且正逐渐成为大型古籍丛书编纂出版的中坚力量，但受传统文化及技术因素的制约，这些民族出版公司总体上仍处于缓慢发展中。戴季陶在其《呜呼！出版界之前途》就曾对当时中国出版业所呈现的发展态势表示了相当的担忧：

> 国家之兴衰，视乎出版业之盛否。日本以区区之小新进国，既入其都，则大印刷厂也，大书店也，连轩比户，每年所出书籍，不知几千万种，故文明进步为东洋冠。吾国以世界大国，而出版本界反寥若晨星，稍有人望者，惟商务印书馆耳。然亦风潮屡起矣。噫！其经商者之不善欤抑或国民程度不足致出版业无生财之道欤？吾为出版界之前途危，吾更为中国国民教育之前途危。①

戴氏这段话虽是就当时中国整个出版业界而言，但也基本上反映了当时古籍丛书出版业所面临的背景。

除了新式印刷术的日益推广以外，这一时段对古籍丛书编纂出版影响最大的社会需求因素当是晚清以来长盛不衰的古旧书业。无论作为治学文献还是可以带来巨大收益的文物，古籍特别是宋元善本古籍的求购与收藏为明清以降历代收藏界的一大重镇。但是，民国以后，不但宋元明版古籍越来越少，就连清代古籍也日渐紧俏。当时，清代刻本《二十四史》等大型丛书在古旧书店售价达到一二百两纹银，而采用新式印刷术翻印的相同古籍售价不过几十元，且获利空间很大。商务印书馆所印《四部丛刊》，“先后两版，数逾五千”，社会需求十分旺盛。因此，利用现代印刷术重印古籍成一时之风，使得古籍丛书在出版方式上由传统的坊刻及私人刻书逐渐向现代出版模式转变，石印和铅字排印的古籍丛书也越来越多，基本上可达到刻本、石印本、排印本三分天下的格局。从内容上看，以集部、史部丛书为主。

（二）抗战爆发前的16年

1921—1940的两个10年段，确切地说应该是1921—1937年抗战爆发

① 戴季陶：《呜呼！出版界之前途》，《天铎报》1910年11月7日（署名天仇），见唐文泉、桑兵编《戴季陶集》，华中师范大学出版社1990年版，第141页。

之前的16年，是民国时期古籍丛书生产的重要黄金时段。从数量上看，这两个10年段产量基本持平，但均比第一个10年段有较大提升，特别是抗战前的十六七年，成为中国近代古籍丛书编纂出版的重要繁荣期。许多在出版史和学术史上占有重要地位的大部头古籍丛书如《四部丛刊》《四部备要》的编纂出版都完成于这一时期。舒新城曾在其《中华书局编辑所》一文中指出："一种企业的繁荣，他的后面必得有一种'社会需要'在那里推动。"[①] 同样，这两个10年段古籍丛书编纂出版的繁荣，也离不开当时的社会发展和需求。

中国由于缺少像西方那样发达的公共图书馆，学术研究所必需的文献材料只能由私人积累或借阅。20世纪前期，虽然全国公共图书馆体系逐步建设，但因借阅的限制，或图书馆所藏不富，学者亦多乐于自购，正如王献唐说："书非自备，乞邻终觉不便。"但晚清以来社会动荡、战乱不断的社会现实，使各类藏书受到严重摧残。民国以来，兴学存古、保存国粹之风大盛，遂使刊刻、影印古籍运动复萌。1920年商务印书馆编纂出版《四部丛刊》之初衷就典型地反映了这一现实：

> 自咸同以来，神州几经多故，旧籍日就沦亡，盖求书之难，国学之微，未有甚于此时者。[②]

同时，新兴图书馆事业进一步发展，为古籍丛书的编纂出版提供了更多的需求。据统计，1916年全国仅有图书馆260所，到1936年则达到5000余所。1926年，面对《四部丛刊》脱销及当时新式图书馆大量兴建的现实，商务印书馆又对《四部丛刊》进行了重印，以应对社会对古籍需求日益增多的现实：

> 比者广建图书馆之议，四方风动；学校诸生，亦咸以钻研国故、贯通中外为亟，搜寻古籍，不谋而合。亦尤《罗马法典》，千载奉为准绳；莎氏乐符，列邦恣其弦诵；敏求好古，人有同心。无如旧籍消

① 舒新城：《中华书局编辑所》，《图书评论》第1卷第1期，1932年9月。

② 张元济：《印行〈四部丛刊〉启》，载张元济著、顾廷龙编《涉园序跋集录》，上海古典文学出版社1957年版，第177页。

亡，日甚一日；宋椠元刊，杳不可觏，成、弘黑口，宝若琳琅；即康、雍、乾、嘉精刊之本，一册率值数金。得书既难，而以重印全书相督者乃接踵而至。[①]

（三）抗战爆发后至新中国成立的 12 年

1937 年日本发动全面侵华战争后至 1949 年新中国成立之前，是古籍丛书出版的相对衰落期，十余年的时间里所出版的古籍丛书尚不满 100 种。主要原因在于八年的日本侵华战争，然后再加上三年的国内解放战争。

日本帝国主义发动了大规模的侵华战争，将中国人民置于民族危亡的水深火热之中，给崛起和蓬勃发展中的中国近代印刷业以毁灭性的破坏和摧残。日本侵略者的铁蹄踏向哪里，哪里的印刷企业就被侵占、焚毁，或者逃离、停业。事实上，日本帝国主义对中国的侵略和对中国近代印刷业的破坏于抗日战争爆发前早已开始。1932 年 1 月 18 日，日军进攻上海，中国最大的印刷企业商务印书馆及东方图书馆均被炸毁，损失约 1633 万元，馆方不得不停业，解雇职工 3000 余人，《四部丛刊》续编工作几乎陷于停顿；1937 年 8 月 13 日，日军侵入上海，商务印书馆的制版厂、印刷厂、平版厂、总书栈被迫停工。太平洋战争爆发后，日军查封了商务印书馆，并劫去大量机器物资，使张元济继续编纂《四部丛刊》四编的计划不得不取消。1941 年太平洋战争爆发后，日军侵入上海租界，中国近代第二大印刷企业——中华书局被日军查封，由日本兴亚院接管，抢走中华书局印刷厂大量纸张和油墨等材料，其中仅卷筒纸一项即抢走 2000 筒。12 月 8 日，日机又轰炸香港，地处香港九龙北帝街的中华书局香港分厂被炸。日军占领香港后，将该厂军管，掠去大量现钞和该厂承印的中国政府钞票和公债券，以及印钞纸、凸版纸、卷筒纸、油墨、锌皮、橡皮布等足够该厂三年使用的、装满五个大仓库的印刷器材，使中华书局最终未完成《丛书集成初编》的编纂出版计划。可以说，八年的日本侵华战争，对中国出版业造成了致命重创，成为这一阶段古籍丛书编纂、出版数量急剧下降的根本原因。

① 商务印书馆：《重印四部丛刊启》（1926），载张静庐编《中国现代出版史料》（甲编），中华书局 1957 年版，第 365 页。

抗战胜利不久，国共两党的第三次国内战争又起，全国重又处在战争环境中。所不同的是，这是国内战争，国内战争只能影响和妨碍印刷业的正常发展，不会像日寇那样下意识地去破坏和摧残。商务印书馆、中华书局、世界书局等大型出版商纷纷由重庆到上海复业，但以出版教科书为其主要业务。这一时期，在上海等地也创办了不少新的民营出版企业，但在物价暴涨，纸张、印刷工价不断上升的情况下，自身经营都十分困难，古籍丛书特别是大型古籍丛书的编印更是无从谈起。

第二节　民国时期古籍丛书的主要出版方式

民国年间，随着现代印刷术的日益普及，影印（照相石印）和铅活字排印等成为图书出版的主流印刷手段。但传统雕版印刷并未因此而销声匿迹，而是在现代印刷术的刀光剑影中依然展示出其浓厚的古典魅力，从而使民国年间的古籍丛书出版在方式上呈现出雕版印刷、影印、排印等争相辉映的局面。从出版方式上看，民国时期的新出古籍丛书主要有雕版印刷、影印和排印三种类型。

一　雕版古籍丛书

“中国是印刷术的发源地，千百年来，雕版印刷等传统的印刷方式始终占据着统治地位。”① 晚清以降，随着西方现代印刷术的传入，古老的中国雕版印刷术受到前所未有的冲击，但是，雕版印刷在我国作为一种主流印刷术毕竟有着千余年的历史，多快好省的洋装书在很多民国文士心目中怎么也无法取代雕版古籍的那分厚重和典雅。再加上当时社会离乱纷争，传统雕版古籍日渐减少，所以，许多学人、显宦或藏书家等仍乐于用传统雕版印刷来刻印典籍。从刊刻主体来看，民国时期的雕版古籍丛书主要以私刻为主，坊刻与官刻古籍丛书则相对稀少。

（一）私刻古籍丛书

私刻亦称家刻，是指私人出资校刻图书。由于刻书人以自己的名望为重，往往对于书本进行精细的校订或选择优秀的善本做底本进行刊刻，所以私刻本的质量较高。16 世纪以后，随着西学东渐的深入，铅字排版印

① 贾鸿雁：《民国时期古籍丛书出版的成就与影响》，《图书馆杂志》2003 年第 1 期。

刷术传入我国，古老的雕版印刷术逐渐被淘汰。但在民国初年，几家著名的藏书家，受到清末张之洞劝人刻书的影响，仍用木板雕印了不少书籍。如吴兴的三个大藏书家——张钧衡、蒋汝藻和刘承干，都刻了好多丛书。就不同社会阶层来看，藏书家是民国时期私刻古籍丛书的主体。“这些人大多各有专长，且私家藏书丰富”[①]，像陶湘、董康、徐乃昌、刘承干、张钧衡、刘世珩等人为代表的藏书暨刻书家，他们往往凭借着自己对古籍善本的浓厚兴趣，利用各种途径收集宋、元、明孤本，并不惜工本加以翻刻，其精美程度、校勘水平皆直追宋元珍版。比如董康刻书从来不顾惜本钱，校勘、写手、刻工都聘任高手，纸墨之选亦精益求精，所刻《诵芬室丛刊》《读曲丛刊》等刻工甚精，艳称书林，魏隐儒曾称曰：“董氏刻书重视质量，纸用上等棉连或六吉料半，墨选上等黄山松烟或五百斤油。选择底本也非常认真，均经校勘而后付梓，为藏家所称誉。”[②] 陶湘所刻《百川学海》《儒学警悟》等，则堪称影宋本之典范。安徽南陵徐乃昌“朝访残碑夕勘书，君家故事有新图。衣冠全盛江南日，儒吏风流总不如。”[③] 其所刊刻的影宋本《随庵丛书》《唐女郎鱼玄机诗》，影元本《乐府新编阳春白雪》《苍崖先生金石例》等都摹刻逼真，刀法工致，成为民国私家雕版古籍之精品。贵池刘世珩摹刻的《玉海堂影宋元本丛书》《宜春堂影宋巾箱本丛书》等亦为时人所尚。

民国时期私刻古籍最多的当属浙江南浔刘承干。其嘉业堂藏书楼汇集了当时散佚的多家藏书约1.3万种，18万册，“收藏遂富甲海上”[④]。依靠丰富的藏书，刘承干共刻印了200多种古籍，其中就包括《嘉业堂丛书》《求恕斋丛书》等大型丛书。刘氏刻书精益求精，曾聘请著名版本家缪荃孙为所刻之书作校，请最善于摹写各类字体的湖北人饶星舫为书版写手，请享有“天下第一好手”之誉的武昌人陶子麟进行雕刻，故嘉业堂所刊之书以精美典雅著称。刘氏刻书不是为了盈利，而是或自藏，或送给学人，于近代古籍的传承和流布，功不可没。版本学家胡道静曾赞曰：“所

① 杨嫚：《民国时期古籍丛书出版研究》，《图书馆论坛》2005年第5期。

② 魏隐儒：《中国古籍印刷史》，印刷工业出版社1988年版，第201页。

③ 王国维：《题徐积馀观察随庵勘书图》，《王国维文集·观堂集林》，北京燕山出版社1997年版，第569页。

④ 缪荃孙：《嘉业堂丛书序》，见《嘉业堂丛书》经部第1种《周易正义》第1册，嘉业堂民国七年（1918）戊午刻本。

致孤秘，枣梨以行，于是老儒之占毕，介士之孤愤，系一线于不坠，主人之功为尤不可没也。”[①]

（二）坊刻古籍丛书

古代书坊是一种具有商业性质的私人出版、发行单位，又称书肆、书林、书堂、书铺等。书坊所刻的书，版本学界称为“坊刻本”或“书坊本”。书坊是中国古代图书出版和流通最重要的载体，从书籍的总生产量看，坊刻本的比例要远远大于官刻和家刻。但进入民国以后，随着新的印刷技术的推广，传统意义上的书坊大多采用新式印刷技术而变为现代印刷企业，如开设于明代万历间的苏州席氏扫叶山房，其刻书远近闻名，久盛不衰，“贩夫盈门，席氏之书不胫而走天下”[②]，是中国古代最著名的书坊之一，直到新中国成立后的1954年才关门，但从清末开始，扫叶山房便开始采用新兴的印刷技术，陆续添置铅印、石印等新技术设备，到民国时期已完成从以雕版印刷为主的书坊向现代印刷企业的转型，基本上不再从事雕版印刷业务了。其他仅存的一些书坊，大多变为以承揽雕版刻书业务为生的刻字铺或贩卖新、旧图书为主的书店。所以，民国时期传统意义上的坊刻本古籍并不多见。当然，有些书坊也自行编纂并刊刻一些古籍丛书。像创建于民国十二年（1923）的扬州著名书坊陈恒和书林，坊主陈恒和念及乡帮文献“零落殆尽”，于是有编刻《扬州丛刻》之意，“谋之恒娘，恒娘大喜，遽出私蓄以佐其成。于是搜集先哲所著凡廿四种底本，别写付刊，命之履恒职校勘之事，五阅寒暑乃克毕工”。[③] 可见，为了这部《扬州丛刻》，坊主陈恒和几乎是全家上阵，甚至动用了老伴的私蓄。《扬州丛刻》不仅是近代以来扬州文献的首次大规模结集出版，同时也堪称民国时期坊刻本的典范之作。当然，《扬州丛刻》的刊刻主旨在于传承和流布乡帮文献，这与传统意义上以营利为目的甚而偷工减料、粗制滥造的坊刻行为不可同日而语，就这点来看，《扬州丛刻》又具有浓厚的家刻特征。

（三）官刻古籍丛书

官刻本即由“各级官府及其附属机构所刻的书”。民国时期由于社会

---

① 胡道静：《周子美撰集书目二种序》，载《学林漫录》13集，中华书局1991年版，第226页。

② 孙毓修：《中国雕版源流考》，《万有文库》本，商务印书馆1920年版，第35—36页。

③ 陈恒和：《〈扬州丛刻〉跋》，见《扬州丛刻》，1930年扬州陈恒和书林刻本。

动荡不安，并不存在专门的官府出书机构，但官府及其附属机构组织编纂出版的图书并不在少数，只不过这些书大多是通过相关出版企业采用现代印刷技术进行出版的。比如广东省政府组织编纂的大型地方古籍丛书《广东丛书》，即是委托商务印书馆用影印或排印的方式出版的。云南省政府组织编纂出版的《云南丛书》，虽是刻本，但大部分是对所收丛书子目原版片进行的重新刷印，只对个别绝版子目进行了重新刻版。当然，有些政府部门或其下属单位也偶有组织或出资编纂并刊刻古籍丛书之举，像浙江省图书馆 1916 年所刻《蓬莱轩舆地丛书》等。

二　影印本古籍丛书

影印本如同影抄、影刻本一样，是直接以旧有图书为底本，而应用照相制版和现代印刷工艺进行复制，产生的一种新版本形态。现代印刷工艺能使影印本的图文复制效果，比传统的影抄、影刻本更为接近原本面貌，而代价则低廉得多，所以自 19 世纪中叶影印本产生以来，迅速成为一种广为采用的版本形态，尤其是出版经典古籍、碑帖书画。应该说明，影印本只是一种版本形态，它在生产过程中可以采用多种现代印刷技术，包括石印、珂罗版以及照相铜版、胶印等。影印本书籍与中国古代的影抄本和影刻本不同，它是采用照相制版和近现代印刷工艺生产制作，其复制效果较影抄本和影刻本更为逼真。最早的影印本是用照相石印技术印制而成的。照相石印术于 1859 年在石印术的基础上发明后，很快就传入中国，并得到广泛应用。中国近代许多专门从事石印的出版印刷机构，如点石斋石印局、同文书局、拜石山房、蜚英馆、鸿文书局、扫叶山房、文明书局、神州国光社等，都影印出版了大量的古籍。可以说，几乎所有的中国著名古籍，都曾在这一时期用照相石印的方法影印了一遍。

民国时期的古籍丛书影印主要指照相石印，即以照相底片为转印材料进行制版印刷，不会改变原始文献的版本特征，故被称为影印。照相石印可以完整地复制或再现古籍样式和版本特征，因此成为民国时期古籍复制暨大型古籍丛书出版的重要方式。

照相石印是制版照相术应用于石版印刷的产物。同雕版印刷与手写或手绘直接上版的石印相比，照相石印具有诸多优点，正如民国时期的版本专家孙毓修所言："摹写上版，虽字画不改，终觉貌似而神遗，摄印则神貌兼至，其善一矣；古书多一斟录，则多一谬误，故书贵原本，摄影既不烦斟录，自不失本真，其善二矣；镂版可以传久而不能速成，摄印则可速成而亦能传久，其善三矣。”① 从应用范围来看，民国时期的照相石印几乎可以和铅字排印分庭抗礼，成为当时应用最广的两种古籍丛书出版方式。

通俗地说，照相石印术主要是通过对底本照相的方法，先将图文制作在转印材料上，然后再将转印材料上的图文转移到石面上进行印刷，这一过程又称“落石”。照相石印不仅可完全复制底本原状，印刷速度也大大提高，正如时人黄协埙在《淞南梦影录》中写道：“石印书籍，用西国石板，磨平如镜，以电镜映像之法，摄字迹于石上，然后傅以胶水，刷以油墨。千百万页之书不难竞日而就，细若牛毛，明如犀角。”② 因为照相石印可以将所拍底片任意缩放，因此，民国时期通过照相石印出版的古籍丛书主要有以下几种模式。

（一）原样影印

即将原书摄影后按原书开本大小进行石印。这种方式可以对底本进行原样复制，特别是采用彩色照相技术后，所印新书采用与原书一样的装帧方式，几乎可达到乱真的程度。缺点是纸张耗费多，成本高，企业为追求经济效益，除非有公家或私人出资定制，或藏书家为复制某些稀有文献而进行少量印刷，一般很少在市场化出版中采用这一方式。同文书局承印的武英殿铜活字本《古今图书集成》就采取了这种印刷方式，开本装潢都完全仿照殿本原式，因为政府出得起钱，印得讲究点没有关系，而对于商业性出版公司大众发行类出版而言，显然很少采用这种方式。私人采用这种方式印刷者，笔者目前仅见罗振玉主编之《吴兴刘氏嘉业堂善本书影》，1929 年嘉业堂依原刻本原大原样影印。

（二）缩印

即将原书摄影后缩小开本进行石印，以达到节约成本或减少书籍体积的目的。因雕版古籍字体不会太小，经适当缩印后仍旧无碍阅读，但书的开本、体积小了，易于存放和携带，既减少了商家成本，又适应大众阅读

① 孙毓修：《涵芬楼秘笈序》，见孙毓修编《涵芬楼秘笈》，民国年间上海商务印书馆影印本。

② 黄协埙：《淞南梦影录》，见《沪游杂记 · 淞南梦影录 · 沪游梦影》，上海古籍出版社 1989 年版，第 118 页。

的需求，因此，缩印成为民国时期古籍影印最为普遍的出版方式。大型古籍丛书中的子本缩印除了可以减少丛书体积外，还起着使整部丛书在外观、开本方面整齐划一的作用。如商务印书馆出版的《丛书集成初编》中就有许多影印本，无论原版开本多大，在除去版心后，一律缩印成为32开本；同样，在影印《四部丛刊》时，将所影印古籍均缩印为高200毫米、宽132毫米的小开本，只是在各书前牌记中，对该书所据原底本的尺寸大小作了记录。同文书局以及后来五洲同文书局影印的武英殿本《二十四史》也是采用缩印。除了上述单页缩印外，还有拼页缩印，就是根据原书版面和字体大小，把原书若干页拼在一起分成若干栏，拍照后再缩印；或是原书两页分上下栏拼成一页，或者是原书四页分上下栏拼成一大页，还有的甚至是原书九页分三栏拼成一大页，等等。拼页缩印多用在影印大型套书或丛书时，商务印书馆的《四部丛刊初编缩本》，即将《四部丛刊》的四页缩拼成一页，改线装为平装或精装而成。另外像开明书店影印的《二十五史》等，都是拼页缩印。

（三）对原书行格重新剪切拼接后重印

雕版古籍刻印完成后多将每页自版心对折进行装订，每半页多少行、行多少字也成为该书最重要的版本特征之一。影印古籍丛书时，为了增加该丛书每页的内容以相应减小该丛书的页码或体积，除了上面提到的去掉版心后将两半页拼接成“亲密无间”的一页外，还可以将某种书里下一页的一两行甚至半页剪切后拼接到该页上面，把原书一页半、或两页、三页甚至更多页合并成一大页，摄影缩小后石印。这样可以在保持丛书内容完整的前提下大大减少整部丛书的册数，不仅售价降低，而且方便了阅读和典藏。当然，重新剪贴，且字缩得又比较小，必须技术高明，才能清晰可读。同文书局在这点上还做得比较好。竹简斋石印的大本《二十四史》等也用此办法，由于技术差，印本就欠清晰，加之剪贴并页时又不认真细心，故有错行、脱漏等弊病。

（四）将原书内容重新抄写后再摄影缩印

这种方法影印的古籍与手写体上版的石印古籍在版式特征上完全一致，多为正楷手写体上版。不同之处在于一是用手写件照相底片制版，另一是用手写件直接上版。与剪拼缩印只是部分改变原书行款相比，这种抄本缩印（或石印）则完全改变了原书的版式特别是字体特征。当时石印的章回体旧小说以及供科举考试夹带用的《四书备旨》《大题文府》《小题文府》之类就多用这种办法。夹带进考场，要求开本小而内容多，因此往往在抄写后摄影缩成蝇头小字再付印。清末到民国年间的扫叶山房出版的大量普及性古籍丛书或日常用书，主要是采用了这种重写后印刷的办法，很多书籍手写体楷字被缩得太小，远甚于“蝇头小楷”之喻，俗陋得让人阅读起来感到极其不舒服。

除照相石印外，以印版材质不同，还有珂罗版印刷、照相铜版、照相锌版等印刷方式。珂罗版即玻璃版，属平版印刷，铜版和锌版则属凸版印刷，它们主要采用照相底片落石制版，故也被称为影印。珂罗版、铜版、锌版等印刷方式虽具有印刷精致、准确、复制效果好等优点，适宜印制较为精致的绘画艺术品和层次细致的真迹手稿等，但由于制版及印刷成本较高，在古籍丛书印刷中并未被广泛应用。

三　排印本古籍丛书

“铅字排成夺化工，聚珍活板得毋同。文章有用原无几，省却灾梨易奏功。”[①] 这首诗描绘的是铅活字排印对于传统雕版印刷的进步意义。从历史上看，根据制造活字的原料不同，可分为泥活字本、磁活字本、木活字本、铜活字本、锡活字本、铅活字本。活字排版技术北宋即已成熟，活字本图书的版本价值也可参照刻本作出判断。泥活字本、磁活字本、锡活字本图书流传甚少，古代活字印刷本主要是木活字本和铜活字本。木活字本最著名的是清武英殿聚珍版，共印书 134 种。铜活字本最著名的是清代印行的《古今图书集成》。而民国年间最为流行且技术最为成熟、应用最为广泛的是铅活字印刷。铅活字本早在明弘治、正德年间就已出现，但技术不太成熟，故后来没有发展。近代从西方引进活字排版技术，逐渐取代传统雕版印刷和其他活字印刷，铅活字本成为近代的主要版本形态。其实，铅字排印不仅对传统雕版印刷体现巨大优越性，对于石印术也略胜一筹：“雕版印刷的缺陷在于一块书版只能使用一次，并且最多只能印刷 2000 份高质量的复本；石印则对印刷机和石版的磨损十分严重，如果使用凸版印刷，新发明的钢制印刷机和一套活字字范与字模可以使用 50 次

① 李默庵：《机器局印书》，见潘超等主编《中华竹枝词全编》2《申江杂咏》，北京出版社 2007 年版，第 184 页。

以上。"[1] 英国传教士麦都思（Walter Henry Medhurst，1796—1857）的这一观点，基本上可反映出近代以来印刷术更新或演变的过程和动因。麦都思所谓的"凸版印刷"，到了民国时期主要是铅活字印刷。因此，民国时期的活字排印本主要是指铅印本。从世界范围看，铅活字印本很早即已问世，1436 年朝鲜排印的《通鉴纲目》是世界上最早的铅活字本。但世所公认的铅印术是 1450 年德国人谷腾堡发明的。谷腾堡的铅印术在几十年内就迅速传遍了欧洲，1589 年传到中国。但是此后的 200 年间西方铅印术在中国并未得到广泛推广。直到嘉庆十二年（1807），英国传教士马礼逊来到澳门，开始用铅印术刊印汉文《圣经》，才再次将铅印术重又传入中国。19 世纪 30 年代一些西方人不断研究字模，浇铸华文铅字。鸦片战争之后，外国人设立的铅印机构，陆续迁入中国境内，经营铅印。道光二十三年（1843），上海成立了中国最早的铅印出版机构——墨海书馆，嘉兴诗人孙泓参观后在其《洋泾浜杂诗》中写道："车翻墨海转轮圆，百种奇编字内传；忙煞老牛浑未解，不耕禾陇耕书田。"[2] 说明当时的铅字排印术还是相当原始的。1859 年，上海美华书馆技师、美国人姜别利，改进了汉文活字规格，定出了 7 种标准，奠定了汉文铅字制度的基础。此后，中国自办的印刷出版机构逐渐发达起来。到 20 世纪初期，仅上海就有 40 多家新式出版企业，并普遍采用了新式铅印术和印刷机器，使中国的图书印刷事业，完成了由手工业作坊和个体单干方式，向大规模机械化印刷方式的重大转变。在这些印刷厂和出版机构中，以中国资本经营的文明书局和商务印书馆在促进出版事业发展上最有成就。

民国初期的铅印古籍丛书，在形式上大多完全模仿雕版古籍的装帧方式，栏、界、中缝齐全，双叶单面印刷，线装，等等，使铅排古籍的版面构造、行款、装帧等与雕版古籍几无二致，俗称"线装铅印本"，在现存中医古籍中就有这种版本类型。此后，随着新式铅印术的普及，书籍形式也逐渐发生变化。西式装订和横排的中文书籍开始出现。用机械排版铅印中医古籍，则是在 19 世纪末期开始采用的。如光绪七年（1881）申报馆据谦吉堂版铅印的郑梅涧《重楼玉钥》等。民国以后，商务印书馆、中

---

① 转引自［美］芮哲非（Christopher A. Reed）《谷腾堡在上海：中国印刷资本业的发展（1876—1937）》，张志强等译，商务印书馆 2014 年版，第 36 页。

② 孙泓：《洋泾浜杂诗》，见王韬《瀛壖杂志》引，岳麓书社 1988 年版，第 197 页。

华书局、世界书局等各地书局、印刷所都铅印了许多中医古籍。如《中国医学大成》《三三医书》《珍本医书集成》等，都非常著名。为了使铅字排印古籍在字体上看起来更像雕版印刷，几家有实力的现代出版企业像商务印书馆、中华书局等都聘请当时最优秀的刻字工为各自企业雕刻字模，因宋版古籍最为世人崇尚，因此，这些字模多以宋体字为标准，称为仿宋字。像商务印书馆聘请黄冈陶子麟以唐末刻本《玉篇》之字体，用照相方法在铅字坯上直接镌刻，制成一号、三号“仿古活字”。杭州丁辅之、丁善之兄弟模拟北宋欧体刊本字体，将楷书笔画和宋体字的间架结构融合在一起，设计了一种新的印刷字体，名曰“聚珍仿宋”字，1917 年被中华书局收购，用来排印大型古籍丛书《四部备要》及其他众多书刊。《四部备要》不仅成为中华书局古籍出版的标志性成果，也被视为民国时期铅字排印本古籍丛书的典范。此外，商务印书馆的《国学基本丛书》、上海杂志公司的《中国文学珍本丛书》等，都使用了铅排方式。

第三章　传统古籍丛书的编纂及刊刻主体

民国时期，政局动荡不安，国力衰微，政府无心也无力于文化建设，古籍丛书编纂出版业的发展在很大程度上主要靠商业利益的驱动，编纂出版主体也由传统的私人及作坊刻书转向以新式印刷技术为支撑的现代印刷业为主。正如黄镇伟在其《坊刻本》一书中所言：

> 当西方先进的铅印、影印等印刷技术在我国广泛应用之后，当近代普及教育的浪潮汹涌而来之时，以运用新技术大规模出版社会广泛需求的普及性文化教育书籍为主的现代民营出版企业开始大步走上历史舞台。雕版印本书的社会需求大幅萎缩，以其为主要经营内容的书坊完成了自己的历史使命，虽然至今还有出版机构在从事雕版印本书的生产，但是其主要目的应在绵延传统文化，播扬古典书香，而进行社会文化传播的功能已经淡化。[①]

事实的确如此。不过，民国时期传统的雕版印刷方式及出版物仍具有一定的市场，特别是一些以保存文献为主旨的私家刻书，大多还喜欢以雕刻方式出版，因此，在众多传统学人的心目中，雕版印刷仍颇受推崇：

> 自洋版盛行，（铅石印法）不能不稍有逊色，然见重于当代学者间自若也。其势力以江浙为最盛，而集中于上海，最著者为洞庭席氏

① 黄镇伟：《坊刻本·插图珍藏本》，江苏古籍出版社2002年版，第56页。

之扫叶山房。[①]

所谓洋版，指当时兴起的铅印、石印等新式印刷技术，所以，这段引文中“铅石印法”四字应紧跟“洋版”之后。当时杂志排字上的这一小失误并不妨碍我们理解这段话的主旨，即虽然当时新式印刷技术使得传统木版雕刻稍显逊色，但在传统学人的眼中雕版印刷仍然具有重要地位。民国时期古籍丛书的编纂及刊刻主体呈现出多样化状态，主要有私人、书肆、民营出版公司及各类社会机构或团体等。其中，私人及各类社会机构或团体仍倾向于采用传统的雕版方式刊印图书，而书肆及各类民营出版公司则以采用新式的印刷模式为主。

第一节　私人

自宋代以来，私人出资刻印图书便持续不衰，成为中国古籍中与官刻、坊刻并列的三大来源之一。民国时期虽然现代印刷技术逐渐普及，但私家刻书仍是传统雕版古籍丛书的主要来源。就其主流来看，私家刻书与书坊刻书的主要区别在于是否以出书为盈利手段，不以盈利为目的的私家刻书传统上称家塾本或家刻本。这些私人刻书有的是为了让自己的著述藏诸名山，传于后世；有些是为了传播一种思想学说，救世济时；有些是为了广赠亲友，扬名当世；有些是为了缅怀先人，光大祖德；有些是嗜学好古，热心乡邦文献；也有些是以此为事业，希冀流芳后代。因此，在家刻书中，大量的是刊刻者本人或其先人的诗文、著述，也有一部分是前人、朋友的遗集，少数是家塾用书。这些书，一般作赠送、交换之用，只有少数作价发售。因为不以销售盈利为目的，故印刷数量有限，读者对象也有很大的局限性。不过，自清末民初开始，随着新式印刷技术的普遍采用和民营出版企业的兴起，一些私家刻书者逐步走向作坊化生产，在保持传统雕版印书的同时，也开始采用排印、石印等先进技术，俨然是颇具规模的私营书局，如叶德辉的观古堂和王先谦的虚受堂，等等。

① 王汉章：《中国近三十年来之出版界·刊印总述》，《国立华北编译馆馆刊》1943年第2卷第10期，第4页。

一　形形色色的民国藏书家

藏书家仍旧是民国时期私刻古籍丛书的主要群体之一。民国时期不少大藏书家本身就是杰出的出版家、刻书家。张元济在其《印行〈四部丛刊〉启》一文最后曾列出包括他自己在内的25位发起人，以示《四部丛刊》的编纂出版得到当时诸多书界名家的倡导和支持，其中就有董康、罗振玉、叶德辉、徐乃昌、傅增湘、瞿启甲、刘承干、孙毓修等藏书家或文献版本专家。这说明著名藏书家或版本学家与当时古籍丛书的编纂出版关系之密切。就清代以前的中国丛书发展史来看，藏书家亦是中国历代丛书刊刻的主要群体，尽管民国时期雕版古籍渐为新式印刷手段冲击而式微，但在私家古籍丛书刊刻中仍以雕版为重，特别是民国以来藏书名家辈出，图书收藏之风久盛未衰，古色古香的雕版古籍仍然是收藏市场中的宠儿。因此，无论从传统喜好还是收藏市场中的利益驱动，都让民国时期古籍丛书的编印之风在私家刻书中大行其道。

民国知名藏书家百分之七八十为官僚、富商。其中如董康历任晚清刑部主事、民国司法总长、财政总长等职，其藏书楼诵芬室藏书甚富，且以宋元明嘉靖以前的古本为主，编纂出版丛书多种；南陵徐乃昌历任淮安知府，特授江南盐巡道，总办江南高等学堂，督办三江师范学堂（南京大学前身）等职，其积学斋藏书富过大藏书家缪荃孙，刻有《南陵先哲遗书》等；潜江甘鹏云，任工部主事、度支部主事、黑龙江财政管理官、吉林财政官、吉林国税厅筹备处长等职，其崇雅堂藏书30万卷；贵州朱启钤，历任京师大学堂译学馆监督、北京外城警察厅厅长、内城警察总监、蒙古事务督办，民国后，曾任北洋政府交通总长、内务总长、代理国务总理等职，其存素堂藏善本甚富，仅捐北京图书馆者即有2000余种；江安傅增湘历任教育总长、故宫博物院图书馆馆长等，其双鉴楼藏书20余万卷，自己集资刊刻了《双鉴楼丛书》《蜀贤丛书》等丛书，这些书底本多为自己所藏善本。

藏家中以商贾著称者也很多，如武进陶湘，长期在实业界和金融界任职，曾任上海三新纱厂总办，上海轮船招商局董事兼天津分局经理，天津中国银行经理，天津华新、裕元、北洋等纱厂经理，北京、上海交通银行经理等职。1915年，在北京创办修绠堂书店，经营古旧书40余年。其涉园藏书30万卷，晚年专于印刻图书，成为民国时期重要的丛书刊刻家之一。吴兴张均衡，号适园主人，家族世代经商，以丝绸及盐业致富。适园曾收得朱氏结一庐、张氏小嫏嬛福地、吴氏拜经楼、顾氏艺海楼、杨氏观海堂、韩氏读有用书斋等诸家旧藏，富贵一方。刻有《适园丛书》《择是居丛书》等丛书多套。吴兴蒋汝藻，其密韵楼所藏善本2600余种，刻有《密韵楼七种》。吴兴刘承干，其嘉业堂是民国以来规模最大的私人藏书楼，藏书有20万册，不仅数量众多，而且质量上乘。

学者也是民国时期私刻古籍丛书的重要群体。顾廷龙曾说："皇皇巨编，非有高深的学养难能作出宏大的规划；博访古本、善本，非熟悉中外藏书情况难以集事；搜罗异书，发扬特点，非有渊博的学问，不克有所发明。"[①] 这虽然是针对张元济而言，但就藏书家的学识经验与古籍丛书出版的关系而言，还是不无普遍意义的。当然，很多学者本身既是官员又家富藏书，如上虞罗振玉，既是晚清暨民国年间重要收藏家，也是著名学者和重要官员，其大云书库收中外图书十几万册，一生刊刻丛书无数，堪称民国时期最大的丛书编纂出版家。

二　民国私刻古籍丛书的主要内容及特征

从内容上看，私刻图书主要为两大类：一类是刻者自己的、亲朋的或前贤的选集汇编，以学术著述为主，这类丛书占私刻丛书的大多数，主要以家族总集或个人别集为主，像谭新嘉的《嘉兴谭氏遗书》等。另一类是刻者根据自家收藏或为某种传承目的而新编辑的丛书，或是重新校勘的珍贵旧版书，或是辑佚而成的新丛书等，形式较为广泛，内容多寡不一。

私刻丛书主要有以下几个特点。

一是重视刊刻质量。家刻一般没有直接的政治和经济目的，主要是为了发表和流传个人著述，一般比较重视质量。多请名家上手写版，名工巧匠刻印，因此家刻多善本。作为藏书行家的民国刻书者们，对于用字、用纸、用墨、刻工、印刷、装订等都有着特别的要求，许多民国精刻本影宋几可乱宋。像蒋汝藻委托董康影刻《密韵楼七种》，均出北京文楷斋名工之手，"刻精纸善墨靓，堪称民国雕板艺术的代表；加之流传稀少，早已

① 顾廷龙：《回忆张菊生先生二三事》，《顾廷龙文集》，上海科学技术文献出版社2002年版，第551页。

被视为新善本”[①]。周叔弢先生就曾在致黄裳先生的信中指出：“当民国初年，董康、吴昌绶刻印之书，纸墨精良，比之明代书帕本，要高万倍。”[②]

二是校勘精审，底本优良。私家丛书编刻者多为显宦或富豪，他们编纂或出资刊刻的图书不惜财力物力搜罗相关善本，同时可以请天下学士对其进行校勘。像盛宣怀聘缪荃孙编刻《常州先哲遗书》等。有些编刻者本身就是藏书家，如罗振玉、张钧衡、刘承干、陶湘、董康、傅增湘、徐乃昌、丁祖荫、卢靖、卢弼、刘世珩、李盛铎、张寿镛等，他们多以刊布古籍为己任，所刻丛书大多底本精良，校勘精审，具有很高的版本价值和学术价值。正如《民国刻本经眼录》指出的那样：“民国刻本的价值，最主要的，是它的学术性和资料性。刻书者大多为有学问的人，所刻之书，自然以有益学问为首选。”

三是以中小型丛书为主。民国私人丛书编刻者大多是藏书家，所刻之书大多以自家收藏、自己喜欢、自认为有价值为选材标准，往往一网打尽，变众书为一书。如江苏如皋人冒广生的《如皋冒氏丛书》便将冒氏家族自宋代以来的著述汇集后刊刻而成；安徽至德（今东至）周馥的《周悫慎公全集》则是将自己生平主要著作汇集后刊刻而成；湖南慈利人吴恭亨的《悔晦堂丛刻》，将自己《诗集》4 卷、《尺牍》7 卷、《日记》10 卷、《对联》3 卷汇集后用木活字进行了刊印，等等，不一而足。

第二节　书肆

书肆，古代又称书坊、书铺、书棚、书林、书堂、经籍铺等，有点类似今天的书店，是古代中国图书刊刻和流传的主要渠道，所刻图书俗称坊刻。中国的书肆，最早起源于西汉时期。西汉文学家扬雄在《法言·吾子》中曾说：“好书，而不要诸仲尼，书肆也。”这是我们今天能看到的古籍文献中最早提到“书肆”的记载。随着我国古代雕版印刷技术的成熟和广泛使用，古代书刊的传播、流通更为广泛，并开始出现规模性的图书贸易活动，由此而带来了一个新的经营行业——古代书肆业。中国历代

① 彭卫国、胡建强：《民国刻本经眼录》，上海远东出版社 2011 年版，第 4 页。

② 周叔弢 1982 年 7 月 28 日致黄裳书，见黄裳《故人书简》，海豚出版社 2013 年版，第 54 页。

书肆刻书都是以盈利为旨归。许多官刻、家刻不屑一顾的一些图书像民间历书、蒙书、科举士子所用四书五经等，在书肆中往往大量刊刻。这些书销往民间，满足了文化层次较低的人们的需求，社会影响深远。民间书肆、书坊刻印并销售书籍，仍是中国近代各地非常普遍的图书出版活动。这些书肆、书坊既刻书，又贩书，它们以获利为目的，所刻印销售的书很多是一些制艺、试帖诗、类书以及民间用的历书、医书、童蒙读物、占卜星相书等。当然，也有一些较大的书肆刻印了一些大部头古籍丛书或套书。

一 民国年间传统书肆的发展状况：数量不减，运营模式渐变

新的印刷技术的日渐普及，为民国书业发展带来新的契机，书肆数量也较以前进一步增加，多集中分布在北京、上海、南京等经济文化发达的大中城市中。在上海，仅"福州路、河南路一带，居然集中着有名有姓的出版机构不下一二百家"[①]，尽管这些出版机构大多已非传统意义上的书肆，但其中有很多是由传统书坊转化而来。同开放且经济发达的上海相比，北京书肆在完成新技术基础上的运营模式转变的同时，仍旧沿袭并保留了诸多的传统书肆业特征。北京琉璃厂书业及书肆数量的变化在一定程度上可窥见民国北京书肆的发展状况。

民国元年（1912），藏书家缪荃孙辞去京师图书馆总监督一职，遁迹上海，曾作《琉璃厂书肆后记》，记录书肆31家。1914年秋，缪氏"重作京华之行，时时阅厂、旧肆存者寥寥晨星，有没世者，有歇业者，有易主者，而继起者亦甚众"，为"志今昔之感"，缪荃孙复作"附录"一文，记录所见书肆39家，其中新出书肆达28家。此后，长期在琉璃厂从事书业的孙殿起，根据自己见闻所及，撰《琉璃厂书肆三记》，截至1940年前的，收录的书肆竟多达220余家，其中绝大部分是民国时期新成立者。1988年，孙殿起的外甥雷梦水又作《琉璃厂书肆四记》，自1940年一直写到1958年公私合营，收录书肆约50家。通过上述诸人对北京琉璃厂书肆的记载，我们可以清晰地看到北京书业，特别是琉璃厂书业的发展脉络，随着社会经济文化的发展，书肆更迭迅速，日新

① 张泽贤：《民国出版标记大观·自序》，上海世纪出版有限公司、上海远东出版社2008年版。

月异，至民国而臻于鼎盛，店铺林立，交易频繁，但其中更多的是一两个人经营的小店铺，以刻书为主营业务的较少，从事丛书刊刻业务的则更少。

二　民国年间书肆的运营模式

民国以后，随着西方新的印刷技术的传入和现代出版业的兴起，传统的书肆业开始分化为新书业和古旧书业两大系统。黄镇伟在其《坊刻本》一书中指出：

> 同治间官书局的崛起，西方印刷新技术的传入，使市场书籍供应量增大，书坊自己雕版印书的赢利可能不及销售，尤其清代宋元古本日益稀少，从事古书收购鬻卖的赢利会更大；于是，刻书坊开始分化，一部分以经营销售为主，间亦刻书；一部分既自刻书亦接受委托刻书；一部分则成为专门接受委托刻书业务的专业作坊。①

这三种情况中，应以第一种情况占多数。即民国以后的传统书肆多变成以经营、销售为主的个体书店或书铺，间亦刻书。以北京为例，民国初由于大量的新型学校和学术文化研究单位在京建立，加之北洋政府的庞大机构和相应的官吏，使得北京的图书需求量大幅度增加，琉璃厂的书肆业趁势而起，规模和数量在一定程度上超过了前代。但大多数书肆均以书籍销售为主，真正从事图书刊印业务的并不多。

从出版手段来看，除了承接刻书业务外，书肆自身雕版刊印书籍的并不很多，主要是采用石印或影印的方法重印古代较有影响的丛书，如上海博古斋影印《百川学海》《津逮秘书》《拜经楼丛书》《岱南阁丛书》《士礼居黄氏丛书》《守山阁丛书》等。据 1933 年《扫叶山房书目》，该店出书 2000 余种，主要为经史子集、字典、尺牍、字帖、旧小说、中医药书，均系石印。

随着现代印刷术的普及，新兴民营出版机构大多不再用雕版，而改用石印或铅字排印。私家所编丛书也多交新式书局或印刷厂用铅字排印或石印，这样不仅能节省费用，还能缩短编印周期。

---

① 黄镇伟：《坊刻本·插图珍藏本》，江苏古籍出版社 2002 年版，第 55 页。

三　重要书肆及其丛书刊刻

所谓“重要书肆”，主要从是否从事丛书刊刻或是否有过古籍丛书刊刻业务角度而言，对于一些影响很大但并未或很少从事丛书刊刻业务的书肆，本节不予讨论。民国时期的书肆虽然数量仍旧不少，但真正从事古籍丛书刊刻乃至有过大型古籍丛书刊刻经历的并不多。据魏隐儒《中国古籍印刷史》记载：民国初年，全国雕版印刷企业规模较大的有四家，除了北京文楷斋外，还有南京姜文卿、武昌陶子麟、扬州的陈恒和书林等较具规模。

（一）文楷斋

在丛书刊刻方面最值得一提的是刘春生创办的文楷斋。文楷斋 1919 年 5 月 16 日由刘春生创办，地址在琉璃厂东门。其前身为锦章书局。王冶秋在《北京琉璃厂史话》一文中曾言及文楷斋曰：

> 有益堂邓存仁，字峻山，束鹿县人，于光绪二十五年开设。峻山曾赴广东，收书颇多，同业中往远路收书者，此为最早。经营十余年歇。后易锦章书局，皆新书。又易文楷斋刻字铺。[①]

文楷斋主人刘春生原为北京杨梅竹斜街龙光斋刻字铺徒工，学满出师后即离龙光斋而独立经营。最初是专给民国大总统徐世昌刻书，名为“承办公府刻书处”，至民国八年（1919）5 月 16 日，改用文楷斋字号，才正式对外开张，接受他人刻书。文楷斋最盛时期拥有三四百工人，写手就有 30 多人，以写宋体字为主，其中汪敏斋写得最好，其秘诀是掌握“六笔法”即横、竖、钩、撇、点、捺，所刻书颇受人称道。由于刻书规模越来越大，后来又租了法源寺的地方作为铺房。贺葆真曾在其 1919 年 9 月 21 日的日记中对文楷斋的另立门户作了记述：

> 观刻《新元史》承办者龙光斋，刘君新组织刻字处于此，名曰文楷斋，刻工百余人，所刻《新元史》外尚有数种，皆巨帙也。云总统政书亦归敝处承办，仍兼刻石。今日方拓新刻康南海所撰墓表

① 王冶秋：《王冶秋文博文集》，文物出版社 1997 年版，第 249 页。

也。文楷斋既成立，遂脱离龙光斋，而龙光斋仍存在。①

此外，文楷斋还曾为董康、陶湘、傅增湘、周叔弢、刘承干、郭氏双百鹿斋等人刻印了不少书籍，非常精致漂亮，为书林、藏家所称赏。文楷斋所刻书为世人所称道。特别是为董康诵芬室所刻《中州集》，是由几个人书写后，从中择优加以刻版。所刻传奇小说，字体秀丽，插图精雅，犹有明人遗意。

（二）上海扫叶山房

扫叶山房是明清之际江苏常熟席氏所建刻书坊，是清代最著名的以出版古籍为主的民间出版机构之一，也是席氏用作坊刻图书的字号名。席氏刻书始于明万历时，初设于苏州，其命名缘由，据说一是表示刻校书之不易，引用古人“校书如扫落叶，随扫随落”的含义来名其书肆；二是当地原有一刻书家叶氏，甚为有名，席氏为与叶氏相争，遂名“扫叶”。初见于明季刻书。时吴中（今苏州、常熟一带）席启寓雕版印行《十三经》《十七史》行于世，又辑唐人诗百家付梓印行，所刻版心均有“扫叶山房”字样，盖取“校书如扫落叶”之意。启寓之后分洞庭、虞山两支，其在虞山（今常熟）者多好刻书。康熙帝南巡时，席氏献新刻《全唐诗》，获赐兰花。启寓孙名鉴，字玉照，刻印书籍甚多，并曾购得毛晋汲古阁之书翻刻流传。其所刻各书版心亦镌有“扫叶山房”四字。后洞庭山席氏于苏州阊门、松江开设书坊（一说先在松江设书坊，后在苏州、上海设分号）。1880 年，扫叶山房在上海城内彩衣街设分号，后又在棋盘街设北号。民国初年又加设松江、汉口等分号，增添石印设备，迁总店至棋盘街扫叶山房北号，出书更多，成为沪上一家很有影响的以出版古籍为主的出版机构。

扫叶山房在民国年间出版的古籍丛书主要有《百子全书》《汉魏六朝三百名家集》《随园全集》《郑板桥全集》《秦淮香艳丛书（1 函 5 册）》《王临川全集》《王十朋全集》（王忠文公全集）等，出版方式主要以石印为主，内容上则侧重于史、集。五四新文化运动以后，由于其出版物跟不上时代的发展，业务逐渐衰退，1954 年歇业。

（三）南京党家巷姜氏刻书处

姜氏刻书处在南京东牌楼党家巷，主人为姜文卿。卢前《书林别

① 贺葆真著，徐雁平整理：《贺葆真日记》，凤凰出版社 2014 年版，第 512 页。

话》记曰："姜氏所刻有合肥李氏《集虚草堂丛书》、金坛冯氏《蒿庵类稿》、宝应成氏《遗书》、贵池刘世珩《暖红室》、南陵徐乃昌《积学斋丛书》及《闺秀词》，而江阴缪艺风书为姜氏刻者尤多。"① 卢氏是词曲专家，但也喜欢刻书，20 世纪 30 年代在南京常和姜文卿刻书处等打交道，因此了解雕版印刷的一整套技术，在民国三十六年（1947）写成这本讲雕印技术的唯一小册子《书林别话》，其记述应该是可信的。不过卢氏所提到的几部丛书多为姜氏刻书处在晚清时期所刻，到了民国时期，姜氏刻书业则主要以姜文卿之子姜瑞书为主了。姜瑞书字毓麟，与卢前相交甚洽，卢前的《饮虹移丛书》就出自姜瑞书之手。另外，姜瑞书还承刻了朱祖谋的《彊村遗书》等。关于姜氏刻书业在抗战后的发展，卢前记曰：

> 丙戌（民国三五年）还都后，余力助毓麟复业，先是乙酉之冬，余自渝而东，毓麟方结束，将归耕泰州。板片已多朽腐，刻手尽行解散。幸余早一月至，百方劝慰，嘱以祖业为重，明年京市设志馆，余受聘主其事，集乡人所刻书板，劫后之仅存者，邀毓麟主持修补，刻手渐招还，不一年而略复旧观。②

可见，得卢前之助，抗战胜利后的姜氏刻书处已由南京迁至北京。

（四）武昌陶子麟刻书铺

铺主为湖北黄冈人陶子麟（1857—1928），为清末民初著名刻工。关于陶子麟生平，陶氏之子陶敏曾在《怀念父亲陶子麟》一文中作过如下记述：

> 他一生致力于古籍刻印工作，曾是当时海内古籍刊刻名手。在晚清至大革命期间的半个世纪中，他经手刻印的孤本、善本古籍，不下数百种之多。而他仿刻的宋版古籍，造诣尤深，独具风格，为我国古

① 卢前：《书林别话》，见乔衍、张锦郎编《图书印刷发展史论文集续编》，文史哲出版社 1977 年版，第 145 页。

② 同上书，第 146 页。

籍雕刻技术之继承与发扬，作出了可贵的贡献。[①]

光绪年间，陶子麟在武昌开设刻书坊，以姓名为店号，既自行刊印书籍，亦接受委托刻书。陶氏擅长摹刻古本，以刻仿宋字体最著名，时有“陶家宋椠传天下”之美誉。曾于民国四年（1915）应商务印书馆之聘，镌刻“古体活字”，采用《玉篇》字体，以照相方法直刻铅坯，刻成一号和三号古体活铅字各一幅，为汉文铅字排印技术的改进作出了重要贡献。[②] 由同籍黄冈的饶星舫写样，陶子麟带领工人刊刻。凡所刻书在封面或卷尾多刻有“黄冈陶子麟镌”，或作“武昌陶子林镌”。曾为刘世珩刻《玉海堂影宋丛书》，徐乃昌刻《随庵丛书》，为张钧衡刻《择世居丛书》等。刘承干刻的宋本前四史，虽不见刻工题名，就其雕版技艺来看，也似出于陶氏之手。

（五）扬州陈恒和书林

目前有关陈氏书林的资料很少。2008 年 9 月 27 日的《扬州晚报》刊登了陈慕的《陈恒和书林》一文，为世人提供了有关陈氏及其书林的信息。据该文所记，陈恒和（1883—1937）系江都县东乡杭家集（今杭集镇）人。自幼对雕版印刷业感兴趣并从其舅父学习目录学，1916 年进入上海版本专家李紫东的忠厚书庄从事古书修补并收购业务，这些都为他以后的书林创办打下了坚实的专业基础。民国十二年（1923）他在扬州创设陈恒和书林，开始主要是从事古旧书营销业务，后来逐渐到刻书发售，成为扬州坊刻的后起之秀。他用心搜集乡邦文献稿本，择其 24 种雕版印行，定名《扬州丛刻》，共 47 卷，尤为世人称道，时人以汲古阁毛氏、扫叶山房席氏相推许。陈恒和去世后其子履恒继承父业。[③]

（六）山西太原大剪子巷相关书肆

“旧中国太原市的书店全部集中在现在的南城区范围内”[④]，剪子巷就是重要的书肆汇集区，其中曾承担或有过丛书刊印经历的有文蔚阁、成文

① 陶敏：《怀念父亲陶子麟》，载中国人民政治协商会议武汉市武昌区委员会编《武昌文史》第 5 辑，1989 年，第 74 页。

② 参见江凌《清末民初武昌陶子麟书坊刻书业考略》，《长江论坛》2008 年第 4 期。

③ 参见陈慕《陈恒和书林》，《扬州晚报》2008 年 9 月 27 日。

④ 中国人民政治协商会议大同市新荣区委员会文史委员会编：《大同市新荣区文史资料》第 3 辑，1996 年内部准印版，第 88 页。

斋、文渊书社三家。

文蔚阁：民国年间在太原大剪子巷创设，主要经营铅字排印及收售古旧书籍事宜。民国九年（1920），阳曲令郑裕孚为其师郭象升编辑《郭允叔文钞二卷诗抄一卷》，于此阁铅印行世。

成文斋：民国年间开设于太原城内大剪子巷。主要经营古今图书买卖业务，兼承印刷图书之业务。民国二十五年（1936）承印山西文献委员会编印的《山右丛书初编》。

文渊书社：民国时期开设，主要经营石印业务，刊印丛书有《唐人选唐诗二种》、元房祺辑《河汾诸老诗集八卷》等。

以上三家书肆均于新中国成立前歇业。

第三节　部分公立机构

民国官方刻印书籍较少，一部分继承了清末的官书局；官书局在辛亥革命以后因公私赞助款项不多，渐趋衰歇，难以为继，陆续停雕。或并或闭，后多改办为各省立图书馆，改变经营模式，演变成商业化的印书机构，如广雅书局归并到广州图书馆，后改为广雅版片印行所，一直到抗战前夕还在不断印书；在太原的濬文书局于 1935 年改成山西书局；在武昌的崇文书局入民国后改为湖北官书处；在济南的皇华馆书局改为山东书局；南京的江南书局、有江书局，扬州的淮南书局入民国后并入江苏省立第一图书馆；苏州的江苏书局入民国后并入江苏省立第二图书馆等，不一而足。虽然这些图书馆刊印书籍不再由官府直接主办，但其资金大部分来自公共财政。此外，一些地方政府支持成立的临时性文献编辑委员会及部分社团组织，也是民国时期古籍丛书刊刻的重要渠道。

一　公立图书馆

民国时期图书馆刻书较具代表性的是承接晚清官书局刻书业务和技术设备者，这些图书馆大多依据本馆所藏，对一些珍本古籍进行了重刻汇印，成为民国时期除各类商业出版机构外保存古籍的又一重要力量，因图书馆出版经费主要来自公共财政，所刻图书以保存文献为主，故其质量比商业性同类图书出版质量要好。正如时任江苏省立国学图书馆馆长的柳诒徵在《改良省立图书馆第一计划书》中所言：

> 馆中善本不啻鸿宝，任人阅览，既易损失；什袭珍藏，则等窖币。兵火之劫，盗易之弊，虫蠹之患，在在堪虞。他如传钞孤本有关学术者，仅恃手抄，事难功渺，故欲恢张国故，便利学人，宜取善本、孤本影印发行，则如一人化身千亿，恒干之外，子孙繁多，一面可以嘉惠艺林，一面可以获取重值。①

在言及公立图书馆宜将馆藏珍品适时出版、化身千万的同时，柳氏亦对公立图书馆与商业性出版机构出书之旨趣及质量差别作了尖锐评述：

> 往者商务印书馆印行《四部丛刊》，虽借馆书印行多种，惟书贾牟利，不善鉴别。所印者，或改易原式，或不适实用。若馆中自行印布，善本则依原尺寸，钞本则排印精校，聚之则为丛书，分之亦可单售，较之假手书贾，必有良楛之别。②

有关民国时期省级公立图书馆的古籍刊印状况，从时任浙江省立图书馆馆长陈训慈《全国省立图书馆现状之鸟瞰》一文中可见一斑：

> 省立图书馆之印行馆藏珍本……尚为近年之事。其间南京国学图书馆以馆藏之多珍，与方针之所重，印行珍本为特多。次则山东省馆兼有博物馆之性质……间亦有影印之珍本。……此外如浙馆之印行目录学著作，赣馆之重印豫章丛书，豫馆之筹刊中州丛刻，陕馆之印行碑林目录，以及皖馆之编行乡贤像传。③

单就古籍丛书刊印而言，民国时期影响较大的有浙江省立图书馆、江苏省立国学图书馆、云南图书馆等。

---

① 柳诒徵：《改良省立图书馆第一计划书》，载《中央大学国学图书馆第一年刊》，见北京图书馆出版社古籍影印室编《近代著名图书馆馆刊荟萃三编》第 1 册，北京图书馆出版社 2006 年版，第 294 页。

② 同上。

③ 陈训慈：《全国省立图书馆现状之鸟瞰》，载《浙江省立图书馆馆刊》第 4 卷第 3 期，见北京图书馆出版社古籍影印室编《近代著名图书馆馆刊荟萃三编》第 17 册，北京图书馆出版社 2006 年版，第 121 页。

（一）浙江图书馆

浙江图书馆在1909年成立之初，就将成立于同治五年（1866）的浙江官书局并入。其内部组织设置上，也体现出该馆一开始便具有藏书与编刻书一体的功能：

> 民国元年设总理副理各一人，其下职员若干人。是冬裁副理，改总理为馆长。下设监理兼编辑二人，检校兼文牍、庶务兼会计各一人。司书生四人，缮录生一人，印行所管理员、书版匠头各一人，司书生二人。①

可见，浙江图书馆除了藏书以外，还有图书编纂与出版业务。据项弋平《浙江图书馆刻书述略》一文所考，浙江图书馆的刻书业务，从1909年至1929年大致为第一阶段。这一阶段只有木刻业务。出版的书籍从内容上说，大都是乡邦文献、地方志等。从形式上看，多以大部头的丛书为主。如1916年刻《蓬莱轩舆地丛书》，1917年刻《台州经籍志》，1919年刻《章氏丛书》，1922年刻《通鉴辑览》，1913年刻《温州经籍志》等。《蓬莱轩舆地丛书》分为前、后二编。前编为《汉书》至《明史》各外国地理考证，11册；后编自《穆天子传地理考证》起至《图理琛异域录地理考证》，共13种36卷。作者为丁谦，刊成出版时，前编更名为《浙江图书馆丛书》一集，后编更名为《浙江图书馆丛书》二集。②

（二）江苏省立国学图书馆

江苏省立国学图书馆前身为江南图书馆。其大体沿革，在《浙江省立图书馆月刊》1932年第1卷第1期所载的一篇概述中记述如下：

> 清季，两江总督端方购钱塘丁氏之书至金陵，就前惜阴书院筑楼储之，定名为江南图书馆。民国改元，更名为江南图书局。次年，复改江苏省立图书馆，中经兵事，馆事停顿。自八年改称江苏省立第一图书馆，阅览保管，颇多规划。十六年柳诒徵任馆长，清查整理，扩充阅览，寻随教育部大学区制度之实施，一再改名（初名第四中山

① 《本馆近来经过之情形》，《浙江图书馆报》1927年第1卷第1期。

② 参见项弋平《浙江图书馆刻书述略》，《图书馆杂志》1984年第1期。

大学国学图书馆，十七年二月中大改名为江苏大学，五月又改名中央大学，本馆亦随而屡易其名）。至十八年始更定馆名为江苏省立国学图书馆焉。[①]

1907年，两江总督端方决定在惜阴书院校址创办江南图书馆，缪荃孙出任总办。辛亥革命后，江南图书馆随着政局变动曾多次更名：首与江苏通志局合并，于1912年改名为江南图书局，1913年7月又改名为江苏省立图书馆，1929年10月更定馆名为江苏省立国学图书馆，这一馆名一直沿用到1952年10月1日，国立南京图书馆与江苏省立国学图书馆合并为南京图书馆特藏部。

其实，从民国十七年（1928）上半年开始，在馆长柳诒徵的带领下，江苏省立国学图书馆便锐意于馆藏珍本古籍的印制。据甘桂荣研究，到民国二十五年（1936）图书馆新印书籍将近100种165720册。而且印行的珍本古籍的发行量较大，如民国十七年虽然只印2种书籍，但印制数达16514册，发行数达11653册。从民国十七年至二十五年平均每年印行书籍数为30676.7册。[②] 古籍丛书方面，1933年影印《武经七书直解》，1934年所刊丛书《云自在龛丛书》30部、《藕香拾零丛书》30部、《常州词录》等。

（三）云南图书馆

云南图书馆成立于宣统元年（1909）九月。后屡易其名：

昆明云南图书馆，地址在翠湖公园，省立图书馆也。因馆藏旧籍甚富，前曾奉令改称云南省立国学图书馆，近又奉令改称云南省立昆华图书馆矣。[③]

除了本身业务外，云南图书馆还辑刻了大型地方文献《云南丛书》。1914年，专门设立了辑刻《云南丛书》处，起初由唐继尧政府拨款万元，

---

① 《江苏省立国学图书馆概况》，《浙江省立图书馆月刊》1932年第1卷第1期。

② 参见甘桂荣《艰辛与辉煌——江苏省立国学图书馆发展研究（1927—1937）》，硕士学位论文，苏州大学，2009年，第59页。

③ 《云南图书馆名称之叠易》，《中华图书馆协会会报》1932年第8卷第1—2期，第50—51页。

1916年初编印大部分完成，款也用完，便停顿下来。1923年以后则由当地官僚资本开设的兴文当拨了官股七股的红息作为经费，1947年，丛书处改成文献委员会。《云南丛书》已编印的初编152种1148卷，二编53种254卷绝大部分是木刻，只有一少部分是石印、铅印本。[①]

图书馆刻书除官资外，还有社会集资。因系社会捐资刻书，所以书的内容、丛书子目的选择等便会受到捐助者爱好学识等倾向性的影响，这就会使丛书子目在内容上差异较大。如上海合众图书馆所编《合众图书馆丛书》：

> 凡一种丛书之辑印，期在使先贤未刊之稿或刊或刊而难得之作广其流传也。合众图书馆辑印此项丛书，所选著述，以辑资者之意趣为指归，各彰所好，各阐所宗。学海无涯，造诣不一，要其专治所学发抒心得，必有足贡献于后来者。[②]

该丛书于1945年刊刻，线装共16册。

二　地方政府临时成立的编委会

这类官府出资建立的编委会往往是就某一丛书的编纂而设立。古籍丛书刊印方面较有影响的有如下几家。

（一）广东文献编印委员会

此委员会是民国广东省政府根据叶恭绰编纂广东文献的建议支持组建的：

> 番禺叶恭绰氏自民二十六年避寇港埠，致力于保存地方文献，尝为文公表编印广东文献之意见，旋得广东省政府当局之赞助，拨款为之倡，成立编印委员会主持其事，并延人分任选择校勘，定名广东丛书。[③]

---

① 参见于乃义《云南图书馆见闻录》，见《中华文史资料文库》第16辑，中国文史出版社1996年版，第593页。

② 《合众图书馆丛书第一集》（图书介绍），见《图书季刊》1946年新7第1—2期，第90页。

③ 《广东丛书之编印》（学术界消息），《图书季刊》1945年新6第3—4期，第79页。

即广东文献编印委员会主要是为编印《广东丛书》而设立的，事发于1940年广东文物展览会期间，叶恭绰在编辑《广东文物》的同时，“有感于地方文献保存之需要，曾为文公表编印《广东文献丛编》之意见，赞成者甚众。广东省政府主席伯豪李公（按即李汉魂）闻知其事，由省库慨斥巨资，以为之倡。余以始基既建，又事属大众，不如归之公营。遂商由中国文化协进会主持其事，则组一会，定名‘广东丛书编印委员会’，延请诸鸿硕分任选择、校勘，全书遂定今名。仍拟每年至少出书一集。适商务印书馆愿任印行之役，因举以属之”。[①]

（二）贵州文献征辑馆

此馆是全省征集编印地方文献的重要编辑机构。1936年8月1日成立于贵阳，由1919年成立的贵州通志局改组而成。按照其修正组织大纲第一条的规定，贵州省政府设置文献征辑馆，专任本省文献之征采编审及刊印丛书事项。其丛书编纂方面的主要活动或贡献在于编印《黔南丛书》。此丛书的编纂始于1922年的续修贵州通志局。其编纂宗旨为“凡黔人之著作及他省名人有关吾黔之纪载，皆收辑付刊”[②]，开始拟出版20集，后因收辑校订艰难，只出版6集，另编辑出版《黔南丛书别集》一集，全书共70册，由文通书局出版发行。该丛书收录了大量明清黔人著作及相关黔事论述，为研究贵州文史保存了重要的文献资料。

（三）山西省文献委员会

该会于民国二十二年（1933）元月经阎锡山省府准允正式成立，专为整理本省历史文献而设立。其组织系委员制，由当时名流郭象升、张赖、陈敬棠、陈受中、马骏、贾景德、常赞春、李镜蓉、狄楼海、高时臻、张友桐、贾昭德、宁超武、王景勋等十余人组成。以郭象升、陈敬棠、马骏为常务委员，编辑有赵法真、常乃德、牛诚修、王培昌，总干事为于霞裳，干事有焦阳三、范周君。办公地址在上马街皇庙东巷马骏家，会址则设在桥头街路南“山西官书局”（或云在山西日报馆）内。民国二十六年（1937）10月太原失守，委员会移往晋城崇实中学。民国二十八

---

① 叶恭绰：《广东丛书序》，载许衍董编纂《广东文征续编》第2册，《广东文征》编印委员会1987年版，第438页。

② 《印行黔南丛书》，载贵州文献征辑馆编《贵州文献季刊》创刊号，贵州文献征辑馆1938年印行，第8页。

年日寇进犯晋城，委员会自行解散。民国三十六年该组织恢复，宁超武为主任委员，委员有王怀奇、于霞裳、陶伯行、王葵经等，新中国成立前停止。该会所编印的丛书主要有《山右丛书初编》32 种，民国二十五年（1936）太原成文斋承印，铅印本。

三 各类社会团体

除公共图书馆及政府组织的专门委员会外，各类社会团体出书也是民国时期古籍丛书出版的重要渠道之一。这些社会团体的出书资金来源途径不一，有的是以政府财政拨款为基础，有的是社团成员（或单位）捐款，有的是地方集资或富家出资等，不一而足。而且各社团多结合自己的业务、管理、工作情况等出版图书，出版规模一般较小，时间亦不长。在此仅以中国水利工程学会及山西省内几家相关社团为例。

（一）中国水利工程学会

1931 年 4 月经李仪祉首先倡议组织，设总会于南京，至 1948 年停止活动。该学会以“联络水利工程同志，研究水利学术，协力促中国水利建设”为宗旨。下设出版、人才介绍、技术咨询、水利工程标准，水利名词编订，中心问题研究、基金保管，水利工程课本审查等专门委员会及天津、西安两地方分会。出版委员会人数最多，且都是当时相关水利专家，像汪胡桢、张含英、武同举、郑肇经等。其经费来源除会员会费外，由教育部及水利委员会等机关补助。该会历年工作，除编印《水利》月刊外，还组织编纂出版了《中国水利珍本丛书》。丛书先后共出两辑，出版的相关书目共 9 部。

（二）山西书局

民国二十三年（1934），山西官书局更名为山西书局，由赵正楷主持工作，以用珂罗版大量影印出版名人墨迹为主要业务，成为山西最早用珂罗版影印名人墨迹的书局。[①] 曾出版古籍丛书有金段克己、段成己撰《二妙集》，民国二十五年（1936）铅印本。

（三）猗氏文献征文社

民国七年（1918），徐世昌就任北洋政府大总统，以文治自命，号召各省地方均设局整理地方文献。其时，山西在京之参议院议员贾耕、梁善

① 参见杨子荣编《三晋文明之最》，三晋出版社 2012 年版，第 315 页。

济、景梅九、田应璜、陈敬棠等，经阎锡山同意，成立山西文献征存局，设于北京之潞郡会馆内，分函山西各地文化教育机构，征集文献。猗氏文献征文社亦应时而成立。该社刊印丛书为猗氏（今山西省临猗县）乔褉亭辑《清代郇瑕诸老集六种》，铅印。

（四）太谷平民工厂

地址在南门楼道巷。民国四年（1915）知事蔡光辉创立：全年经费1040元，由地方款内拨给。内设经理一人，庶务、书记各一人，工人三四十人。分织布、印刷两科，印刷科成绩甚佳。又附设星期日报馆，每星期日出报一次。刊印丛书主要有清安清翘、安清翰、安清翊撰《垣曲安氏三先生剩稿》，民国十一年（1922）石印本。

第四章　商务印书馆的古籍丛书出版

进入民国后，新出版机构在大力刊布新知识书刊的同时，亦致力于传统文化的出版。商务印书馆、中华书局、世界书局、开明书店等都是其中大有贡献者。在这四支力量中，商务印书馆和中华书局两家民营出版机构是民国时期大型综合性古籍丛书的主要编纂出版主体。本章专门论述商务印书馆的古籍丛书出版。

第一节　商务印书馆的古籍丛书编纂出版概况

一　新中国成立前商务印书馆的发展历程

商务印书馆是中国出版业中历史最悠久的出版机构。在上百年的漫长岁月中，对中国现代的文化与教育事业发生了巨大而深远的影响。秉承“倡明教育，开启民智”之宗旨，商务印书馆于1897年2月11日始创于上海。关于商务印书馆的成立，蒋维乔曾有如下记述：

> 商务印书馆创始于民元前十五年，发起人为夏瑞芳、鲍咸恩、咸昌兄弟、高凤池等，皆教会设立清心小学之工读生，习英文排字，先后在《字林西报》及《捷报》馆为排工。各人积资千元，彼此商量，与其寄人篱下，不若自立门户，乃合股四千余金，在北京路租屋，创办商务印书馆。[①]

---

① 蒋维乔：《创办初期之商务印书馆与中华书局》，载宋原放主编《中国出版史料·近代部分》第3卷，湖北教育出版社、山东教育出版社2004年版，第192页。

商务印书馆初期承印商业簿记表册、账本、教会图书等印务，故得名商务。

商务印书馆创办者四人中，夏瑞芳是江苏青浦人，11 岁时进入教会学校读书。在那里，他结识了鲍咸恩、鲍咸昌兄弟，为日后的合作打下了基础。鲍氏兄弟由书院毕业后，先后都做了印刷工人。在这期间，兄弟二人结识了高凤池，并将他介绍给了夏瑞芳。四个人都有志于创业，因此约定，等时机成熟之后一起合作创建一个印刷作坊。夏瑞芳毕业以后，先进入同仁医院学医，后来又先后进入文汇报馆、字林西报馆和捷报馆做英文排字工作，这些都为他日后的创业奠定了坚实的基础。由于夏、鲍氏兄弟、高四人都很勤奋节俭，所以很快他们便有了第一笔积蓄。四人说服一位名叫沈伯曾的天主教徒，让他入股与他们合作建立一个印刷作坊。四人集资 2750 元，沈伯曾入股 1000 元，成为大股东。就在上海的江西路德昌里租了三间房，于 1897 年 2 月起正式经营印刷作坊。起初"仅置备三号摇架三部，脚踏架三部，自来墨手扳架三部，手揿架一部，其余略办中西文铅字器具，资金皆已用尽"。[①] 后来，随着技术的不断进步和口碑的不断传扬，小作坊开始接到一些大的项目，一些报社、书馆也开始前来与他们联系。

1899 年，张元济辞去南洋公学总教习一职，加入商务印书馆。张元济的加入并主政商务印书馆，是商务由单独的印刷作坊型企业走向正规现代出版企业的重要标志。关于张元济进入商务印书馆的背景及其在商务印书馆发展史上的里程碑式地位，作为张元济之后主管商务印书馆业务的王云五曾作过如下评价：

> 初，夏瑞芳君因承接印件，辄奔走于当时之文化机关之间。在南洋公学中认识其汉文总教习张菊生（元济）。张君早年入翰院，有声于时，且不时提倡新学，然与康梁之维新实无关系。戊戌政变挫败，六君子成仁，康梁亡命，张君以原无关系，坦然置之，却被波及，受革职永不叙用之处分。于是南下回籍，道经上海，为与商务印书馆同年成立之南洋公学聘任汉文总教习。张君与该校西文总

---

① 周武：《二十世纪文化名人与上海——张元济书卷人生》，上海教育出版社 1999 年版，第 73 页。

> 教习之美国福开森博士相处甚善，互相交换语文之教学，于是原通中国语言之福开森君进而通达中国文字，原未习英文之张君，因是亦能通英文。夏君因南洋公学不时有中文印件委托外间办理，借此时与张君接洽，至是乃以投资、并主持编译相商，经张君详加考虑，卒应许参加，并为专力主持商务印书馆编辑之任，遂辞南洋公学，以就商务之职。自是厥后，商务印书馆始一改面目，由以印刷业为主者，进而为出版事业。其成为我国历史最长之大出版家，实始于张君之加入。①

1900 年，日本人开办的修文书馆濒于破产，夏瑞芳果断决定买进。他以较小的花费购得了先进完备的大小印机、铜模、铅字切刀、材料等印刷设备。凭借这些设备，小作坊一步步做大，至 1901 年，终于成立了有限公司。1903 年，设第一个分馆于汉口。10 月，正式成立商务印书馆有限公司，吸收日资，改进印刷。首次使用著作权印花，编印小学“最新教科书”。1907 年在上海闸北宝山路建成印刷总厂和编译所新址，始用珂罗版印刷。1909 年将编译所收藏古籍善本和参考书籍的图书馆定名为涵芬楼，后改名为东方图书馆，对外开放。改进铜锌版和试制三色铜版，聘美籍技师指导。商务印书馆董事局于三月初八举行第一次会议，出席董事七人，张元济为主席。1914 年，董事会收回日本股份，设分馆于香港。1932 年 1 月 28 日，日本海军陆战队突然袭击上海闸北，“一·二八”事变爆发，次日上午，日军飞机轰炸商务印书馆，位于宝山路的总管理处、编译所、四个印刷厂、仓库、尚公小学等皆中弹起火，全部焚毁。1932 年 2 月 1 日，日本浪人又潜入未被殃及的商务印书馆所属的东方图书馆纵火，全部藏书化为灰烬。商务印书馆资产损失 1630 万元以上，占总资产的 80%。最令人痛惜的是东方图书馆的全部藏书 46 万册，包括善本古籍 3700 多种，共 35000 多册；中国最为齐备的各地方志 2600 多种，共 25000 册，悉数烧毁，当时号称东亚第一的图书馆一夜之间突然消失，价值连城的善本孤本图书从此绝迹人寰。日

① 王云五：《商务印书馆与新教育年谱》上册之“民前十五年”，江西教育出版社 2008 年版，第 3 页。

军暴行不仅使商务印书馆的古籍出版业务大受挫折，更是中国文化史上的一大劫难。1941 年总管理处迁重庆，沪、港货栈和印刷厂均被日军劫持，《东方杂志》等被迫停刊。1944 年，东方图书馆重庆分馆开馆。1946 年，总管理处由重庆迁回上海。1948 年设台湾分馆。1950 年商务印书馆与三联书店、中华书局、开明书店、联营书店联合组织中国图书发行公司，为新华书店以外的中国第二个发行系统。1951 年设总管理处驻京办事处，编审部迁京。①

二　商务印书馆的古籍丛书出版概况

整理出版古籍是商务印书馆经营的重要业务之一，也是近代民营出版业在传承中华文化等社会效益与经济效益共赢方面最为成功的典型范例。商务印书馆的古籍出版主要经历了两个大的阶段。在张元济和王云五主持商务印书馆的不同时期，二人在古籍出版方面的思路和方法上有很大不同。张元济注重整理影印善本古籍，对文化传承和学术研究方面都有极大的帮助。需要说明的是，虽然影印的古籍，相较于古籍珍本廉价，但是对于普通读者而言大规模出版的古籍丛书，价格仍十分昂贵。王云五则在古籍的整理和普及方面开辟了新的途径。以张元济和王云五为代表的商务印书馆领导，因其不同学术背景和出版理念，给我们呈现了风格大不相同的古籍丛书。张元济主持下的《四部丛刊》《百衲本二十四史》等古籍丛书成为古籍出版的经典，对中国文化的流传产生了巨大的影响。王云五主持下的《学生国学丛书》则开创了古籍出版的新方法，成为现代古籍出版的典范。总的来说，张元济以“为古人续命”为出发点，更注重版本的选择；王云五则是更注重古籍的普及，所以采用了新的出版方式。

在新中国成立前，商务印书馆究竟出版了多少种古籍丛书呢？笔者仅就《中国丛书综录》《中国丛书广录》《中国丛书综录续编》及相关文献进行了统计，发现商务印书馆在新中国成立前共出版古籍丛书 63 种，子目 8992 种（不含《续藏经》7400 册）。见表 4—1：

① 参见王涛等编《商务印书馆一百一十年（1897—2007）》，商务印书馆 2009 年版，第 471 页。

表 4—1　　商务印书馆 1949 年以前古籍丛书出版一览表

类别	书名	责任者	商务出版时间	子目种数	版式
杂纂类	涵芬楼秘笈	孙毓修编	1916—1921	51	排印
	续古逸丛书	张元济等编	1918—1938	47	影印
	四部丛刊初编	张元济等编	1919—1922	323	影印
	学海类编四百三十三种	曹溶编	1920	433	影印
	学津讨原	（清）张海鹏	1922	172	影印
	别下斋丛书	（清）蒋光煦辑	1923	29	影印
	涉闻梓旧	（清）蒋光煦辑	1924	25	影印
	佚存丛书	林衡辑	1924	17	影印
	汉魏丛书	程荣辑	1925	38	影印
	学生国学丛书	王云五、朱经农主编	1925—1948	95	排印
	国学基本丛书第一集	商务印书馆编	1929—1931	100	排印
	四库全书珍本初集	商务印书馆辑	1933—1935	231	影印
	四部丛刊续编	张元济等编	1934	81	影印
	影印四库全书四种	商务印书馆辑	1935	4	影印
	选印宛委别藏	北平故宫博物院编	1935	40	排印
	四部丛刊三编	张元济等编	1935—1936	73	影印
	丛书集成初编	商务印书馆编	1935—1937	3062	排印
	国立北平图书馆善本丛书第一集	谢国桢编	1937	12	影印
	景印元明善本丛书十种	商务印书馆编	1937—1940	620	影印
	国学基本丛书第二集	商务印书馆编	1934—1937	300	排印
	国学基本丛书简编	商务印书馆编	1935—1947	50	排印
郡邑类	广东丛书	广东丛书编印委员会编	1946	19	排印
独撰类	心史丛刊	孟森撰	1916—1917	3	排印
	止园丛书第三集	尹昌衡撰	1918		排印
	海宁王静安先生遗书	王国维撰	1940	42	石印
经类	十三经		1914	13	排印

续表

类别	书名	责任者	商务出版时间	子目种数	版式
史类	痛史	乐天居士辑	1911—1917	21	排印
	明季稗史续编	商务印书馆编	1912	13	
	影印殿本二十四史	乾隆朝官纂	1916	24	影印
	百衲本二十四史	张元济编	1930—1936	24	影印
	中国史学丛书	何炳松主编	1930—1947		排印
	十通		1935—1937	10	影印
子类	御纂医宗金鉴	吴谦等辑	1912	15	排印
	五种遗规	清陈宏谋辑	1918	5	排印
	宋元人说部书	佚名辑	1919—1920	6	排印
	正统道藏医书十种		1923	10	影印
	续藏经	日本京都藏经书院编	1923	1659	影印
	道藏附续道藏	佚名辑	1923—1926	1476	影印
	顾氏文房小说	顾元庆辑	1925	40	影印
	果报类编	吴振芳辑	1926	4	影印
	宋人小说	涵芬楼辑	1926	29	排印
	道藏举要	商务印书馆辑	1926 以后	176	影印
	论画辑要	马克明辑	1928	8	排印
	净土津梁十三种	乾隆间衍法寺辑刻	1933	13	影印
	旧小说	吴曾祺辑	1935	392	排印
	评注诸子菁华录	张之纯评注	1939	18	排印
集类	五唐人集	毛晋辑	1914	5	影印
	宋诗钞初集	吕留良、吴之振、吴尔尧辑	1914	84	影印
	宋诗钞补	管庭芬、蒋光煦辑	1915	84	排印
	唐人四集	毛晋辑	1916	4	影印
	戊戌六君子遗集	张元济辑	1917	9	排印
	元曲选	臧懋循辑	1918	100	影印
	唐人八家诗	毛晋辑	1926	8	影印
	元人十种诗	毛晋辑	1926	10	影印
	唐六名家集	毛晋辑	1926	6	影印

续表

类别	书名	责任者	商务出版时间	子目种数	版式
集类	说郛一百卷	陶宗仪编	1927		排印
	奢摩他室曲丛	吴梅辑	1928	35	影印/排印
	全相平话四种	建安虞氏辑	1929	4	影印
	南明野史	三余氏撰	1930	5	排印
	杨升庵夫妇散曲	任讷辑	1934	2	排印
	沈氏三先生文集	佚名	1936	3	排印
	百家词	吴讷辑	1940	87	排印
	孤本元明杂剧	涵芬楼辑	1941	144	排印

第二节　张元济主持出版的古籍丛书

一　张元济生平述要

张元济（1867—1959），字筱斋，号菊生。原籍浙江海盐，中国近代出版家、版本目录学家、藏书家。光绪壬辰（1892）进士，选翰林院庶吉士，改刑部贵州司主事、总理各国事务衙门章京。1898 年因参与戊戌维新运动而被革职，以后去上海主持南洋公学译书院。1901 年以“辅助教育为己任”，投资商务印书馆，并主持该馆编译工作。1903 年任该馆编译所所长，1916 年任经理，1920—1926 年改任监理。1926 年任董事长直至逝世。在他的管理经营下，商务印书馆由一个作坊式的单纯印刷小厂发展成为中国近现代最大的出版机构。他所参与规划的《最新教科书》获得很大成功，开创了中国近现代教科书编印的新纪元。1949 年被特邀参加中国人民政治协商会议，被选为全国委员会委员，后被选为第一届全国人民代表大会代表。

张元济出生于藏书世家。其六世祖张宗松等即以涉园藏书闻名，后递传至道光年间，因战乱散佚。张氏自青年时就有“继承先世遗业之志”。在商务印书馆任编译所所长时，“每削稿，辄思有所检阅，苦无书。求诸市中，多坊肆所刊，未敢信，乃思访求善本暨所藏有自者”①。1906 年起

① 张元济：《涵芬楼烬余书录序》，《张元济诗文》，商务印书馆 1986 年版，第 282 页。

陆续收入大批古籍，建立了藏书室，1908 年命名为涵芬楼，开创了私营出版社为保证出版物质量而设专职专业编辑和专门藏书库之先河。1926 年又扩充收藏建成东方图书馆，涵芬楼仍作为其善本书库单独存在。在《东方图书馆概况·缘起》一文中，张元济简述了涵芬楼筹建过程及所藏珍善本之主要来源：

> 自是会稽徐氏熔经铸史斋、长洲蒋氏秦汉十印斋、太仓顾氏谀闻斋，藏书先后散出，余均收得，辟涵芬楼以藏之。未几，宗室盛氏意园、丰顺丁氏持静斋、江阴缪氏艺风堂藏书亦散，余又各得数十百种。虽未可谓集大成，而图书馆之规模略具矣。十余年来，搜求未缀。每至京师，必捆载而归，估人持书叩门求售。苟未有者，辄留之。即方志一门，已有二千一百余种。虽多遗阙。要为巨观。[①]

1932 年“一·二八”战役中，东方图书馆遭日军轰炸、焚掠，所藏中外图书计 45 万余册顷刻化为灰烬。涵芬楼珍善本除另藏于他处的 547 种得以幸免外，其余全部被毁。据张元济之子张树年回忆，面对当时飘满上海天空的纸灰，张元济悲愤异常，泪流满面，对夫人叹曰：“工厂、机器、设备都可重修，唯独我数十年辛勤搜集所得的几十万册书籍，今日毁于敌人炮火，是无从复得，从此在地球上消失了。”“这也可算是我的罪过。如果我不将这些书搜购起来、集中保存在图书馆中，让它仍散存在全国各地，岂不可避免这场浩劫！”[②] 对幸免于难的 547 部珍善本书，张元济更加爱护，逐一作了著录，详记每部书版本行款及历代藏家题跋图记，成为《涵芬楼烬余书录》。1951 年，经张元济提议，商务印书馆董事会通过，将涵芬楼烬余的《永乐大典》21 册捐献给国家。其余善本全部由文化部收购，转归北京图书馆收藏。

张元济精于版本目录之学，所著《涵芬楼烬余书录》《宝礼堂宋本书录》《涉园序跋集录》集近代目录体例之长，成为古典目录学领域必备书目。另外，张氏著作经后人整理出版的尚有《张元济诗文》（1986）、《张

① 张元济：《东方图书馆概况·缘起》，《张元济诗文》，商务印书馆 1986 年版，第 240 页。

② 张树年：《我与商务印书馆》，《1897—1992 商务印书馆九十五年：我和商务印书馆》，商务印书馆 1992 年版，第 290 页。

元济日记》（1981）、《张元济书札》（1981）、《张元济傅增湘论书尺牍》（1983）等，为版本目录学和近现代出版史研究提供了丰富史料。张氏平生主持编纂出版的文献典籍则不胜枚举，单就丛书而言，影响最大的除下面将重点论及的《四部丛刊》《百衲本二十四史》外，还有《涵芬楼秘笈》《续古逸丛书》《道藏·续道藏》《四库全书珍本初集》《国立北平图书馆善本丛书》《影印元明善本丛书》《孤本元明杂剧》等，这些丛书绝大部分都是张元济1926年退休后完成的，它们与商务印书馆出版的其他古籍丛书，共同构成了中国现代学术文化史上规模最大的古籍整理工程，均在历史上和学术界产生了深远影响。张元济选书注重实用、母本讲究善本，用石印法传真版本，开创了古籍丛书翻刻、影印的新阶段。著名版本目录学家顾廷龙生前评价张元济曰："菊生先生耆年硕德，经济文章，并为世重。余事致力于目录、校勘之学，而尤以流通古籍为己任。数十年来，巨编之辑印，孤本赖以不绝。其嘉惠后学，实非浅尠。"①

二 张元济的古籍丛书出版理念

张元济本是进士出身，旧学底蕴非常深厚，对历代珍贵古籍文化非常钟爱，常常为祖国的珍籍流落于国外而痛心，因此他一直都很重视古籍珍贵图书的网罗和收藏，并做校勘与辑印工作。自他退休后，更是把所有的精力都投入古籍搜救整理工作上，为了不让珍贵古籍流失严重，他认为尽力保存古籍最好的办法就是化身千百，并让用的人可以利用到。

（一）重视底本的选取，精益求精

他在辑印古籍时，选取底本十分慎重，特别强调选择好的版本，重视古本与珍本。例如，在编印《百衲本二十四史》时，张元济要用清代薛居正的《旧五代史》，但此版本早已散佚，不可得见。考虑到此书明清之时可能尚有保存者，或许世上会有，故辗转探访。当得知藏书的下落时，非常激动，循线追索。谁知此本已被卖掉，最后张元济还是不愿轻易放弃，继续四处探询，并登报重价"悬赏"，几年之后还是没有消息。时间已不容他再等，只能以注本代替。只此一例，就足以证明张元济对版本精心选择、求之若渴的态度了。对于张元济重视版本选取的理念，寿勤泽、高奋曾在一篇论文中作过如下归纳：（1）作版本比较，尽量选用较早、

① 张元济：《涉园序跋集录》之顾廷龙后记，古典文学出版社1957年版。

较完全的版本；（2）同时代的版本，经过对勘，选用无缺卷、无缺页、未经删消的足本；（3）一般情况下，有原刊本的不用覆刻本、翻刻本；（4）有宋本的，不用元本；有元本的，不用明本；有宋元刊本的，不用宋影元抄本。当然，对于张元济这种“书贵初刻”的版本选择理念，有时也会影响到相关丛书的刊印质量，如在合适的宋元本难觅而后刻本明显优于宋元本的情况下，也往往因这种理念而牵强地选用了一些初刻本，使丛书质量受到影响。

（二）广事购藏，为丛书出版储积丰富的底本

张元济渊源的家学熏陶造就了他对中国文献古籍异乎寻常的偏爱，使得他从主持商务印书馆的编译工作开始，就特别重视图书文献的积累。1903 年，张元济出任商务印书馆编译所所长，次年便开始设立编译所图书资料室，广泛搜购图书资料，寻访善本秘籍。他在《涵芬楼烬余书录》序言中曾说：“余既受商务印书馆编译之职，同时高梦旦、蔡孑民、蒋竹庄诸子咸来相助。每削稿，辄思有所检阅，苦无书，求诸市中，多坊肆所刊，未敢信，乃思访求善本暨收藏有自者。”① 可见，为出版古籍储备丰富的底本，是他广采各类古籍的最直接原因。当然，对于古籍之外的各类图书，他也力所能及地加以购藏：“凡遇国内各家藏书散出，总是尽力搜罗；日本欧美各国每年所出新书，也总是尽量购置。”② 随着善本藏书的日益丰富，商务印书馆的图书室逐渐出名，并于 1909 年正式命名为“涵芬楼”，乃至后来的东方图书馆，在为丛书出版提供底本来源的同时，也大大便利了社会的文化传播。当时很多有成就的藏书家都信奉“藏书不如刻书”，张元济也深有同感。丰富的图书购藏无疑成为商务印书馆古籍丛书出版的重要基础。

（三）积极利用海内外公私藏书

古籍文献浩如烟海，个人或单位的力量不可能收罗穷尽，古籍丛书出版中所需要的更多底本图书还是要靠外援。因此，向国内著名图书馆和藏书家商借善本便成为张元济古籍丛书出版工作的一项重要内容。如《四部丛刊》所用底本，除涵芬楼自有的外，借用国内外 52 家公私藏书，277

① 张元济：《涵芬楼烬余书录》序，《张元济全集》第 8 卷《古籍研究著作》，商务印书馆 2009 年版，第 149 页。

② 张元济：《在德国捐赠东方图书馆书籍赠受典礼上的讲话》，《张元济全集》第 4 卷《诗文》，商务印书馆 2008 年版，第 415 页。

种图书，清末四大藏书家，除海源阁藏书因兵灾散佚外，其他三家都利用了。为了获得好底本，有时甚至还要不远万里到国外借阅。为了尽可能广泛地收集文献，他甚至无意中向世人提出了自己的求书三经：一为“求之坊肆”。就是走访书肆，零星选购，积少成多。二为“丐之藏家”。就是从藏书家手中收购或询借，清末民初，战乱频仍，诸多藏书纷纷流入书市，张元济凡是遇见国内藏书家散出时，总是尽力收罗。三为“近走两京、远驰内外”。就是利用远游的机会抄写或影照，使一些在中国已经失传的秘籍再返回中国。①

（四）追求内容与形式的完美统一，注重图书质量

张元济一直把图书质量放在重要的地位，这一点突出地表现在他对古籍的编纂过程中。1911 年，商务印书馆开始用照相影印宋本《韩昌黎集》，张元济正在北京，不能亲自在场指导的他不断写信给孙毓修，信中讨论印样质量，对所用油墨、中缝宽度、母本书内污点和历代藏书家红色印记的处理都指导得十分具体，保证了印刷质量。张元济主持辑印的很多古籍中，都十分注意这个问题，底本不一致的，务必将它们影照处理成长短宽窄都相同的，大的缩小，小的放大。对于底本的校勘和考订，张元济更是不遗余力，一贯从严要求。他往往会亲自考订相关底本中文字的讹、衍、阙、脱的情况，纠正那些有意无意地篡改现象，从而使古籍丛书的内容更加正确和完整。

三　《四部丛刊》初编、续编、三编

（一）《四部丛刊》初编、续编、三编出版过程

《四部丛刊》初编自 1919 年开始印行，1922 年完成，收书 323 种，分订 32 开本线装 2100 册。在 1919 年 10 月发布的《印行四部丛刊启》中，张元济就《四部丛刊》的编纂缘起及宗旨作了说明：

> 睹乔木而四故家。考文献而爱旧邦。知新温故。二者并重。自咸同以来。神州几经多故。旧籍日就沦亡。盖求书之难，国学之微。未有甚于此时者也。上海涵芬楼留意收藏。多蓄善本。同人怂恿影印。

① 参见张元济《百衲本二十四史前序》，《张元济全集》第 9 卷《古籍研究著作》，商务印书馆 2010 年版，第 620 页。

以资津逮。间有未备。复各出公私所储。恣其搜揽。得于风流阒寂之会。成此四部丛刊之刻。提挈宏纲。网罗巨帙。诚可云学海之巨观。书林之创举矣 。[①]

但在此之前，关于《四部丛刊》的编纂工作已酝酿准备多年。他在1913年1月1日写给缪荃孙的信中就曾说："刻丛书事，久蓄此志，拟稍闲暇，将现有写本逐一检阅，选定后再祈教正。"[②] 目前所见张元济最早提及《四部丛刊》的文献是1915年5月19日他写给傅增湘的信：

本馆拟印旧书。以应世用。拟定名四部举要。第一集种类业已选出。约在一万卷以上。拟分三资出书……兹将目录附呈。伏祈代为察核。如有应增应减者。并求指示。……敝处藏本尚不敷用。将来尚拟就邺架借影。所缺书名亦用朱笔标出。如所选之本有未善者。亦乞代为改定。[③]

从"第一集种类业已选出"可知，《四部丛刊》的准备工作早在1915年5月以前就已开始，而且张氏初名此书为《四部举要》，后经孙毓修提议改名《四部丛刊》。孙毓修是编纂《四部丛刊》初编时的干将，颇得张元济重用。孙毓修曾被称为"古籍整理家与中国童话的创始人"[④]，关于这一称谓及其到商务印书馆襄助张元济从事古籍出版的过程，胡道静曾作如下记述：

孙先生原是一位版本目录学家，是世纪之交的版本目录学大师缪荃孙的弟子。他之所以进入商务印书馆工作，是因为张元济先生主持商务工作后，于清代季年开始为商务购集善本古籍，以供编辑工作参考的需要。成立了涵芬楼书藏，即后来的东方图书馆的基础。购集善

① 张元济：《印行四部丛刊启》，《张元济诗文》，商务印书馆1986年版，第260页。

② 张元济：《张元济全集》第3卷《书信》，商务印书馆2007年版，第499页。

③ 张元济致傅增湘书（1915年5月19日），见《张元济傅增湘论书尺牍》，商务印书馆1983年版，第64页。

④ 陈江：《古籍整理家与中国童话的创始人——孙毓修》，《出版史料》1986年6月（总第5辑）。

> 本古籍，张先生自己本来精于版本之学，善能鉴别审定，但是工作量大，需要一位助手，于是把这位行家孙先生延聘进来，协助这项工作。但商务印书馆是一个出版机构，编辑人员主要是作编译图书的工作，好在孙先生又精通英文，就编译了许多当时我国所缺乏的少儿读物出版。及至稍晚，商务开始出版新印古籍，孙先生的工作就以其本来的所长转到了这个方面，事情的过程，就是如此。①

在《四部丛刊》初编的编纂过程中，孙毓修除了承担具体的编务工作外，还主要负责到各地收买查阅相关善本典籍，对版本加以初步勘验鉴别，曾往来于南京江南图书馆及常熟铁琴铜剑楼不下10余次，并将阅书所历著为《江南阅书记》1卷。

在《四部丛刊》所收典籍采取原版影印还是重新排印问题上，商务印书馆领导层还发生过长时间的争论。当时茅盾正在商务印书馆工作，并曾随孙毓修到江南图书馆考订古籍，他在回忆录中对当时的争论作了较详细的叙述：

> 当权者的一派主张《四部丛刊》应该尽量采用宋、元、明的刊本而精工影印。这一派可称为"善本派"，也有人讥讽地称之为"制造假古董者"。另一派主张注重实用，例如《庄子》，便应该采用郭庆藩的《庄子集释》或王先谦的《庄子集解》；《墨子》就应该采用孙诒让的《墨子闲诂》等等。这是"实用派"。据说两派争论了五六个月，最后还是"善本派"得胜。"善本派"就他们同馆外人接触而得的印象，举出这样一个理由：《四部丛刊》的购置者将是附庸风雅的大腹贾、军阀，地主阶级的书香人家，少数几个大学图书馆（那时公立图书馆寥寥可数）。至于真正做学问的寒士是买不起的，他们所需要的如《庄子集解》之类，通行本很多，他们早已买了木刻原版，不会再来买铅印本（实用派主张《四部丛刊》用铅字排印）。而况倘用铅印，合格的校对人员很难找（编译所只有编辑《辞源》的一班人可以胜任），即使找到，薪水必高，则《四部丛刊》的成本也

① 胡道静：《孙毓修的古籍出版工作和版本目录学著作》，载《商务印书馆九十五年》，商务印书馆1992年版，第69—70页。

将随之增高，也会影响销路。如果影印善本，估计可销一千，那就已经有盈利了。这一笔经济帐，使“实用派”哑口无言，因为“实用派”也不能不打经济算盘。①

可见，《四部丛刊》采用善本影印，除了以张元济为首的“善本派”的注重保存版本外，还有来自商家讲求经济利益的因素。更重要的是，善本派的主张得到了当时海内著名藏书家的大力鼓动和支持，《印行四部丛刊启》文虽以商务印书馆名义发布，实际上是文末所列含张元济本人在内的25位藏书家的一份共同启事，这些藏书家不仅在丛刊的编纂上献计献策，而且贡献出各自所藏的珍善本书供影印，对此，叶德辉曾作详述：

江阴缪艺风荃孙、华阳王息尘秉恩两先生，怂恿张菊生同年元济以商务印书馆别舍涵芬楼，征集海内藏书家之四部旧本书，择其要者为《四部丛刊》，即以石印法印之……初拟按文襄《书目答问》所列诸本付印。询之于余，余力言其非，以为文襄《书目》行之于海内数十年，稍知读书者，无不奉为指南，按目购置。今唯取世不经见之宋元精本缩印小册，而以原书大小尺寸载明书首，庶剞劂所不能尽施，版片所不能划一者，一举而两得之，菊生以为善也。其时常熟瞿氏铁琴铜剑楼所藏宋元版书甲于南北，主人瞿良士启甲风雅乐善。得余介绍，慨然尽出所藏，借之影印。京师图书馆之书，则因傅沅叔同年之力，得以相假。江南图书馆所藏，则光绪末年丰润忠愍端方总督两江时，购自仁和丁氏八千卷楼者，其中亦多宋元旧本。商之齐镇岩抚部耀琳，饬司馆书者悉选其精善完整之本，在馆印出。余又从日本白岩子云龙平向其国岩崎氏静嘉堂假得宋本《说文解字》，为孙氏平津馆仿宋刻所自出者。此吾国第一孤本，为归安陆氏皕宋楼售出。今幸珠还，不可谓非快事也。同时嘉兴沈子培方伯同年曾植、江宁邓正盦编修邦述、独山莫楚生观察棠、新建夏剑丞观察敬观，皆与其事，展转商定。自戊午创议，迄

① 茅盾：《革新〈小说月报〉的前后》，《茅盾全集》（34），人民文学出版社1997年版，第169页。

壬戌告成。为书二千余册，为卷一万有奇。萃历朝书库之精英，为古今罕有之巨帙。①

尽管缪荃孙为编纂《四部丛刊》的最早倡导人之一，但《印行四部丛刊启》文发布时，缪氏已届垂暮之年，不久即去世，故《印行四部丛刊启》未将其列为“同启”人。但在1936年商务馆印行的《缩本四部丛刊初编书录》中，于“同启”人后加注曰“缪筱珊先生提倡最先，未观厥成，遽归道山。谨志于此，以不没其盛心”。

《四部丛刊》初编所选底本以涵芬楼藏书为主，同时借影上述各家所藏宋元明旧椠。贡献最大者为江南图书馆、京师图书馆、常熟瞿氏（启甲）铁琴铜剑楼、乌程刘氏（承干）嘉业堂、江安傅氏（增湘）双鉴楼、江阴缪氏（荃孙）艺风堂、长沙叶氏（德辉）观古堂等，基本上网罗了当时所能见到的珍本秘籍。其中“宋本三十九，金本二，元本十八，影写宋本十六，校本十八，明活字本八，高丽旧刻本四。释道藏本二，余亦皆出明清精刻”②。初编所收每部书都在扉页注明该书所用版本来源及原书尺寸。比如初编经部《尚书》就注明“上海涵芬楼借吴兴刘氏嘉业堂藏宋椠景印原书板匡高营造尺六寸六分宽四寸一分”，此举一方面利于后世版本学之研究考证，另一方面也可彰显各藏书家之收藏和义举。

编辑过程中，张元济一方面多方联系最佳底本，另一方面还关注着每部书版本之甄别、勘验。可以说，从全书的编纂、印刷到销售等每一环节，张元济都极其重视，倾注心力：

预约及出书之始，先生每日必到定书柜询问当天销数，对包装邮寄亦随时检查。《丛刊》初编分连史、毛边两种印本，筹印时先生特派人去福建光泽县的司前与江西铅山县的陈坊，坐庄采办上好的纸张。③

① 叶德辉：《书林余话》卷下，《书林清话》，古籍出版社1957年版，第347—348页。
② 张元济：《四部丛刊刊成记》，《张元济诗文》，商务印书馆1986年版，第262页。
③ 曹冰严：《张元济与商务印书馆》，载《商务印书馆九十年》，商务印书馆1987年版。

《四部丛刊》出版发行以后，如石击水，引起了一场商务印书馆和中华书局的商业竞争。1924 年，中华书局印行《四部备要》，选取经史子集中常用书目印行。因为重在普及实用，故所选大部分书目不得不与《四部丛刊》重复，中华书局便从版式上寻求突破，采用仿宋铅字按旧线装书格式排印出版，且以收入历代名家注本为尚，应该说在实用性上略胜《四部丛刊》一筹。面对这种情况，商务印书馆决定暂停印行《四部丛刊》续编，而是重印、修补正编：

> 重印《四部丛刊》原为同业竞争而发。初意不过仅印续编，后见同业有《四部备要》，不能不并行，以期招徕。而续编乃稍稍压后。①

1926 年，商务印书馆重印《四部丛刊》，这次重印实际上并不是原版重印，而是一次小小的改版。其中有 22 种换更好的本子，6 种补齐缺页，并给许多书加了校勘记，在原书名“四部丛刊”后面加上“初编”二字，以示与后续相区别。收书种数没变，但增加到 2112 册，重印工作至 1929 年完成。现在流行之《四部丛刊》初编，多系这次重印本。

《四部丛刊》续编收书 75 种，500 册。续编的印行得益于商务印书馆对蒋孟蘋密韵楼藏书的收购。蒋氏密韵楼藏书颇丰，计宋本 563 册，元本 2097 册，明本 6753 册，抄本 3808 册，《永乐大典》10 册。当时蒋氏藏书为兴业银行抵押。在 1926 年 1 月商务印书馆为收购密韵楼藏书而召开的会议上，张元济点明了收购密韵楼藏书促成《四部丛刊》续编的想法：

> 鄙意久思再出《四部丛刊》续编，留心访求，已有数年，无如好极不易得。如能将蒋书收入，则《四部丛刊》续编基础已立，再向外补凑若干，便可印行。②

---

① 张元济致傅增湘书（1926 年 10 月 17 日），见《张元济傅增湘论书尺牍》，商务印书馆 1983 年版，第 137 页。

② 商务印书馆会议记录，见张树年主编《张元济年谱》，商务印书馆 1991 年版，第 263 页。

不过，《四部丛刊》续编工作遭遇了很大波折，不仅被重印初编所拖延，还因“一·二八”事变中日军轰炸商务馆而前功尽弃，直到1934年才又重新开始。张元济在1934年2月致周暹[①]的信中说：

> 近数年来辑有续刊，正在搜集善本，编订全目，而兵衅遽起，几废半涂。现在收拾烬余，勉强出版，所有义例，一本初编宗旨。而搜求匪易，餍心尤难。兹呈上《缘起》（按：此指《辑印四部丛刊续编缘起》）、《目录》一册，务祈鉴正指教。如更有珍秘，许为发棠之请，则增光铅椠，嘉惠弥多。意主流通，想兄必赞成其美也。[②]

上述内容还见于张元济在同一时间所发往其他藏书家的信件中，主要是向这些人征求《四部丛刊》续编意见及询借善本。

三编刊行于1935年，收书73种，500册。关于三编的印行背景及收书状况，《辑印四部丛刊三编缘起》介绍颇详：

> 四部丛刊既刊成，越十有三年而有续编之辑。历时一载，得书七十五种，凡五百册，已于去岁全数印竣。惟原辑之书，有余额被摈及原备今岁续出者，为数非尠，于是复有三编之辑。顾以四库珍本、宛委别藏先后开印。亟待蒇事；良工难求，轮机亦昕夕罕暇，不得不移此就彼。然蒐求之志，未敢少懈，即剞劂之愿，亦无时或忘也。宋椠《太平御览》，已为人世孤本，续编附目，预告今岁出版，四方人士驰书问讯者不绝。工事稍闲，亟以付印，手民日夕从事，已成十之七八。外此尚有顾亭林之《天下郡国利病书》、查东山之《罪惟录》，皆二贤手稿，为世人所未见者，亦列于本编之内。全编仍以五百册为限，体例一如畴昔，惟发行规则，视续编略有更易。[③]

张元济还曾计划编辑出版《四部丛刊》四编。在1937年3月写给赵

---

① 周暹（1891—1984），字叔弢，安徽东至人，著名藏书家。

② 张元济：《致周暹书》，《中华民族的人格》，辽宁教育出版社2003年版，第169页。

③ 《辑印〈四部丛刊〉三编缘起》，载张静庐主编《中国现代出版史料》甲编卷4，中华书局1957年版，第364页。

万里的一封信中，张氏曾提道：

> 承示瞿氏所藏张小山《北曲联乐府》甚属罕见。遵当与书主商假印入《四部丛刊》四编。①

本来四编初目已编好，张元济原准备将此目录与“编印缘起”先行印发，遗憾的是在“八一三”战火中被毁。对此，曾随张元济编校古籍的胡文楷记曰：“《四部丛刊》四编之目录及缘起，在八一三前菊老均已撰就付排，初校样已送，惜当时未能注意，完全被毁，至为可惜。”②

张树年在《我的父亲张元济》一书中也提到《四部丛刊》四编因战事被搁置的情况：

> “七·七”事变前后，父亲校印古籍之事大致进入了扫尾阶段。《百衲本二十四史》编校工作已基本结束。《四部丛刊·三编》出版之后，由于全面内战爆发，四编的出版计划被迫搁置，因而日常生活倒反轻松了一些。③

可见，张元济早已准备编辑《四部丛刊》四编，只是由于战事搅局，再加上当时张氏已是年老多病，终未实行。但是，能于战火纷飞中抢印出包括《四部丛刊》在内的几套古籍丛书，张元济还是很感庆幸的。他曾对顾廷龙说：“影印之事，如果早十年，各种条件没有具备，不可以做；迟二十作，物力维艰，就不能够做。能于文化消沉之际，得网罗仅存之本，为古人续命，这是多么幸运啊！可是于甄择既定之本，尚未版行，而碰到羸火横飞，成为灰烬，这又多么不幸啊！幸与不幸，真是可为长叹息者也。”④

（二）《四部丛刊》之价值

在《印行四部丛刊启》中，张元济陈述了《四部丛刊》之“七善”：

---

① 张元济：《致赵万里书》，《中华民族的人格》，辽宁教育出版社2003年版，第178页。

② 胡文楷：《张菊老校书琐记》，《出版史料》2011年第4期。

③ 张树年：《我的父亲张元济》，百花文艺出版社2006年版，第183页。

④ 顾廷龙：《回忆张菊生先生二三事》，载《商务印书馆九十年》，商务印书馆1987年版。

> 汇刻群书，昉于南宋。后世踵之。顾其所收。皆四部之中家弦户诵之书。如布帛菽粟。四民不可一日缺者。其善一也。
>
> 明之永乐大典、清之图书集成。无所不包。诚为鸿博。而所收古书悉经剪裁。此则仍存原本。其善二矣。
>
> 书贵旧本。昔人明训。麻沙恶椠。安用流传。此则广事购借。类多秘帙。其善三矣。
>
> 求书者纵胸有晁陈之学。冥心搜访。然其聚也非在一地。其得也不能同时。此则所求之本具于一编。省事省时。其善四矣。
>
> 雕板之书。卷帙浩繁。藏之充栋。载之专车。平时翻阅。亦屡烦乎转换。此用石印。但略小其匡。而不并其叶。故册小而字大。册小则便庋藏。字大则能悦目。其善五矣。
>
> 锓刻之本。时有后先。往往大小不齐。缥缃异色。以之插架。殊伤美观。此则版型纸色。斠若画一。列之清斋。实为精雅。其善六矣。
>
> 夫书贵流通。流通之机在于廉价。此书搜罗宏富。计卷逾万。而议价不特视今时旧籍廉至倍蓰。即较市上新版亦减至再三。复行预约之法。分期交付。既可出书迅速。使读者先睹为快。亦便分年纳价。使购者举重若轻。其善七矣。[①]

上述“七善”当然有商业标榜成分，但除最后一点讲的是出版发行以外，其余六点从不同角度概括了《四部丛刊》所具有的以下两方面的特色或价值。

其一，实用性、普及性。

“皆四部之中家弦户诵之书”，道出了《四部丛刊》着眼于轻便实用和普及的宗旨。《四库全书》可谓大而全，但其庞大的容量连清政府都无力刻版印行，只得倾力抄写七部分藏于七阁。在20世纪80年代台北商务印书馆影印发行文渊阁藏本以前，国人只能是望《四库全书》而兴叹，很少有人看得到、看得起。《四部丛刊》则将学人士子常读之书汇编在一起印行，就整套丛书来说虽仍显庞大，平民百姓凭一己之力很少人买得起，但一般中小图书馆或公益文博单位都可购买收藏，这就大大方便了世

① 张元济：《印行四部丛刊启》，《张元济诗文》，商务印书馆1986年版，第260页。

人的阅读和治学。不仅如此，在叶德辉看来，《四部丛刊》在斟酌去留中也暗藏学人读书之法：

> 汇刻群书，先宜决择。是编衡量古今、斟酌去取、几经详审，始得成书。盖于存古之中，兼寓读书之法。不仅如顾千里所云，丛书之意在网罗散佚而已。①

其二，版本学价值。

由于时代条件和技术水平所限，《四库全书》收书虽丰，但系抄写而成，主要保存了原书文字信息，原书之版式却荡然无存。《四部丛刊》则是照相石印法影印大型丛书的开始，一方面是尽量选取善本做底本，另一方面使这些善本版式通过影印技术加以保存。如果我们把《四部丛刊》所收书的版本按时代和版刻地区加以区分，它实际上就是一部中国古籍的版刻图录，或者说是一部中国雕版史。喜欢古籍的人不仅从中得到文字史料信息，还可以随时品鉴到古书的行款神韵，既可以用作校勘古籍的底本，又可以当作书影来使用。对于古籍善本收藏者和古籍整理专家来说，无疑是不可多得的工具书。日本学者武内义雄曾评价《四部丛刊》曰：

> 所收之本，悉为吾辈一日不可缺之物。……尤可注意者，选择原本，极为精细，于宋、元、明初之旧刻，或名家手校本中，务取本文之尤正确者，并即其原状影印，丝毫不加移易，故原书之面貌依然，而误字除原本外，决无增加之虑。②

随着科技的发展，古籍数字化日益普及，《四库全书》《四部丛刊》等大型古籍丛书都有了电子版，为这类丛书的阅读和使用提供了更大的方便。仅从文字内容的电子查询来看，《四部丛刊》中的大部分文字信息也可在《四库全书》电子版中检索到，信息量相对较小的《四部丛刊》似

---

① 叶德辉：《书林余话》卷下，《书林清话》，古籍出版社1957年版，第349页。

② ［日］武内义雄：《说〈四部丛刊〉》，《支那学》第1卷第4号，叶德辉《书林余话》卷下引，古籍出版社1957年版《书林清话》本，第354页。

略逊一筹，变得可有可无，但其版本价值却会永恒存在。

四 《百衲本二十四史》

（一）二十四史的由来及张元济编纂《百衲本二十四史》的初衷

中国古代史书的编写有多种体裁，二十四史采用的是纪传体。这种史学体裁创始于司马迁的《史记》。“本纪”按年代顺序记叙帝王的言行和政绩；“表”按年代谱列各个时期的重大事件；“书（汉以后改为‘志’）”记录了各种典章制度的沿革；“世家”载述诸侯国的兴衰和杰出人物的业绩；“列传”记载各种代表人物的活动。司马迁创造性地把这五种体裁综合起来，形成一个完整的统一体系，故为以后正史所沿用。明朝时，将《史记》《汉书》《后汉书》《三国志》《晋书》《宋书》《南齐书》《梁书》《陈书》《魏书》《北齐书》《周书》《隋书》《南史》《北史》《新唐书》《新五代史》《宋史》《辽史》《金史》《元史》合称“二十一史”。清朝乾隆年间，《明史》行世，与“二十一史”合称“二十二史”。此后把《旧唐书》并入其中，合称“二十三史”。再后又把散佚的《旧五代史》依据《永乐大典》辑录整理成书，经乾隆皇帝钦定，与“二十三史”合称“二十四史”。其后，“二十四史”成为中华传统史学领域中的“正史”。

《百衲本二十四史》是张元济用力最勤也是最能体现其文献整理思想和版本目录学功力的一部古籍丛书。所谓“百衲本”，指采用影印的各种版本残缺不全，彼此经补缀而成，有如僧服“百衲衣”一样。《百衲本二十四史》虽于1930年开始出版，但此书的编纂意向可以说从张元济进入商务印书馆之前就已萌生了。张元济嫡孙张人凤在其《智民之师·张元济》一书中曾对此作过较好的分析：

> 《衲史》第一种《汉书》出版时间是1930年8月，那么准备工作从什么时候开始？经过了几年？张元济自己有两种说法。一种是1930年5月6日给傅增湘的信中说：“《衲本二十四史》经营二十年，全赖友朋之赞助，幸得观成。”在《涵芬楼烬余书录》中可查找到有一部宋刻元配本《汉书》购于“距武昌革命军兴未数月”。于是可以说，张为《衲史》准备底本，约始于1911年，尽管当时既没有《衲史》这个书名，也没有形成辑印旧本正史的完整构想。另一种说法

> 是1926年9月26日致朱希祖信中说："敝馆辑印正史，弟从事于此几及十年，近渐就绪，拟即开印。"那就是说，1915年以后，张元济主持《四部丛刊》的辑印，《二十四史》本是《四部丛刊》史部中的主干史籍，张从此时起，亦必致力于《二十四史》的版本研究，只是因为未寻访到足够的善本正史作为底本，条件不成熟，故未列入《四部丛刊》。待后来准备工作有了头绪，才另作一部独立的丛书出版。①

张人凤的上述分析是合理而可信的。张元济系进士出身，在读史过程中发现，自清乾隆年间刊行以来，《二十四史》出现了许多翻刻本，但衍脱错乱的情况相当严重，不足征信，便有了重新组织版本出版新的正史全史的打算："曩余读王光禄《十七史商榷》，钱宫詹《廿二史考异》，颇疑今本正史之不可信。会禁网既弛，异书时出，因发重校正史之愿。"② 进入商务印书馆后，出版工作更为他重编正史的意向提供了条件，这在他负责为编译所资料室购买的各类古籍及其与友朋的书札中都可以看出。除此以外，当时一些藏书家如叶德辉、缪荃孙等也都多次向主持商务印书馆业务的张元济提出一些古书新出的建议，这与张氏理念不谋而合，更增加了他编纂《百衲本二十四史》的信心：

> 长沙叶焕彬吏部语余，有清一代，提倡朴学，未能汇集善本，重刻十三经、二十四史，实为一大憾事！余感其言，慨然有辑印旧本正史之意。求之坊肆，丐之藏家，近走两京，远驰域外，每有所觏，辄影存之。后有善者，前即舍去。积年累月，均得有较胜之本。虽舛错疏遗，仍所难免。而书贵初刻，洵足以补殿本之罅漏。诵校粗毕，因付商务印书馆，用摄影法覆印行世。缩损版式，冀便巾箱。真面未失，无虑尘叶。或为有志乙部者之一助欤！③

---

① 张人凤：《智民之师·张元济》，山东画报出版社2001年版，第188—189页。

② 张元济：《校史随笔》自序，《张元济全集》第9卷《校史随笔》，商务印书馆2010年版，第712页。

③ 张元济：《百衲本二十四史前序》，《张元济全集》第9卷《古籍研究著作》，商务印书馆2010年版，第620页。

（二）出版过程

《百衲本二十四史》原计划自1930年起印，分四期出书，到1933年出齐。当时刚刚接任商务印书馆总经理的王云五高度评价此书曰："是年，商务印书馆筹备多年之百衲本二十四史开始印行。此为张菊生君之杰作，搜罗善本，校雠精当，厥功至伟。"[①] 后因"一·二八"事变中惨遭战火之焚而一度中断，好多损失无法弥补，张元济痛心疾首。1933年12月13日他在致丁英桂的信中说：

> 《百衲本二十四史》多选宋元旧刊，缩影精印，第一、二期书前已出版，第三期出书预告于上列四种外，尚有《周书》等。不意正在影印，突遭国难，进行中阻。复业以来，仍本原定计划，将第三期书展期于本年年底出版，并声明或有更动。《周书》原本已毁，迄未访得，余书分别商借，重行修润葺补，尤费时日（详情见《记影印描润始末》及所附样张），以故届期印成之书，只有上列四种。[②]

郑逸梅在一篇谈《百衲本二十四史》的文章中对此也有记述：

> 该书原期于一九三三年全书出齐，不料一九三二年"一·二八"沪战爆发，敌机滥肆轰炸，商务总厂被毁，不但成书无存，即原版本也遭波及，那制成之版，完全化为灰烬。[③]

《衲史》在"一·二八"事变前只出了5种。事变中，正如张元济信中所言，《周书》被焚毁，当时该本正在工厂拍摄照片，因此本系海内孤本，无以复得，只能用稍次一点的版本代替。从1933年起，《衲史》校勘和出版业务恢复，终于在全面抗战前完成出版。全书共收书25种800册，内宋本15种、元本6种、明清各2种。《百衲本二十四史》所采各种

---

① 王云五：《商务印书馆与新教育年谱》上册，江西教育出版社2008年版，第278页。

② 张元济：《百衲本二十四史出书通启》，《张元济全集》第10卷《古籍研究著作》，商务印书馆2010年版，第271页。

③ 郑逸梅：《〈百衲本二十四史〉独缺〈薛史〉》，《芸编指痕》，北方文艺出版社2009年版，第14页。

底本及出版时间见表4—2。

表4—2　《百衲本二十四史》底本来源及出版时间一览表

书名	册数	初版年份	所用版本
史记	30	1936	宋黄善夫本
汉书	32	1930	宋景韦占刊本
后汉书	40	1931	南宋本钞补绍兴本
三国志	20	1931	南宋绍熙本钞补魏志三卷
晋书	24	1934	宋刊小字本
南史	20	1935	元大德刊本
北史	32	1935	元大德刊本
宋书	36	1933	宋眉山刊本（蜀大字本）
南齐书	14	1933	宋眉山刊本
梁书	14	1933	宋眉山刊本（缺卷以元明递修本配补）
陈书	8	1933	宋眉山刊本
魏书	50	1934	宋眉山刊本
北齐书	10	1934	宋眉山刊本（缺卷以元明递修本配补）
周书	12	1934	宋眉山刊本（缺卷以元明递修本配补）
隋书	20	1935	元大德刊本
旧唐书	36	1936	宋绍兴刊本（缺卷以明闻人诠覆宋本补配）
新唐书	40	1936	宋嘉祐刊本（缺卷以其他补配）
五代史记	14	1931	宋庆元本
旧五代史	25	1936	吴兴刘氏嘉业堂刻原辑永乐大典有注本
宋史	136	1936	元至正刊本（缺卷以明成化刊本补配）
辽史	16	1931	元刊本
金史	32	1931	元至正刊本（缺卷以元覆本补配）
元史	60	1935	明洪武刊本
明史	100	1936	清乾隆武英殿刊本

仅据1930年的统计数，《衲史》开始发行预约不久，就售出1000余部，实现了该书文化价值和经济效益的双丰收。不可否认，作为一个企

业，花这么大的精力，投入这么多的资金来编纂出版这么大部头的书，不可能不考虑经济利益，但“取之有道”，这就是追求最高质量的前提下，实现经济收益最大化，张元济正是用其精诚的敬业和一丝不苟的求实精神，使《百衲本二十四史》在质量上超越了前人，实现了学术经典与经济效益的完美统一。

（三）从校史处的工作看《百衲本二十四史》是怎样编成的

《百衲本二十四史》的编纂出版首先是一种商业行为，却没有一般商业运作中的偷工减料粗制滥造。这一点，从商务印书馆专门成立的校史处及其工作状况中即可见一斑。为了能按预定计划及时出书，并减轻张元济在具体工作中的负担，1930 年 8 月，商务印书馆专门设立了校史处，聘用胡文楷、王绍曾等十余人，协助张元济工作。校史处由汪诒年、蒋仲茀主持，张元济任总校，每一页书，他至少要看三遍：修润前的逐页批注如何修润；修润后他复校一遍；重新照相制版后，他再校一遍。最后付印时他还要逐页签字，实际上是作出版前的最后一次复查。彼时情景，胡文楷、王绍曾等当年的校史处人员都耳熟能详，并多有记述：“菊老校《百衲本二十四史》，逐页签名，填注年月日；复样时，逐页批可印，然后付印，全史无一页漏去。”① 王绍曾则对当时校史处的工作状况进行过如下描述：

> 张先生对校史处的工作抓得很紧，每天完成的工作量，下班前每人都要填写工作日记。工作日记分上下午两栏。校了什么史，用什么版本，校了若干页，做了校勘记若干页，都得填清楚。描润也是一样。每天的工作和各人的工作日记，由蒋仲茀先生集中起来向张先生汇报。校勘和描润的底样，张先生总是在当晚灯光下复核，明天上班前发回来。②

张元济在 1933 年 12 月写的《记〈百衲本二十四史〉影印描润始末》一文中，对于校史处的具体工作也作过详细记录：

---

① 胡文楷：《张菊老校书琐记》，《出版史料》2011 年第 4 期。

② 王绍曾：《商务印书馆校史处的回忆》，载《商务印书馆九十五年》，商务印书馆 1992 年版，第 300 页。

> 描润之事，不容稍忽，请详言之。原书摄影成，先印底样，畀校者校版心卷第叶号，有原书，以原书，不可得则以别本，对校毕有阙或颠倒咸正之。卷叶既定，畀初修者以粉笔洁其版，不许侵及文字。既洁，复校，粉笔侵及文字者，记之，畀精修者纠正。底样文字有双影、有黑眼、有搭痕、有溢墨，梳剔之，梳剔以粉笔。有断笔、有缺笔、有花淡笔，弥补之，弥补以礫笔。仍不许动易文字，有疑阙之，各疏于左右栏外。精修毕，校者复校之，有过或不及，复畀精修者损益之。再复校，取武英殿本及南北监本、汲古阁本与精修之叶对读，凡原阙或近磨灭之字，精修时未下笔者，或彼此形似疑误者，列为举疑，注某本作某，兼述所见，畀总校。总校以最初未修之叶及各本与既修之叶互校，复取昔人校本史之书更勘之。既定为某字，其形似之误实为印墨渐染所致，或仅属点画之讹者，是正之，否则仍其旧。其原阙，或近磨灭之字，原版有痕迹可推证者，补之，否则宁阙。阙字较多，审系原版断烂，则据他本写配于阑外，记某行若干字据某某本补。复畀精修者摹写，校者以原书校之。一一如式，总校复校之。于是描润之事毕，更取以摄影。摄既修片。修既制版，制版清样成，再精校。有误，仍记所疑，畀总校。总校复勘之，如上例。精校少则二遍，多乃至五六遍。定为完善可印，总校于每叶署名，记年月日，送工厂付印。此描润经过事实，以眉山七史为尤繁重，今取宋书底样清样各一页，附后。俾资参较，区区之见非日有当，亦要与读者共商榷云尔。①

如此精审的态度，如此烦琐的工序，足以展示张元济在《百衲本二十四史》的编纂出版中所具有的学者情怀和文化传承使命，仅以商人牟利行为视之，显然是武断而片面的。

（四）学术价值暨社会评价

《百衲本二十四史》是继清武英殿本、五省官书局本《二十四史》之后的又一个重要版本，也是最能体现张元济文献学功力及治学精神的一部丛书，具有重要的学术价值和历史意义。

首先，《百衲本二十四史》是迄今为止汇集暨保存原始版本最多、校

---

① 张元济：《记〈百衲本二十四史〉影印描润始末》，《读史阅世》，陕西师范大学出版社2007年版，第141页。

勘最为精良的二十四史版本，被学界誉为“中国最佳全本正史”，具有极高的版本价值和学术参考价值。因为其中收录的一些版本早已失传，故《衲史》也极有可能成为最后一部汇集原始版本最多的二十四史丛书。仅就这一点来看，《衲史》在保存和传播历代正史刻本文献方面的功绩是无可估量的。

其次，作为一种商业出版活动，集商人与学者于一身的张元济的敬业精神及文献千古事的使命情怀，成为世人特别是后世出版人和出版业的楷模。傅增湘自始至终关注并曾无私襄助此书的出版，他在《校史随笔》序中对《衲史》及张元济本人表达了高度的称赞和敬意：

> 岁在辛未，上海涵芬楼汇集宋元古本及明椠旧钞，影印《二十四史》，至丁丑岁而讫功。盖自乾隆武英殿敕刊之始，洎同治五局合刻以来，括举全史而整齐之，竟克奏无前之伟绩，然其间厉精焯掌，始终不懈以底于成者，实前辈张君菊生一人之力也。君自刊印伊始，即独任校勘之役。每一史成，辄缀跋文于后，胪版刻之源流，举文字之同异，恒与前贤相发明，或引今时之创获。其致力之精能，记问之赅博，海内人士披观而服习之久矣。①

从《衲史》编纂过程看，这段话并非过誉之词。张元济在《衲史》编纂出版过程中的精诚和严谨堪称出版人的楷模，值得后人尊崇、学习和研究。

最后，《衲史》校勘成果嘉惠学林。《百衲本二十四史》编纂过程中，“张氏校勘过的古籍，一般都写有题跋。从书的内容、篇卷、版式、行款、刻工、讳字、前后序跋、文字异同等各方面，都作出了简要的考证和比较，使人一目了然。特别是他所作的序跋中，有许多篇寓有辨章学术、考镜源流的深意，充分发挥了目录家叙录群书的作用”②。此外，张元济及其校史处遍校群史，形成《百衲本二十四史校勘记》，不仅是《衲史》高质量编纂的明证，更是一部不可多得的校勘学著作。随着时间的流逝，

① 傅增湘：《〈校史随笔〉序言》，《张元济全集》第9卷《校史随笔》，商务印书馆2010年版，第709页。

② 张舜徽：《中国文献学》（姚伟钧导读本），上海古籍出版社2011年版，第262页。

二十四史众多版本多已失传，这部战乱年代留下的《校勘记》为世人保存了当时所见到的各种版本的文献信息，具有极其重要的文献价值。“文化大革命”中狠批封资修，无数珍贵学术资料被付之一炬，但在点校二十四史时，却不得不参考《校勘记》，其学术价值可见一斑。

五　《续古逸丛书》及其他重要古籍丛书概览

（一）《涵芬楼秘笈》

此书系张元济主持，孙毓修具体编纂而成。在《四部丛刊》选目过程中，发现涵芬楼购集古籍中不乏一批珍秘本，甚至是海内孤本，也包括一些著者未刊的手稿本等。为了使这些珍罕秘笈能够流通，不致因万一灾变而失传，张元济遂决定利用辑印丛刊的便利，将藏于涵芬楼之抄稿本选择部头不是很大，又属罕传稀见者影印出版，是为《涵芬楼秘笈》出版之缘起。孙毓修《涵芬楼秘笈序》曰：

> 涵芬楼以公司之力……闵古本之日亡，旧学之将绝，出其宋元善本，次第摄印，汇入《四部举要》，成古今未有之丛书。复以旧抄旧刻、零星小种，世所绝无者，别为《秘笈》，仿鲍氏《知不足斋丛书》之例，以八册为一集，月有所布，岁有所传，其用心亦勤矣。

即该书主要以涵芬楼以旧抄旧刻零星小种世所绝无者，别为此书，故又被称为《四部丛刊》的姊妹书。为了避免版权纠纷，商务印书馆在编纂之初还登报声明《秘笈》所收诸书若有主张著作权者请事先告知。然后又向当时的内务部申请给照，以出版发行《秘笈》所收诸无主著作，中华民国六年（1917）10月15日的《政府公报》批第八零六号文如下：

> 原具呈人上海商务印书馆经理高凤池呈一件，呈送无主著作物涵芬楼秘笈请注册给照由。据呈已悉。案查该书馆前于民国五年四月禀称，拟发行无主著作《续墨客挥犀》等十二种，业于中华民国四年三月间将缘由及书名著作人姓名分别登载官报及各埠著名之报声明，如有原著作人之承继人请于一年内出而承认等语，现查自登报之日起已逾一年之限，并无原著作人之承继人出而承认，依法得以禀报发行。开具书名清单并呈验各报纸，仰乞查核批示准其发行该项无主著

> 作并予备案等情。当经本部查核，准予发行该项无主著作十二种，批示在案。兹据呈称拟将《续墨客挥犀》等十二种汇刊《涵芬楼秘笈》一部，分订十集，陆续发行。第一集现已出版请予注册给照等情，并样本二份到部，核与著作法第七条暨第十三条相符，应准注册，合行批示，仰即备费领照。此批。①

全书仿清鲍廷博《知不足斋丛书》例，以 8 册为 1 集。共 10 集 80 册。第 1、8 集各收 4 种，第 2、5、10 集各收 5 种，第 3、9 集各收 6 种，第 4、7 集各收 7 种，第 6 集收 3 种，共收 52 种。《涵芬楼秘笈》影印的有 28 个品种，约占全书的 55%，其余 23 种是用铅字排印。

（二）《续古逸丛书》

《古逸丛书》系光绪间黎庶昌、杨守敬刻书。光绪六年，杨守敬受邀任出使日本大臣何如璋之随员出使日本，抵日后，即以搜访中国佚书为要务。当时正值日本明治维新实行开国政策，传统汉学受到西方新学严重冲击，中国古籍之故家旧藏备受冷落，几于论斤估值。很多日本藏书家竞相向杨守敬兜售藏书。同时杨守敬多方设法借阅影抄日本国家藏书，所获颇丰。此后便怂恿何如璋翻刻日藏中国佚书，后于光绪八年，由何如璋继任黎庶昌出资，杨守敬招募日本良工，覆刻日藏中国佚书，共计 26 种，取名《古逸丛书》。《续古逸丛书》收书范围与体例与《古逸丛书》相仿，该书将经过精心挑选的珍本古籍以原本影印，完全保存了古籍的原貌。全书共收入善本古籍 47 种，按刊印年代排次先后，从 1922 年到 1938 年间先后印成 46 种，1957 年又续印宋本《杜工部集》1 种。《续古逸丛书》所据底本，除《孔氏祖庭广记》据蒙古本，《水经注》据《永乐大典》本外，其余 45 种全部据宋本影印。所收著述，上起周，下迄宋，以唐宋人著作居多，中除《春秋公羊疏》和《中庸说》二种为残卷外，皆为全本。收书兼跨四部，内容涉及哲学、宗教、经学、文学、文字音韵学、史学、目录学、军事学、杂学考证等方面。该书将大量世人难见的古文献汇为一编，不仅起到保存的作用，而且便利学术研究，今人王绍曾先生指出该书的三个特点：一为影印，而不同于黎氏《古逸丛书》的影刻，传真度高；二为版式依原书大小，不同于《四部丛刊》；三是所选底本皆精善

① 《政府公报》1917 年第 635 期，第 18—19 页。

罕见，故此书的文献价值是很高的。

（三）《影印元明善本丛书》

该丛书可以说是《丛书集成初编》的副产品，主要应社会上好古籍人士的要求，将《丛书集成》中部分元明善本“再造”性影印而成。这一点，在商务印书馆于当时媒体上所作的《影印元明善本十种预约》中讲得很清楚：

> 本馆前次印行丛书集成发售预约后，迭承海内藏书家垂询，以是集所选丛书中有多种元明佳椠，且极罕见，平时斥巨资求之而不可得者，如能于《集成》本廉价普及之外，更选若干种悉以原式景印，保存真相，当为好古者所乐闻。本馆对此建议，深表同情。特选定济生拔萃、今献汇言、历代小史、百陵学山、古今逸史、子汇、两京遗编、夷门广牍、纪录汇编、盐邑志林，十种，用手制连史纸景印。书为四开本，字体与原书大小殆无二致。仍就可能范围，从廉发售。在昔重金难致之孤本佳椠，今后尽人得以百分一二之代价，置之几案。①

全套丛书于1937—1940年陆续出版，收元明善本丛书10部共计626种320册。其中元杜思敬辑《济生拔萃》19种10册，据元本影印；明高鸣凤辑《今献汇言》39种10册；明李栻辑《历代小史》106种32册；明王文禄辑《百陵学山》100种14册；明吴琯辑《古今逸史》55种56册；明周子义等辑《子汇》24种12册；明胡维新辑《两京遗编》12种22册；明周履靖辑《夷门广牍》107种48册；明沈节甫辑《纪录汇编》123种76册；明樊维城辑《盐邑志林》41种40册，均据元明孤本依原式大小影印，深为当时好古者和收藏者喜爱。

（四）《孤本元明杂剧》

该书出版可以说是有眼光及责任感的收藏家和出版家不约而同地保护孤本不使其外流或失传的典范案例。1938年6月初，沉埋300年之久的《也是园古今杂剧》在沪上出现。也是园曲本原为常熟赵琦美脉望馆所藏，有100余册，340种之多，明末归钱谦益绛云楼。绛云楼毁于火，书

① 《同舟》1937年第5卷第8期，第14—15页。

传至钱曾也是园。清代又辗转易主，最后归常熟丁祖荫所得。时任暨南大学文学院院长的郑振铎听说后喜出望外，费尽周折最终征得重庆国民政府的批准，以教育部出资将此书买下。中国传统观念中历来视诗文为文学正宗，杂剧戏曲历来被视为旁门野道，故历代戏曲类文献完整保存下来的极少。从这个意义上来说，《也是园古今杂剧》堪称国宝。此书最终收归国家，意义重大。正如郑振铎所说："我在劫中所见、所得书，实实在在应该以这部古今杂剧为最重要，且也是我得书的最高峰。想想看，一时而得到了二百多种从未见到过的元明二代的杂剧，这不该说是一种'发现'么？肯定地，是极重要的一个'发现'。不仅在中国戏剧史的和中国文学史的研究者们说来是一个极重要的消息，而且，在中国文学宝库里，或中国的历史文献资料里，也是一个太大的收获。"① 其实在郑振铎得知《也是园古今杂剧》在沪上出现的同时，张元济也从傅增湘处听到了这一消息，并立刻前去与藏家联系购买，无奈索价太高，历经战乱摧残的商务印书馆根本无力承购。后来得知忘年交郑振铎通过教育部将此书买下，他也是异常高兴。最终，商务印书馆与教育部达成了重新出版此书的协议，并立下了契约：

商务印书馆租赁《孤本元明杂剧》版权契约。

（1938年12月）

立租赁版权契约。教育部代表郑振铎。商务印书馆（下称商馆）。

今因教育部藏有也是园旧藏抄校本、刻本《元明杂剧》六十四册，商馆为流通起见，愿出资租赁。兹特订立契约如下：

一、商馆允出租金壹千元，印成之后另送全书十部与教育部。

二、教育部以全书移交商馆，由商馆出具收条，并保险壹万元。保险费由商馆担任。

三、商馆将本书分期出版，其中若干种已有流行之本，印否由商馆自行决定。

四、商馆声明用商务印书馆名义，于收到后一年内出齐。版式及售价由商馆自定。教育部允以应收租金一千元作为购买本书之用，书

① 郑振铎：《西谛书话》，三联书店1993年版，第270页。

价照特价计算。

五、教育部对于本书，允于十年内不收回自印，亦不另租他家印行。但收回自印或另租时，应将商馆印存之书照售价同时收回。[①]

其实，从1938年下半年起，张元济便开始研读《脉望馆抄校本古今杂剧》，为整理出版工作做出充分准备。由于此项工作繁重，张元济决定先由姜殿扬[②]初校，他本人进行复校，最后由王季烈校定。王季烈（1873—1952），字君九，别号螾庐。江苏苏州人。清光绪进士。长期从事昆曲理论研究，编著有本书及《螾庐曲谈》《集成曲谱》《度曲要旨》等。当时，王季烈在北平，张元济与之函牍频通，往返磋商，不惮烦琐，推敲细微，由张元济总其成。张元济对此书流播贡献尤大。他不仅担任此书复校，对文字的是非去留作出准确判断，还要对姜殿扬的初校提出意见，并照例进行复核，即使在生病住院期间也不稍歇。1940年12月，张元济在医院中多次写信函告友人，并催询此书校样、封面进展情况，以期早日成书。下面一则张元济写给姜殿扬的信，可见当初编校情况之一斑：

【1】佐禹吾兄清鉴：前者贵体违和，叠请英桂兄代为问候，知渐就康复，甚为欣慰。昨心白兄出示手书，展诵觉与平时无殊，并交还《单刀会》剧本一册，校阅精审，尤深佩仰。贵体初痊，仍祈加意静摄。来示索取校稿，谨呈上四种，即乞察人，兴到时可尽为之，不必亟亟。手复。祗颂痊安。普叩老伯母大人起居万福。　　弟张元济顿首　二十九年七月廿八日

【2】曲文必提钞。曲及白文应接下。白文中另一脚色上，亦接下不提。

一、各仍原本或例不可行。

二、原有正衬者自可仍旧，原有正衬而不全者，应否补全，均由复校主持。初校可不问。

三、曲文必须断句。如有讹误，复校可以改正。

① 《商务印书馆租赁〈孤本元明杂剧〉版权契约》，载《张元济全集》第10卷《古籍研究著作》，商务印书馆2010年版，第305页。

② 姜殿扬（？—1957），别名佐禹，江苏吴县人，擅书法。曾任商务印书馆校史处职员、上海文史馆馆员。

四、增注楔子及分段均由复校决定。初校可不问。

五、如觉有错误脱漏，均请牢粘夹签，说明所见。俟复校裁决。

六、原本校改之字如与原字两通者，加关注。①

1941年，《孤本元明杂剧》终于排印出版。全书收元明杂剧凡144种，其中仅有刻本4种，余100种均为明代抄本，绝少流传者，实属珍世之本。作为300多年来脉望馆抄本第一次的整理本，不仅荟萃了原书的精华，使之公诸社会，更使原来体例混乱、错讹迭出、抄写不一的抄写本，经过精心整理，成为校勘精细、体例统一、句读清晰、便于阅读流传的一个版本，可谓嘉惠学林。

第三节 王云五主持编纂出版的古籍丛书

一 王云五生平

（一）从孙中山秘书到商务印书馆编译所所长

王云五（1888—1979），广东香山县（今中山市）人。名鸿桢，字日祥，号岫庐，笔名出岫、之瑞、龙倦飞、龙一江等。早年入上海一五金店学徒，业余在夜校学英文，并广泛涉猎多种学科，成绩优秀。从1906年起，先后在上海同文馆、中国公学等校教授英文。1907年春任振群学社社长。1909年任闸北留美预备学堂教务长。1911年辛亥武昌起义后，王云五为李怀霜主办的《天铎报》撰稿，并任《南方日报》译述。12月孙中山从欧洲回国，香山县的旅沪同乡会在扆虹园设宴欢迎，王云五为宴会主持人，他所致的欢迎词以及对中华民国建国意见的陈说，都得到孙中山的欣赏。1912年1月，中华民国临时政府成立，王云五便被任命为大总统府秘书，对此，王云五曾自述曰：

总统府设立在前清两江总督衙门。我报到时，承临时大总统孙先生亲自接见，即下手条，派我为临时大总统府秘书，面瞩我在接待处代他接见一切来访的宾客。孙先生讲，由于我能操英语，又擅长国语

① 张元济：《致姜殿扬》，《张元济全集》第2卷《书信》，商务印书馆2007年版，第596页。

和广东话、上海话，对此任务最为适宜。①

但干了不到半个月，“突然接上海家里转来那时任教育总长的蔡元培先生的亲笔写给我的一封信，邀我往教育部相助为理”。孙中山让他每天上午在总统府任秘书，每天下午到教育部做事。3 月份教育部迁往北京后，他任专门司第一科科长，又负责起草大学令和专门学校令。不久被荐为佥事，同年 9 月加入国民党。同年底任北京英文《民主报》主编及北京大学、国民大学、中国公学大学部等英语教授。1913 年 5 月辞教育部职，任中国公学大学部教授，讲授英文、英国文学等课程。从 1917 年起，在上海从事编译工作，并创办公民书局，开始了他的出版商生涯。五四运动以后，商务印书馆编译所所长高梦旦深感自己不懂外文之局限，欲请胡适担任编译所所长，胡适试了三个月后感觉不适合，便推荐了王云五。对此，王云五曾有如下详述：

当我正为小规模的公民书局主编公民丛书的时候，突然有人推荐我为全国最大出版家商务印书馆的编译所所长。给我推荐的人是我十几年前在中国新公学教英文时的一位卓越学生胡适之。适之原名洪骍。毕业新公学，并曾任教短时期后，投考清华学校的留学试时，改名“适”，号适之。他在美国获有博士学位，归国后即受聘为北京大学教授。当他来北大任教时，我已由北平回到南方的上海，虽曾通信，却还没有晤面的机会。自从新文化运动发生以来，适之的声望日隆。其时商务印书馆编译所的所长是高梦旦（凤谦）先生。他是第二任的所长，继第一任张菊生（元济）先生之后，任职已多年；自己常以不懂外国文字为憾。商务书馆受了新文化运动的影响，正努力出版有关新文化的书籍。高先生认为不懂外国文字的人，对于新文化的介绍，不免有些隔阂。因此，屡屡求贤自代，他看中了胡适之，盼望他能够俯就商务的编译所所长。经过了多次劝驾，适之毕竟碍于情面，应允了，但以先行尝试几个月为条件，如果尝试后自己认为于性情尚无不合，固可勉为应命，否则务请原谅。于是择定民国十年暑假，暂时不用任何名义，来编译所作客两月，详为观察。其后适之把

① 王云五：《岫庐八十自述》，台湾商务印书馆 1967 年 8 月第 3 版，第 49 页。

商务编译所的内容和工作研究清楚，一面提出改进的建议，一面却以编译所所长的任务关于行政方面较多，和他的个性，不很相宜，遂对高先生说明在暑假后仍回北大教书。高先生夙重信义，也最能尊重他人的意旨，因此，他对适之不便强留，惟不得已思其次，请适之为物色一替人。他极崇拜适之，也就认为适之推荐的人是没有不适当的。事有凑巧，适之和我睽违十几年后，直至此次来上海小住，我们才有机会话旧，而且常相过从。他从前知道我读书做事都能吃苦，又曾发见我在青年时期做过一件傻事，把一部大英百科全书从头至尾读了一遍。这次留沪，又知我十余年来读书做事的经过，和最近从事于编译事业。不知道他怎样决定下来，事前绝未和我商量，径把我推荐于高先生，作为他的替人。高先生于我向无一面之雅，对于我的著译，据后来对我说，虽略曾寓目，以多系从外文译成中文，他既不懂外文，也就无从判别优劣。可是一经适之推荐，便毫不迟疑地郑重考虑。经适之介绍我们一次晤谈后，他即向商务书馆当局举我自代。我呢？因为正想从事于编译工作，如果能够有一个大规模的出版家让我发展，那是无所用其客气的。而且我平素有一种特性，对于任何新的工作或如何重的责任，只要与我的兴趣相合，往往大着胆去尝试。因此，我除了和适之从前所提的惟一条件，就是给我三个月尝试再行定夺外，同时并请高先生和商务书馆当局千万不要客气，届时纵然我愿继续下去，而他们对我不甚满意，尽管明白表示；因为事关一个大规模出版事业的前途，如果宾主间不能衷诚合作，我定然是知难而退的。本年的旧历中秋节，我便到商务印书馆编译所开始尝试。初时我也没有什么名义，每日和高先生在一起，承他把编译所的工作和内容详细见告，并由他把种种问题和我商量。我在编译所观察了不满三月，并提出了一道改进编译所的意见书，送请高先生和他的前任所长而现任商务书馆监理的张菊生先生考虑是否妥当。如能在原则上予以支持，董事会也无相反的意见，我当勉留任职；但即使任职，初期只好暂定为试办一年，试办期满，彼此都有重行考虑之自由。我的改进意见，经高张两先生详加考虑，并转示若干董事后，居然承他们接纳，并衷诚表示，在我接任编译所所长后，当极力支持我从事予改进。我获得此项诺言，也就乐意接任。于是正式受聘为该馆编译所所长，同时并承高先生允屈就编译所出版部部长之职，从技术方面协助我。此种精神实难能可贵。我经此次就职，实际上令我消费了二十五年的心血，假使我尚有多少贡献，则此二十五年的心血，似乎并不是白白消耗的。[1]

此文稍长，但对于理解王云五进入商务印书馆的背景及其磊落明快的人格精神颇有益助，故在此照录。

（二）大胆改革苦心经营——商务印书馆的王云五时代

1922 年 1 月，王云五正式履职商务印书馆编译所所长，第一步便是大刀阔斧地对编译所进行改革，主要举措有三：一是改组编译所，延聘专家主持各部。调整和扩大了编译所的机构，按照新科学的学科门类分设各部。所聘请的人才大多是新近从国外留学归来的新一代知识分子，如留美归来的任鸿隽为理化部部长、竺可桢为史地部部长、周鲠生为法制经济部部长、陶孟和为总编辑部编译、朱经农为哲学教育部部长，又聘胡明复、胡刚复、秉志、杨杏佛等为馆外特约编辑。二是创编各科丛书，为编印《万有文库》做准备。首先出版了百科小丛书，其后又出版了国学、师范、自然科学、医学、体育、农学、商学、史地等小丛书。1929 年开始出版的《万有文库》就是在此基础上汇编而成的。三是将编译所附设的英文函授科扩充，改称函授学社，以原设之英文为一科，增设算学科和商业专科。[2] 经过王云五一年的整顿，商务印书馆的图书出版由 1922 年的 289 种猛增到 667 种，内容涵盖哲学、宗教、社会科学、自然科学、应用科学、文学、艺术、史地等。总营业额比上年增 125 万，增长约 20%。1925 年春，涵芬楼及编译所新建房屋落成，涵芬楼改名东方图书馆，王云五兼任馆长。其间，王云五发明了“四角号码检字法”，这是一件了不起的贡献。从此，彻底解决了汉字检索中的大难题。王云五还运用杜威的十进分类法，创立了“中外图书统一分类法”，为中国现代目录学的分类奠定了基础。

1929 年，在王云五的主持下，《万有文库》开始陆续出版，创造了百年商务印书馆第二次辉煌。1930 年 2 月，商务印书馆总经理鲍咸昌去世时，王云五已辞职离开了商务印书馆。两位负有监理名义的元老高梦旦、张元济和董事会都主张邀请他回来担任总经理，他再三拒绝，经过几位元

---

① 王云五：《岫庐八十自述 · 上》，《王云五文集》第 6 卷，江西教育出版社 2011 年版，第 95—97 页。

② 参见王云五《商务印书馆与新教育年谱》上册，《王云五文集》第 5 卷，江西教育出版社 2008 年版，第 126—127 页。

老诚挚的力劝，在两个先决条件获得董事会通过后，王氏终于答应重返商务。这两个条件，一是取消此前的总务处合议制，改由总经理独任制；二是接任后马上出国考察并研究科学管理，为期半年。

1932年“一·二八”事变，日本突袭上海闸北，商务印书馆损失惨重，王云五痛心疾首，一夜而成“白头翁”，经过彻夜苦思，明知前途艰险莫测，他仍决定肩负起复兴商务印书馆的责任。为了挽救濒临破产的商务印书馆，在经过董事会同意后，他顶着挨骂和闹工潮的风险，被迫解雇了3700多名员工，王云五以总经理兼生产部部长及编审委员会主任委员，总揽编译、出版、印制全权。经过加强对工厂的管理、实行职工三班工作制及其他种种的改革，商务印书馆生产能力大大提高，成本降低，几乎达到日出一种新书的程度。此后，王云五又主持编印了多套丛书，其中《大学丛书》和《丛书集成》影响尤大。短短时间内，商务实现了全面复兴，再度开创了商务印书馆出版史上又一个鼎盛时代。

1937年“八·一三”淞沪抗战爆发，王云五为适应战时环境，决定商务印书馆以香港分厂为生产中心，仍坚持以出版业务为主的方针，亲自驻港督导一切。1941年12月太平洋战争爆发后，香港沦陷，王云五改在重庆设商务印书馆总管理处，统辖后方各分厂，其出版方针以一般用书为主，用丛书方式出版各种抗战读物。

王云五从1921年进商务印书馆，到1946年辞职从政，前后在商务印书馆工作了25年。在这期间，他一直在商务印书馆担任要职，对20世纪二三十年代商务印书馆的发展起到了重要的作用。关于王云五在商务印书馆的功与过，由于受到海峡两岸意识形态的影响，后人的评价差别较大。即使是这样，也时有学者给出较为客观的描述或评价。邓云乡就曾指出：“当时王云五在商务印书馆有一个‘四百万’的外号。‘四’就是‘四角号码’检字法。出过专书，出过《王云五大字典》、《王云五小字典》。是按汉字的四个角，编为四个号码。使用熟练的人，按号码查字典一翻就是，比部首、拼音检字都方便。但一直没有推行开。现在商务印书馆《辞源》后面还附有四角号码检字表。‘百’是《百科全书》。‘万’是《万有文库》。”① 尽管这是一段“中性”描述，但还是难掩王云五的创造

① 邓云乡：《王云五在商务印书馆》，载《商务印书馆一百年》，商务印书馆1998年版，第312页。

能力和他在商务印书馆的成绩。近年来，随着两岸意识形态的淡化，相关学术评价也日趋客观理性，对王云五的历史评价也渐趋客观："王云五真是一位了不起的出版人物。至少就'万有文库'说，他是用适合时代要求的新观念，把中国出版事业往前推进了一大步。"①

（三）弃商从政

抗日战争时期，王云五见商务印书馆的业务日薄西山，就把大量的精力投入政治活动。1938 年 7 月至 1946 年 6 月，他连任国民参政会四届参政员。他虽然在 1912 年加入过国民党，但因在 1927 年国民党党员登记时未办手续，所以此时成为一位无党派的"社会贤达"。但他比国民党还国民党，在参政会上极力支持国民党和蒋介石，被称为"国民党之前哨"，因而受到蒋介石的特别器重。1946 年 5 月，国民党政府行政院改组，王云五被任命为经济部长，一跃而成为国民政府大员。他辞去商务印书馆总经理兼编审部部长职务，同时还辞去了参政会参政员和主席团成员的名分，以经济管理专家自任，标榜自己"不是去做官，而是去做事"。但因蒋介石发动全面内战，经济萧条，物价飞涨，经济部无力管制，王亦束手无策。第二年，他又升任为行政院副院长。

1948 年 5 月，"行宪内阁"成立，王云五以无党派的"社会贤达人士"名义参加"行宪国大"，任行政院政务委员兼财政部长。当时，国民党军事、政治和财政经济面临全面崩溃之势。为挽救濒于崩溃的经济，他在蒋介石的授意下，提出币制改制方案，以金圆券代替法币，限制物价，并获通过执行，但不久即遭到失败，王云五亦引咎辞职：

> 阁财长王云五就任后，物价狂涨，打破纪录，王氏竟乏控制之术，一筹莫展……处此情势之下，王云五氏遂以力薄能鲜，引咎辞职。②

王云五本非最高决策人，却是这一改革的始作俑者，故一时成为众矢之的，遭到各方面的弹劾，被迫引咎辞职后离开南京去了广州。由于王云

① 沈昌文：《万有文库——让中国跟上世界》，《八十溯往》，海豚出版社 2011 年版，第 129—130 页。

② 《王云五毅然请辞财长》（真理社电），《公理报》1948 年第 1 卷第 12 期。

五从政时位居国民政府高官要职，且一贯支持国民党和蒋介石、积极反共，加之他设计的金融改革方案又闹得天怒人怨，因此在1948年12月25日新华社发布的43名战犯名单中，他被列为第15号战犯。这也是大陆对这位在出版业上几与张元济齐名的重要历史人物少有研究以至少人了解的重要原因。

（四）振兴台湾商务印书馆

王云五主政台湾商务印书馆是在1964年7月，已超出了本书研究的时间范围。但为了相对完整地展示王云五生平，在此对这部分内容亦略作介绍。

台湾商务印书馆原系商务印书馆的一个分馆，于1948年1月5日正式成立。在商务印书馆海内、外三十七八家分馆中，台湾分馆不仅资历最浅，规模也最小，全馆同人寥寥十余名。1950年11月1日，商务印书馆台湾分馆改称台湾商务印书馆股份有限公司，从此开始独立经营。台湾商务印书馆从经销总馆图书的分馆一变而为出版机构，一面开始出版新书，另一面重版总馆出版的书刊，但因市场图书种类有限，只有惨淡经营。从1950年到1963年，台湾商务印书馆每年出版新书与重版书，只有数十种，营业收入也仅能勉强维持日常开支。王云五认为导致这种局面的主要原因是缺乏出版规划方面的资金。为增加营业收入，他制定台湾商务印书馆的出版方针，最初两年尽量整理重印大陆商务印书馆出版的有用图书，自第三年起，开始印行新著译的图书。

在争取到主动翻印商务印书馆版本书的地位后，王云五一面零星选择重印，以增进营业，另一面对过去曾经畅销一时而今仍属有用的大部头丛书着手研究。王云五看到，《万有文库》在台湾奇缺，于是从两集4000册图书中，删除内容陈旧或不合时宜者，重新选辑1200册，编为《万有文库荟要》。该书推出之后，极受各界欢迎，从1964年12月开始预约发售，到1965年4月，已销售400余部，台湾商务印书馆声威重振。继《万有文库荟要》之后，王云五为台湾商务印书馆重印了《四部丛刊初编缩本》《丛书集成简编》《汉译世界名著甲编》《国学基本丛书四百种》《百衲本二十四史》等书。台湾在光复之前内地图书流传不多，这些图书适时补充了文化资源的需求，因而大都很畅销。重印旧版书一年多后，王云五决定提前筹划新出版物，除《云五社会科学大辞典》等工具书外，王云五策划的新书以丛书为最多，著名的丛书有《人人文库》《各科研究小丛书》《古籍今注今译》《新科学文库》等。

在古籍出版方面，王云五早年在大陆商务印书馆时期创编《学生国学丛书》，就中国的古籍，每书各选其精要，详加阐释，并于导言中说明全书的大要。此种整理方式虽有助于学生课外大量阅读，但也不免留下对整本书未窥全"豹"的遗憾。为弥补《学生国学丛书》的遗憾，台湾商务印书馆在王云五入主后出版了对全书都加以整理的《资治通鉴今注》。该书成功出版发行后，王云五几经考虑，于1967年秋决定编纂《古籍今注今译》，这一丛书极大地方便了人们对于国学的阅读与研究。

王云五主持台湾商务印书馆将近16年，这是他一生出版事业中另一个辉煌时期，也是他个人著述最为高产的时期。这一时期他对自己的过去多有总结，其中比较重要的专著有：《岫庐八十自述》(1967)、《商务印书馆与新教育年谱》(1973)、《岫庐最后十年自述》(1977)。这些专著内容涉及学术、文化、教育、出版以及社会政治等方方面面。1979年8月4日，他又因肺炎入院，8月14日溘然病逝，终年92岁。

二　王云五的古籍丛书出版理念

在《八十自述·后语》中，王云五对自己一生的职业生涯总结道：

> 在我生八十年间，自十八岁正式就业，讫今六十有二年，先后赋闲约共四年，实际就业五十八年。其中从事于教学者二十二年，从事于出版者三十二年，从事于公务政务者十七年，三者合计年数超出于实有年数十有三，则因同时兼任两职之故。由于我开始所就之业属于教学，至今八十之年尚兼教学与出版二职，足见我一生以出版为主，教学次之，公务、政务殆如客串。①

的确如此，王云五一生最重要的业绩在于出版。从1922年主政商务印书馆编译所，到1946年离开商务印书馆从政，可以说是商务印书馆的王云五时代。茅盾在张元济九十寿辰贺词中曰："商务印书馆在介绍西洋的科学、文学，在保存和传播中国古典文学和其他学术著作方面，都有过

① 王云五：《八十自述》后语，《王云五全集》第16卷，九州出版社2012年版，第985页。

重大的贡献。”[①] 如果说张元济主理商务时侧重“保存和传播中国古典文学和其他学术著作”的话，王云五主理商务则以“介绍西洋的科学、文学”并普及推广百科知识为重。“大体言之，王云五的西学修养好过旧学，而张元济的旧学修养好过新学。旧学根基的薄弱使王云五不可能按照张元济的路数来整理辑印古籍。但王云五扬长避短，利用他的较好的西学方法来观照旧学，援西学之理入中学，并运用在整理出版古籍上，开辟了一条与张元济刊印古籍做法不同的路径。”[②] 具体来说，王云五的古籍丛书出版理念主要体现在以下三个方面。

首先是注重实用性与普及性。教育与出版是王云五生平业绩最重要的两个方面，而这两个方面最终又可归于一点：国民教育。从主政商务印书馆业务起，他便将倡明教育作为商务出版的一个重要原则和方向。商务印书馆最初的出版物主要是中小学教科书，新学方面还没形成完整的出版计划。于是，在普及教育理念的指导下，他从编印各种小丛书入手，“协助各学校、各机关、各地方甚至各家庭，以极低的代价，创办具体而微的图书馆”[③]，而创办现代图书馆正是王云五通过普及性出版实现国民教育的重要目标之一。最能体现王氏实用与普及之出版理念的是他的《万有文库》，“这套丛书，最明显的特点在于读者定位的准确。它以普通读者为对象，以全面而通俗的方式传播文化知识，成为一个方面的杰作，是二三十年代最成功的出版物制作，故而受到普通读者，尤其是中学生和知识青年的欢迎”。[④]《万有文库》是百科性质的丛书组合，其中便含有《国学基本丛书》。

其次是采用新式分类法。王云五因兼职东方图书馆馆长一职，亲自创立了一套图书馆图书分类法，实现了现代图书馆功能上的一大跨越。同时，在丛书内容分类上，也一改传统的四部分类法，采用西方的知识分类体系，适应现代学科体系的分类要求和新知识传播的需要。这一点在王氏主持出版的《丛书集成初编》中体现最为明显。

---

① 沈雁冰：《张元济九十寿辰祝辞》，《茅盾全集》第 17 卷，人民文学出版社 1989 年版，第 535 页。

② 刘洪权：《王云五与商务印书馆的古籍出版》，《出版科学》2004 年第 2 期。

③ 王云五：《八十自述》上册，《王云五全集》第 15 卷，九州出版社 2013 年版，第 125 页。

④ 王建辉：《文化的商务——王云五专题研究》，商务印书馆 2000 年版，第 111 页。

最后是部分丛书弃影印而用排印。张元济主持的古籍整理方法是中国固有的版本校雠之学，基本采用影印。而王云五主编的古籍丛书多以排印为主，这也是其古籍丛书出版理念和实践中的一个重要特征。首先体现这一古籍丛书出版理念的是《学生国学丛书》。王云五当时曾就该丛书采用排印方式出版给胡适致信："我个人以为对于这部丛书，以为纵不能办得美满，总该尝试尝试。但是菊生等对于旧学研究较深的，却稍存慎重怀疑的态度。"① 通过《学生国学丛书》的编纂，王云五确立了用新方法来整理排印古籍的出版途径，使古籍更为普及化和平民化。这种整理出版古籍的方式成为王云五主持商务时有别前任张元济的出版特色之一。

三　王云五在商务印书馆主持出版的古籍丛书概观

（一）从《千种丛刊》到《万有文库》

除了《丛书集成初编》外，王云五主持的古籍丛书出版主要是其各类丛书出版的一个组成部分。主要有《学生国学丛书》和《国学基本丛书》，这两种古籍丛书均为《万有文库》之组成部分，因此，要了解这两种丛书的情况，首先要了解一下王云五主编的《万有文库》。

在确定《万有文库》出版计划之前，王云五有出版《千种丛刊》的经历及打算：

> 我自从民国十年主持商务印书馆编译所以来，五六年间，广延专家，选译世界名著颇多，并编印各种治学门径的书籍，如百科小丛书、国学小丛书、学生国学丛书、新时代史地丛书，以及农工商师范算学医学体育各科小丛书等，陆续刊行者也不下三四百种。有了这样的基础，我便可以进一步推广其组织，作更有系统的编辑出版，除就汉译世界名著及上述各丛书整理扩充外，并插入国学基本丛书，初拟凑足一千种，都二千册，命名为千种丛书。嗣思千种之数犹有未足，乃定名为万有文库。②

① 王云五致胡适信（1922年9月14日），载《商务印书馆九十年》，商务印书馆1987年版，第596—597页。

② 王云五：《商务印书馆与新教育年谱》上册，《王云五文集》第5卷，江西教育出版社2008年版，第268页。

在《编译千种丛刊凡例》中，列有以下6条“目的”：

> 甲．以人生必要的学识灌输于一般读书界。
>
> 乙．所收书籍以必要的为准。编著新书在能提纲契领要言不繁；翻印旧书在注疏精当屏除讹误。迻译外国书籍在慎选各大家之代表著作，以信达之笔译为国文。
>
> 丙．全书系统分明，各科完备，有互相发明之效，无彼此重复之嫌。
>
> 丁．将各种名著排成或缩成五号字大小，减省纸张而不至有伤目力。
>
> 戊．以最廉之价将各科必备之书供给于图书馆或私人藏书者，凡中等以下学校，或中等学生、小学教师等购此丛刊全部，即成立一规模粗备之图书馆。
>
> 己．本丛刊各册均照中外图书分类法分别将类号印在书角，并各附卡片一张，凡购置本丛刊之图书馆，既可省分类之烦，而其管理费节省尤多。①

后来《千种丛刊》易名为《万有文库》，隐义为以万册为目标，而不以一千种为限。命名之中可以看出王云五等的主编计划在不断改进、完善。《千种丛书》是为出丛书而出丛书，收有《国学基本丛书》《汉译世界名著》《学生国学丛书》《国学小丛书》《新时代史地丛书》《百科小丛书》《农学小丛书》《工学小丛书》《商学小丛书》《师范小丛书》《算学小丛书》《医学小丛书》《体育小丛书》13种。而《万有文库》则掺入主编者宏大编辑思想和周全的出版意识，从实际背景看，《万有文库》主要迎合了当时兴起的新图书馆运动：“本文库之目的，一方在以整个的普通图书馆用书贡献于社会，一方则采用最经济与适用之排印方法，俾前此一二千元所不能致之图书，今可三四百元致之。更按拙作中外图书统一分类法，刊类号于书脊；每种复附书名片，依拙作四角号码检字法注明号码，故由本文库而成立之小图书馆，只须以认识号码之一人管理之，已觉措置

① 王云五：《编译千种丛刊凡例》，载《千种丛刊目录》，商务印书馆1927年版，第1—2页。

裕如，其节省管理之费不下十之七八。”[①] 王云五既是新图书馆运动的倡导者，也从出版人的角度看出了其中的巨大商机，其所策划运作出版的《万有文库》，的确促成并裨益于当时新式图书馆的纷纷建立，也使商务印书馆从中得到了巨大经济效益。

《万有文库》第一集从 1929 年开始出版，共 1000 种 2000 册，包括以下 13 种丛书：

《国学基本丛书初集》100 种；

《汉译世界名著》100 种；

《学生国学丛书》60 种；

《国学小丛书》60 种；

《新时代史地丛书》80 种；

《百科小丛书》300 种；

《农业小丛书》50 种；

《工业小丛书》65 种；

《商业小丛书》50 种；

《师范小丛书》60 种；

《算学小丛书》30 种；

《医学小丛书》30 种；

《体育小丛书》15 种；

另附参考书 10 种 12 册。

《万有文库》第一集本来按计划分五期出齐。第一期书出版于 1929 年 11 月初，第二期书出版于 1930 年 9 月底，第三期书出版于 1931 年 7 月中旬，第四期书出版于 1931 年 12 月底，当第五期书正在紧锣密鼓地进行时，商务印书馆遭遇了毁灭性的“一·二八”之劫，许多正在编辑和排印的书稿化为灰烬，第五期书的出版被迫延期。商务印书馆复业后，一边整理余烬，一边再次征稿，到 1934 年 12 月底，终于将剩余的部分全部出齐。

《万有文库》第二集只收四种丛书：

《汉译世界名著》，150 种 450 册；

---

① 王云五：《〈万有文库〉第一集印行缘起》，《王云五文集》第 5 卷《商务印书馆与新教育年谱》上册，江西教育出版社 2008 年版，第 270 页。

《国学基本丛书》，300 种 1200 册；

《自然科学小丛书》，200 种 300 册；

《现代问题丛书》，50 种 50 册。

共 700 种 2000 册。第二集的总编纂人仍然是王云五，分编纂人为何炳松、傅纬平、周昌寿、张天泽等。第二集除“参考书”属装帧精美的巨著外，其他同第一集一样，均为轻薄方便的小开本书籍正编排印本，均用五号铅字，节省纸张而不伤读者眼睛。第二集于 1934 年 10 月 1 日起发售预约，正编同样分五次出齐，分别为：第一期书于 1935 年 3 月底出版，第二期书于 1935 年 10 月初出版，第三期书于 1936 年 4 月初出版，第四期书于 1936 年 10 月中旬出版，第五期书于 1937 年 5 月上旬出版。

（二）《学生国学丛书》和《国学基本丛书》

1. 《学生国学丛书》

该丛书属国学古籍节选并加注性质的普及性丛书，由王云五、朱经农主编，开始为《千种丛刊》之一种，《千种丛刊目录》注明为 60 种，实列 59 种，大体按经史子集四部分类，但将集部分为散文类、诗类和词曲类。具体分类及种数如下：（1）经类 9 种，（2）史地类 10 种，（3）子类 13 种，（4）散文 14 种，（5）诗 10 种，（6）词曲类 3 种，共 59 种。后又收入《万有文库》第一集中，仍为 60 种，但部分书目有变，将《千种丛刊》中原有的《易经》《龚定庵文》《文史通义》取消，另添 5 种；部分选注者亦有变。丛书所选均属国学基本著作，每一书选择精要内容，分段标点，详加注释，并在书前导言纂写作者生平，略叙书的内容提要，示读者以研究门径，便利读者阅读和利用。整套丛书共有选注者 44 人。每人选注种数不一，像钱基博注《易经》，郑振铎注《文心雕龙》，缪天绶选注《诗经》《孟子》《宋元学案》《明儒学案》，叶绍钧选注《礼记》《荀子》《传习录》《苏辛词》《周姜词》，夏敬观选注《王安石诗》《梅尧臣诗》《陈与义诗》《元好问诗》《二晏词》，胡怀琛选注《史记》《柳宗元文》《归有光文》，沈雁冰选注《庄子》《淮南子》《楚辞》等。关于茅盾承担《学生国学丛书》部分子目编选一事，丁尔纲曾有如下记述：

> 1925 年商务印书馆出版《学生国学丛书》（后改名《中学生国文补充读本》）。此丛书的策划者是胡适的朋友朱经农，似乎反映了胡适对国学的态度。但茅盾介入此事，一是因为其服务对象是青年学

子，特别是中学生。二是因为该丛书从经、史、子、文、诗、词、曲、传奇、小说取材列选题；并把孟子从“经”中拉出来和庄子、荀子、韩非子并列为“子”。而且把传奇、小说也列为“国学”。这一切都打破了宋元以来传统思想的束缚。因此茅盾承担了《庄子》、《淮南子》两书。①

2.《国学基本丛书》初集

此丛书在《千种丛刊》和《万有文库》中均称“《国学基本丛书》初集”，所含子目均为100种。《千种丛刊》之“国学基本丛书初集说明”共列8条，以下三条足以说明此书内容体例特征：

（一）本丛书包括中等以上学生必须参考或阅读之国学基本书籍。初集一百种中，以最低限度为准，凡非必要之书概不入选。以后各集逐渐扩充范围，目录另订。

（二）本丛书所选版本以注释精当绝少讹字者为准。

（三）本丛书系统分明各科完备无畸轻畸重之弊。②

《万有文库》之《国学基本丛书》初集也是100种，按照王云五的中外图书统一分类法对类目加以整合，《千种丛刊》中的20类变为4大类。《万有文库》之《国学基本丛书》初集所有图书在装帧形式上统一，每种书的书名在封面颇具古典意韵的花纹框中处于中心位置，框内最上端为总丛书名“万有文库”。紧挨“万有文库”下面的是小号字“第一集一千种”，再下面是“王云五主编”。书名下面注明该书分册号（如果此书有多个分册的话）及此书责任者，框内最下端署“商务印书馆发行”。扉页的花纹框内顶端列书名，下面依次为分册号（如果有的话）及该书责任者，框内最下端署“国学基本丛书”。

《国学基本丛书》第二集是《万有文库》第二集所收四种丛书之一，共收书300种，按照王云五的中外图书统一分类法共分56类。每种书装

① 丁尔纲：《茅盾翰墨人生八十秋》，长江文艺出版社2000年版，第137页。

② 王云五：《国学基本丛书初集说明》，载《千种丛刊目录》，商务印书馆1927年版，第1页。

帧形式、封面及扉页信息布局与初集相同，只是封面颜色和花纹稍变。

世人关于《学生国学丛书》和《国学基本丛书》的评价有褒亦有贬，呈现多元化色彩。有的从实用角度对其价值加以肯定：“商务印书馆出版《万有文库》第二集内之《国学基本丛书》第二集，计分五十六类，收书三百种，视第一集类多廿五，书多二百种焉。内中有多数要籍，往昔或刻人丛书，例不单行，或流播不广，欲购无从，又或价值过昂，无力备置。今得商务为之刊布，分售合售，各从所欲。上述种种困难，均可解除矣。”① 更多的则是从对《万有文库》的整体评价中涉及此二丛书的评价，像鲁迅对《万有文库》的评价等。当时参与这两种丛书编选的郑振铎就曾指出：

> 在过去，总爱经史子集一道印，所谓《四部丛刊》、《四部备要》之类。流行甚广，恰好配合所谓“国学必读书目”之类的风行于世；大是无聊，只不过让有钱人的客厅里有一套新颖的陈设而已。在其间，《四部丛刊》是采用善本加以影印的，《四部备要》则是采取通行本加以排印的。《四部备要》里的若干照“古本”排印的书，其实只是窃之于《四部丛刊》的，像唐《孟浩然集》，就是一个证据。还有《国学基本丛书》则是加以标点的，《学生国学丛书》则是新的选本，并加以新的注解的。他们都是用“国学”或“四部”的大招牌，包罗了不少东西。但所有那些东西，给专家们使用是万万不够的，给初学者们使用却又嫌其太艰深，同时，没有用的东西也太多。②

应该说这种指责不是没有道理，但就当时的现实国情来看，王云五通过组织庞大的《万有文库》而推出的这两部国学古籍丛书，对于普及国学知识、传承相关文献还是具有不可否认的历史功绩的。

（三）《丛书集成初编》

1934 年，身为商务印书馆董事长的张元济在忙于《四部丛刊续编》《四库全书珍本初集》等编纂业务的同时，又拟定了编纂《丛书集成》的

---

① 袁大韶：《〈国学基本丛书〉第二集之商榷》，载桑兵等编《近代中国学术批评》，中华书局 2008 年版，第 121 页。

② 郑振铎：《漫步书林·谈印书》，载钟敬文等主编《古书一叶》，中国广播电视出版社 1997 年版，第 342 页。

计划。1935 年，由时任商务印书馆总经理的王云五担任主编，《丛书集成初编》的编纂工作正式开始。这是继《四库全书》之后的又一套大型丛书。关于此书的编纂原委及价值，王云五在《辑印丛书集成序》中说：

余近年先后编印《万有文库》初、二集，于国学基本丛书之取材印刷，考虑再三，一以购读者精力与金钱之经济为主要条件。文库二集计画甫就，张菊生先生勉余以同一意旨，进而整理此无量数之丛书，并出示其未竟之功以为楷式。余受而读之，退而思之，确认是举为必要。半载以还，搜求探讨，朝斯夕斯，选定丛书百部，去取之际，以实用与罕见二者为标准，而以各类具备为范围。别为普通丛书、专科丛书、地方丛书三类，类各区为若干目。……方今文化衰落，介绍新知与流传古籍，其重要相等。是书之出，将使向所不能致或不易致之古籍，尽人得而致之，且得以原值二十分之一之价致之。①

《丛书集成初编》主要选定宋、元、明、清丛书 100 部，“以实用与罕见为主，前者为适应要需，后者为流传孤本”②，子目达 6000 余种，按现代图书分类法分为总类、哲学类、宗教类、社会科学类、语文学类、自然科学类、应用科学类、艺术类、文学类、史地类 10 个门类。原拟分订 4000 册，分 10 期出完。在编纂过程中，淘汰重复子目达 2000 种，实编 4100 余种。百部丛书中，以刊本朝代分，宋代 3 种，元代 1 种，明代 25 种，清代 71 种；以丛书性质分，普通丛书 80 种，专科丛书 12 种，地方丛书 8 种。凡一书有多种版本，皆选取其最佳版本排印。因为要按 10 个门类将百部丛书子目重新分类排列，所以，所选每种丛书原来的体系在《丛书集成初编》中均无法存在，只在每种书的扉页注明来自何种丛书。自 1935 年 12 月起，每隔半年出书二期，第一期 131 种 400 册，第二期 503 种 800 册，第三期 750 种 800 册。但出至第三期时，“八·一三”淞沪战事爆发，商务印书馆印刷总厂无法继续印书。1937 年 9 月 1 日，商

---

① 王云五：《辑印丛书集成序》，《王云五文集》第 5 卷《商务印书馆与新教育年谱》上册，江西教育出版社 2008 年版，第 527 页。

② 《丛书集成初编·凡例》，见中华书局编《丛书集成初编目录》，中华书局 1983 年版，第 1 页。

务印书馆不得不向公众发布启示：

> 本年八一三之役，敝馆上海各厂，因在战区以内，迄今无法工作，书栈房亦无法提货。直接损失虽未查明，间接损失实甚严重。自沪战发生之日起，所有日出新书及各种定期刊物、预约书籍等，遂因事实上之不可能，一律暂停出版。①

为此，商务印书馆在租界另设工厂，并转移部分印刷任务于刚建成不久的香港分厂，把没有刊出之书，重行发排，但刊印速度已大不如前。直至 1938 年 6 月续出第四期 301 种 400 册。1939 年 6 月出第五期 435 种 400 册。1940 年初，出第六期 828 种 600 册。尚有第七期 1116 种 600 册，本预计 1941 年可以如数出齐，无奈香港沦陷，分厂印刷业务也被迫停止，至此《初编》编纂印刷业务完全停顿。最终只出版图书 3087 种 3467 册，未出之书共 1015 种 533 册。

《丛书集成初编》的选书、编目、校订等工作都由王云五亲自主持，张元济当时虽忙于校史和《四部丛刊续编》等业务，但自始至终对丛书的编纂业务给予关注和指导，特别是一些重要版本的选取都经张氏审验和把关。不过书囊无底，善本难穷，《初编》所选底本虽未能尽善尽美，但大辂椎轮，功不可没。此外，在丛书选目、子目删裁等方面，《初编》也颇具筚路蓝缕之功，成为后人续纂“丛书集成”系列的基础和规范。

附记　20 世纪中叶以后海峡两岸对《丛书集成初编》的续编与续纂

20 世纪中后期，大陆和台湾均在《丛书集成初编》基础上进行了补编和续编，形成大陆和台湾各具特色却又相互补充、共同裨益于中华学术的“丛书集成”系列丛书并存局面。

一　艺文印书馆的《百部丛书集成正编》《续编》《三编》

艺文印书馆于 1952 年在台北创立，以延续中华文化为宗旨，出版种

① 《商务印书馆启示》，载《商务印书馆大事记》，商务印书馆 1987 年版，第 82 页。

类主要为历史、艺术、金石、宗教等。1964 年，艺文印书馆在总编严一萍主持下开始编辑《百部丛书集成》，全称为《原刻影印百部丛书集成》，又名《丛书集成正编》，全书于 1965—1970 年间陆续影印出版。严一萍（1911—1987），原名城，又名志鹏，字大钧。浙江嘉兴新塍人，东亚大学法科政治经济系毕业。1950 年由香港去台湾，因擅长甲骨文得到董作宾的赏识。后张木舟、顾乃登两人出资创设艺文印书馆，严一萍任经理和总编辑。关于严一萍及其编纂《百部丛书集成》之事，翁同龢五世孙翁万戈在 1997 年写的一篇怀念严一萍的文章中有如下记述：

> 他的学问渊博，在甲骨学尤其深入，其成就为世所公认。他创办的艺文印书馆，自一九五二年到现在，是发扬中国传统文化的一股持续力量，久而弥坚。因为他有学有识，大处着眼，其主力出版物《百部丛书集成》（一九六四年）、《百部丛书集成续编》（一九七〇年）、《百部丛书集成三编》（一九七三年）以及其他经、史、子、集各部的著作，从古籍到新著，都足以学界的效益为先，营业的盈亏为后。①

其中的《百部丛书集成》即《原刻影印百部丛书集成》，又称《百部丛书集成》正编。该丛书将原来商务印书馆《丛书集成初编》缺印的 1000 多种书补印齐全，所选 100 部丛书与《丛书集成初编》完全相同，只另增《经典集林》1 部，共 101 部，丛书子目达 4000 余种。编辑《百部丛书集成》时，编者做了大量的、细致的整理工作。据浙江大学洪湛侯教授研究统计，艺文印书馆所做的这类整理工作至少包括以下 10 个方面：一曰改影印，二曰补缺书，三曰换底本，四曰述原委，五曰订书名，六曰考作者，七曰核卷次，八曰辨伪作，九曰删复出，十曰存剩本。②

同《丛书集成初编》相比，《百部丛书集成》优点还是很明显的，比如，将全书由排印改为影印，不但避免了排印过程中的鲁鱼豕亥类差错，还在很大程度上保存了古籍原貌，对于后人认识该书及进行版本鉴别和研

---

① 翁万戈：《再念好友严一萍先生》，载《中国文字》新 23 期，艺文印书馆 1997 年版，第 257 页。

② 参见洪湛侯《中国文献学要籍解题》，杭州大学出版社 1997 年版，第 309 页。

究等都十分有利；将十进分类法改为传统的四部分类，不但更符合传统古籍的分类和编纂实际，还可避免将所选丛书分割排列的弊端，而以每部丛书为单位逐部影印，从而保证了所选丛书的原貌和完整性；采用线装形式分函装订，可使丛书显得古色古香，等等。总之，《百部丛书集成》无论在装帧形式还是内容及功用方面都超过《丛书集成初编》。正如洪湛侯教授所评："与《丛书集成初编》相较，青出于蓝而胜于蓝，谓之踵事增华，后来居上，殆非溢美……这部大型丛书的影印发行，为古籍整理工作创造和积累了很好的经验，对于宏扬祖国传统文化，促进两岸文化交流，也是富有积极意义的。"①

1970—1972 年，在严一萍的主持下，艺文印书馆又陆续出版了《百部丛书集成续编》《百部丛书集成三编》《百部丛书集成续编》（又名《丛书菁华》一、二、三期），《百部丛书集成三编》（又名《丛书菁华》四、五、六期）各收书 30 部，主要为清末与民国间刊印出版的丛书，如丁丙《武林往哲遗著》、张钧衡《适园丛书》、刘承干《求恕斋丛书》等。另增收个人丛书，如叶德辉的《观古堂所著书》等。

方便检索是大型丛书编纂过程中不应忽视的重要环节。《百部丛书集成》系列丛书便充分考虑到读者查阅之方便，随书编制了功能多样的索引，单独成册。正编附有《百部丛书集成分类目录》《百部丛书集成人名索引》《百部丛书集成书名索引》，另有《百部丛书集成发书清册》（相当于总目录）；续编附有《四部分类丛书集成续编目录索引》；三编附有《四部分类丛书集成三编目录索引》。另外，为方便查考，在所收每部丛书之前都编有总目，包括书名、卷数、著者、分类总目（包括类和目）、说明五项内容。对读者而言，通过浏览总目及其"说明"，即可了解该书类目及整理情况，真可谓方便快捷。

二　新文丰公司的《丛书集成新编》《续编》《三编》

台湾新文丰出版公司于 1973 年在台北成立，以传承中国传统文史哲学为使命，为研究中国传统文化的学者与爱好者出版珍贵文献资料与专业学术著作是其出版宗旨之一。其中，承商务印书馆《丛书集成初编》未完之役，新文丰公司与台湾大学王德毅教授合作编纂的《丛书集成新编》

---

①　洪湛侯：《中国文献学要籍解题》，杭州大学出版社 1997 年版，第 308 页。

《续编》《三编》就充分体现了这一点。王德毅（1934—）早年毕业于台湾大学历史系，后任台湾大学历史系教授，为台湾当代著名史学和版本专家，著有《李焘父子年谱》《王国维年谱》《宋代灾荒救济政策》等，编有《宋人传纪资料索引》《元人传纪资料索引》《清人别名字号索引》《中国历代名人年谱总目》等，多为基础史料性著述，颇得学界好评，曾应邀担任国立编译馆历史科主编等多种社会兼职。王德毅与新文丰出版公司创办人高本钊同为江苏丰县人。1983 年，高本钊邀请王德毅为主持，开始了《丛书集成新编》系列的编纂出版工作。关于《新编》系列丛书之编纂初衷及主旨，王德毅执笔撰写的《丛书集成新编编刊说明》中有如下叙述：

> 商务汇印集成时本名《丛书集成初编》，其意应表示还要续印二编、三编……惟因当时初编印成以后，正值我国对日本全面抗战，上海旋亦沦陷，一切计划皆成泡影。半世纪来，未见赓续，研究中国学的海内外学者，多殷切盼望能广为汇印，并及于民国，本公司……不惜巨资，搜集汇印两百种重要丛书，仍以罕见与实用为原则，真乃集丛书之大成，且与商务、艺文出版者不尽相同，故名曰新编。今先汇印第一辑，将来陆续出二、三辑，与海内外学者共享之。①

《新编》选目原则仍以罕见、实用为主，将《丛书集成初编》所有拟目包括已出部分及未出部分，全部配补齐全，收编自先秦至清代古圣先贤著作约 4100 种。所选百部丛书就种类而言，含普通丛书 80 部，专科丛书 12 部，地方丛书 8 部；就时代而言，含宋代 2 部，明代 21 部，清代 57 部。同《丛书集成初编》一样，《新编》仍采用现代图书分类法，分为总类、哲学、宗教、社会科学、语文学、自然科学、应用科学、艺术、文学、史地 10 大门类，不过全部改为影印，精装 16 开本 120 册，于 1984 年至 1986 年 1 月间陆续出版。为使读者直接阅架便可确定所找书目册次，《新编》在每册的书脊上列有该册所含详细书目。另外，为方便综合检索，《新编》还编有总目及书名和作者索引 1 册。其中总目部分以第 1 至

① 新文丰出版公司编辑部：《丛书集成新编编刊说明》，载《丛书集成新编》第 1 册，新文丰出版公司 1984 年版。

第120册为序编成，先总目，后子目，逐一著录书名、卷数、附录文献、作者时代、所属丛书简名、册别和页次。总目前列有百部丛书提要，以了解某一丛书的版刻、卷册、年代、内容等；书名索引部分以书名为主，不著卷数及附录文献，依其第一字笔画多少为序，同一书若有不同校注，加注校注姓名，便于区别；作者索引部分之作者，包括原撰著者及后代重编者、注疏者、校证者等，同姓名者以所在时代先后为序。凡作者姓名，原书不详或有错误者，可考者均予补订或改正。

《丛书集成新编》完成后，广受学界好评。新文丰公司于1989—1991年间又与王德毅合作编纂出版了《丛书集成续编》。《续编》主要汇集清末至民国三十七年间的丛书150种，共含子目1万余种，按现代图书分类法重新排列顺序，精装16开本280册，另编索引1册，内含150部丛书之提要、总目、书名及作者索引。因《续编》需要重新拟定所收丛书书目，所收丛书种类也比《新编》多一半。

新、续两编“合计四百册，收编子目书达一万种以上，传世的古今重要典籍，除十三经、二十五史及释道两藏外，几乎已荟萃其大半。广受海内外研究中国文史哲学的学者所推重，多建议筹印第三编，以应学界的需求”。[①] 于是，新文丰公司从1999年开始辑印《丛书集成三编》。邀请王德毅等学者对数十年来所收集到的书目重新筛选，以确定《三编》所收丛书书目，并与在《丛书集成新编》《丛书集成续编》《四库全书》《古今图书集成》中已收录之书一一比对，有完全相同之书不再收录，其中一书分见于两种丛书者收其内容完备、有校勘、补遗或附录者，同书名不同著作者、同作者内容不同者方才收录。最后共选定丛书96种，影印精装16开本100册，另加索引1册。《三编》编纂体例与选目原则与《新编》《续编》一样，仍分10大类，各类下再分目，只是所选丛书范围与其所含子目书性质与前两编略有不同，故分目也略有更改或删减。

三　中华书局的补辑和重印、上海书店的《丛书集成续编》

与台湾相比，大陆对《丛书集成初编》的续编续纂起步稍迟一些。但上海古籍书店对《初编》的补印工作开始得并不晚。郑逸梅在其《不

① 王德毅：《丛书集成三编叙录》，载《丛书集成三编》第1册，新文丰出版公司1999年版。

齐全的丛书集成初编》一文中曾述曰：

> 解放后，发行移归新华书店，到一九五四年四月，商务转入公私合营，第七期书只留一百多种，六十七册，即前一至六期书亦告残缺。一九五九年古籍书店为了配成整部，供应读者需要，和商务联系，有补印《丛书集成》缺书之举。①

这里的“古籍书店”指成立于1952年的上海古籍书店。所谓“补印”，应该是补印《初编》因战乱而未出成的部分。虽然当时补印的具体种（册）数已很难确考，但从现存部分书籍来看，补印本的纸张较初版本软，似为草纸，墨色更沉，这应该和当时正值三年自然灾害、国家经济条件不好有很大关系。在补印的同时，上海古籍书店又对商务印书馆20世纪30年代编印的《丛书集成初编目录》加以修订并重印，一一列出各书的编号，对未出的书亦一一注出。

中华书局对《丛书集成初编》所做的工作主要是补辑和重印。1983年，中华书局将商务印书馆编印的《丛书集成初编目录》加以订正并重印。为适应学术研究的需要，征得商务印书馆同意后，中华书局于1985年又开始分批重印《初编》已出部分。虽说是“重印”，但并非机械的原版重印，而是对原版所存在的一些错误作了一定程度的校订，是修版性重印。对此，陈抗在一篇报道文章中有如下叙述：

> 《丛书集成初编》自1935年开始出版，至1939年共出版3467册。因抗战而中断出书。由于工作量大，出版时间紧，多数书是断句排印，成于众手，因而在断句及排校的质量上确也存在一些问题。这次中华书局重印《初编》，逐册作了检核，发现封面、里封、书脊上书名、作者名有字误者，出版说明中书名、作者名、丛书名亦有字误，且有漏列丛书及将影印误为排印者。排印的中缝、书名、卷数、页码等也有脱误现象，甚至书内篇章标题字亦偶有脱误。这些都尽可能作了订正。但限于时间和条件，正文中断句和排校的问题未能再作

① 郑逸梅：《不齐全的丛书集成初编》，《芸编指痕》，北方文艺出版社2009年版，第10页。

校订。[①]

1991年，中华书局又将《初编》未出的1000余种共533册补齐，使《丛书集成初编》在大陆终成完璧。

上海书店出版社则选明清及民国时期的丛书100部，删除各丛书相重复以及与《丛书集成初编》相重复的书，于1994年6月影印出版《丛书集成续编》，共收古籍3200余种，按经、史、子、集分类编排。所收各书按原书影印，精装16开180册，其中1—20册为经部，21—75册为史部，76—97册为子部，98—180册为集部。本书所选丛书以“流传稀少、学术价值较高以及研究工作实用”为标准。在编排上，除经、史、子、集之外，另立“别录类”，以安排子目中集多种不同著作而成的小丛书。遗憾的是，该书没有编制目录索引，查检极为不便。同新文丰公司版《丛书集成续编》相比，上海书店版《续编》不但册数少，而且所选丛书及子书数量及篇目均有不同，故台湾版和大陆版两种《丛书集成续编》不可混淆。

① 陈抗：《〈丛书集成初编〉3467册全部重印完毕》，《古籍整理出版情况简报》1989年第219期。

第五章　中华书局及其他重要出版企业编纂出版的古籍丛书

第一节　民国时期中华书局及其出版理念

一　陆费逵与中华书局

陆费逵（1886—1941），号伯鸿，桐乡人，因陆费是复姓，亦称陆费伯鸿，是清乾隆时《四库全书》总校官陆费墀的后代。幼时的陆费逵除了母亲的家教外，没有接受多少正规的私塾教育。他在《我的青年时代》中曾说："我幼时母教五年，父教一年，师教一年半，我一生只付过十二元的学费。"[①] 但他聪明好学，喜欢读书，通过阅读和自学奠定了自己良好的知识基础：

> 我十三岁正是戊午年，我那时勉强能看日报和时务报，有点思想了，和先父的思想不免冲突。先母却赞成我的主张，于是便不照老式子读书，自己研究古文、地理，后来居然自习算学，并读格致书了。那时随侍在南昌，有一个阅书报社开办，我隔日去一次，午前九时去，午后五时出。带一点大饼馒头作午餐。初时尚有阅者二三十人，后来常常只剩我一人，管理员也熟了，他便将钥匙交给我，五大间的藏书，好像是我的了。这三年中，把当时新出的书籍杂志，差不多完全看过。旧书也看了许多。遇欢喜的便摘抄于簿子上，遇不懂，也记出来，以便查书或问人，不上阅书报社的那天，便在家里用功。那时定阅中外日报，有时看申报沪报，报上遇着地名，便去查地图，所以

① 陆费逵：《我的青年时代》，《职业与修养》1939 年第 1 卷第 5 期，第 131 页。

我对于地理一科格外有兴趣。照这样做了三年，学问渐渐进步，文理渐渐通顺，常识渐渐丰富。①

1904年，陆费逵与友人合股1500元，在武昌横街开办了新学界书店，自任经理，出售《革命军》《警世钟》《猛回头》等革命书籍，并于1905年春参加革命党人的日知会组织，参与革命活动，任评议员，后来加入同盟会。1905年秋，陆费逵辞新学界书店经理，任汉口《楚报》主笔，同年底，因抨击时政，揭露粤汉铁路借款密约，主笔张汉杰被捕，陆费逵被通缉，《楚报》遭湖广总督张之洞查封，陆费逵逃至上海，受聘为昌明公司上海书店经理兼编辑。1906年冬，陆费逵任上海文明书局职员兼文明小学校长。1908年进商务印书馆编译所担任国文部编辑，深得编译所所长高梦旦赏识，并将侄女嫁给陆费逵。陆费逵后出任出版部部长，次年任该馆《教育杂志》主编。辛亥革命时，他还不满26岁，但颇有远见。他认为革命必将成功，清王朝统治必将被推翻，一个新的共和民国即将成立。新的教育制度必将带来教科书市场的巨大变化，当他将这一想法告知张元济，希望张元济同意他编纂出版新教材时，未能得到张元济的同意。作为商务印书馆出版部主任的陆费逵与戴克敦、陈寅等，约请编辑人员秘密编写新的《中华教科书》。1912年元旦，中华民国宣告成立，合资经营的中华书局也同时在上海诞生。陆费逵等人在是年春季学生开学前就将所编教科书出版发行，抢先占领了大部分教科书市场，从而一鸣惊人，取得了很大成功。中华书局创办后，陆费逵为表明自己爱国重教的立场和书局开启民智的宗旨，于1912年2月23日在《申报》上刊登《中华书局宣言书》：

立国根本在乎教育，教育根本，实在教科书。教育不革命，国基终无由巩固；教科书不革命，教育目的终不能达也。往者，异族当国，政体专制，束缚抑压，不遗余力，教科图书钤制弥甚。自由真理，共和大义莫由灌输，即国家界说亦不得明，最近史事亦忌直书。哀我未来之国民究有何辜，而受此精神上之惨虐也。同人默察时局，眷怀宗国，隐痛在心，莫敢轻发。幸逢武汉起义，各省响应，知人心

① 陆费逵：《我的青年时代》，《职业与修养》1939年第1卷第5期，第131页。

思汉，吾道不孤。民国成立，即在目前。非有适宜之教科书，则革命最后之胜利仍不可得。爰集同志，从事编辑。半载以来，稍有成就。小学用书业已蒇事，中学、师范正在进行。从此民约之说，弥漫昌明；自由之花，矗皇灿烂。俾禹域日进于文明，华族获保其幸福，是则同人所馨香祷祝者也。兹将举局宗旨四大纲列左：一、养成中华共和国国民。二、并采人道主义、政治主义、军国民主义。三、注重实际教育。四、融和国粹欧化。[①]

宣言清晰地表明了中华书局立足国民教育开展出版业务的理念。这一理念使得民国初年的中华教科书几乎独占市场，达到了日间摆出，未晚即售完的地步。陈伯吹曾在一篇文章中回忆道："当时全国小学采用的教科书，非商务出版的，即为中华出版的。而后者虽系后起，却是后起之秀；我们这个乡区内七所小学，都用中华出版的国语、算术教科书。"[②] 可见当时中华书局教科书之受欢迎程度。中华书局出版的中华教科书既满足了当时教育改革的需要，也为中华书局日后的发展奠定了基础。1915 年中华书局改为股份有限公司，自办印刷所，增设发行所。后又盘入文明书局、民立图书公司和聚珍仿宋印书馆，迅速发展成继商务印书馆之后国内第二家集编辑、印刷、发行为一体的出版企业。随着书局的日益发展，陆费逵声誉日高，成为全国出版界的巨擘，故被推选为上海书业同业公会主席、中华工业总联合会委员等职。但功成业就的陆费逵依旧兢兢业业，从不懈怠，"担任中华书局局长、总经理，并曾兼编辑所所长及发行所所长等职凡 30 年，掌握出版大权，但在出版的图书中，很少挂上主编、总编辑的名义。……他一生从事出版事业，不想在政治上向上爬。"[③] 不但在业务上保持着谨严低调，在生活方面依旧保持着节俭之风：

现在一般提高生活的议论，实在害人害己，吃得好未必卫生，着的好不过做衣服的奴隶。游戏更有害无益。我们穷国穷人，学苏俄的

① 中华书局编辑部编：《中华书局百年大事记（1912—2011）· 1912 年》，中华书局 2012 年版，第 3 页。

② 陈伯吹：《我与中华书局》，载《回忆中华书局：1912—1987》上编，中华书局 1987 年版，第 111 页。

③ 俞筱尧、刘彦捷编：《陆费逵与中华书局》，中华书局 2002 年版，第 129 页。

> 耐苦经营，或有出头的日子。若学富国的舒适，那便是自寻死路了。①

尽管如此，尔后的中华书局还是遭遇几乎致命的企业发展危机。

1916—1918年，中华书局发生严重经济危机。陆费逵一度辞去局长职，公司则承租给徐仁静、吴蕴斋、史量才等组建的新华公司，中华书局面临破产境地。关于这次危机，《中华书局百年大事记》中是如下记载的：

> 此次经济危机，几致停业。据查帐代表所提《调查公司现状报告书》中称失败原因有三：进行无计划；吸收存款太多；开支太大。“进行无计划，其最著者有四：编辑进行太骤，现存各稿非二三年不能出完，稿费不下十万。次为印刷机械太多，地基过大。现在机械之力可出码洋六七百万元之书，夜工开足可达千万，现用不及半。地基空者不下二十亩，废置不用反赔利息捐租。次为分局开设太滥，竟有未设分局之前年可批发万元，一设分局反不过数千元汇沪者，其故由于僻地营业不易扩充，分局开支又不节省。次为计划过于久大，不顾自己实力。前三项固属此病，而建筑过于宏壮坚固，搁本实甚。此外，培植人才，派遣留学，虽为应办之事，而耗费抑已多矣。”②

此外，中华书局副局长沈知方挪用公款投机失败，再加上同业竞争、售书赔本等，成为中华书局陷入困境的综合因素。后来多亏常州资本家吴镜渊等组织的维华银团及董事高欣木等组织的和济公司给予贷款，使中华书局起死回生。

1920年前后，是中华书局发展史上具有里程碑意义的一年，公司通过承接印制克劳广告公司和南洋兄弟烟草公司烟壳的业务，获利丰厚，从此逐渐摆脱困境，步入正轨。1935年在上海澳门路建成印刷总厂，购置先进印刷设备，既印本版图书，也承印地图、邮票、香烟壳子以及政府的有价证券、钞票、公债券等。书局大量承印国民党有价证券和小额钞票，印刷

① 陆费逵：《我的青年时代》，《职业与修养》1939年第1卷第5期，第133页。

② 《中华书局百年大事记（1912—2011）·1917年》，中华书局2012年版，第24页。

业务更加发展。同年在澳门路469号建成新厂，总办事处和编辑所也设于此。至1937年春，资本扩充至400万元，在全国各地和香港、新加坡开设40余个分局，仅上海、香港两厂职工已达3000余人。书局彩印业务为全国第一，印刷设计之新，当时号称远东第一。当时年营业额已达1000万元，进入新中国成立前的全盛时期。抗日战争爆发后，陆费逵赴香港，成立驻港办事处，掌握全局重要事务；上海方面由常务董事舒新城等主持日常事务，设在公共租界的印刷总厂以“美商永宁公司”的名义维持营业。

1941年7月9日，陆费逵在九龙病逝。随后太平洋战争爆发，领导核心内迁，在重庆设立总管理处。此间，仍然印制教科书，编辑出版各种图书杂志。抗战胜利后，总管理处迁回上海，印制教科书的业务虽迅速恢复，但图书杂志出版业务逐渐陷入困境。1941年陆费逵在香港去世后，李叔明继任总经理，上海方面由吴叔同任经理。1949年2月李叔明离沪，舒新城任代总经理。7月舒新城辞职，沈范继任。

二　中华书局民国年间的出版理念暨出版特色

同商务印书馆相比，中华书局在总体业务上相对单薄一些，这在其出版理念及由此导致的出版特色上表现得尤为明显。

首先，瞄准教育领域，以市场需求为导向。

中华书局以编印教科书起家，因此，立足于各类教材市场进行的出版业务，始终占据中华书局出版主体。作为一位有着高度爱国思想的出版人，陆费逵在创办中华之初就提出“开启民智”之宗旨，明确把教育出版作为自己出版创业的基本定位，始终遵循通过出版普及国民教育、于普及教育中维持并发展产业经营的理念。1916年10月，中华书局制订第三期发展计划，从以下所列编辑计划的四个方面即可看出教育出版在中华书局出版理念及业务中的分量：

> 编辑方面，（一）改良普通教科书及学校用品以助教育之普及；（二）注意高等科学书及字典辞典等以养成专门之人才；（三）多编通俗讲演及有益小说以辅助社会之教育；（四）其他如精印古书，广译西书，自制仪器标本，皆吾局对于教育之天职。[①]

① 《中华书局百年大事记（1912—2011）·1916年》，中华书局2012年版，第20页。

围绕教育教材图书的出版，中华书局先后创办八大杂志，开办中华教育用具制造厂，设立函授学校等，走的是以教育图书出版为主，多种经营的路子。从 1913 年到 1937 年，中华书局教科书不断修订重编，从 1932 年始，还陆续编辑出版了 4 套专供东南亚各国华侨学校用的教科书。

其次，注重创新，确保质量。

创新是企业立世之本，质量则是图书的生命。在与商务印书馆的商业竞争中，中华书局始终以创新为突破点，做到人无我有，人有我新。以教科书出版为例，自中华书局编写、发行教科书之日起，就把教科书质量的创新、创优作为竞争的筹码，每隔数年都要推陈出新地改编一次，务求日新月异，精益求精，体现时代特点。对于教科书内容的屡次变更，中华书局或根据时局需要，不断进行增删添补，力求使中华版教科书紧跟时代潮流而不会落后；或根据学制的变化、科学文化的发展，及时对旧课本加以修改，确保图书内容和质量符合社会需求并达到较高的出版标准。

创新的同时，中华书局还将出版质量作为生命线。“中华书局的书不能说本本都是高品位高水平，但至少可以说，中华书局从来没有出过一本粗制滥造或带有黄色的或散发铜臭的或低级趣味的书，在当时书业混乱、竞争激烈的年代，能坚持这样一种道德操守和文化使命感，确是难能可贵的。不过，话说回来，也正因为有了这样的坚守，中华书局才得以长盛不衰。”①

最后，一主多元的出版方略。

所谓一主，即以图书出版为主，所谓多元即开展与图书出版有关的多种经营，包括办学、出版期刊、文化用品制造等。1912—1941 年，中华书局共出版图书 4296 种 8970 册。就其出版速度和份额看，“1934 年图书占全国总出版量的 7.78%，1935 年占 11.57%，1936 年达 16.48%”②，图书出版显然是中华书局占主导地位的产业。教具等文化用品在产品性质功能上与图书出版虽有较大差别，但所面对的消费群体却多有重合，因为需用教科书的地方，肯定会需用文化教学用品。教具为主的文化用品生产与教科书类图书的出版在服务本质上并无二质，都是直接为各级各类学校及学生服务。因此，在加强图书出版的同时，中华书局也适量涉足文化用

① 俞筱尧、刘彦捷编：《陆费逵与中华书局》，中华书局 2002 年版，第 223 页。
② 陈刚：《中国近代图书市场研究》，《编辑学刊》1995 年第 2 期。

品类的生产和经营。因为文化用品与图书的关联性相当高，仅从图书流通环节来说，这种多元化销售既可以活跃店铺，增加销售额，又不需要更多的业务费用开支，可谓一举多得。除出书外，兼顾期刊的出版，是中华书局多元出版战略的又一重要体现。因为图书出版发行需要宣传推广媒介，也需要沟通读者与编者之间的信息，而这些功能的实现仅依靠其他媒体，不但费用高昂，而且很受局限。作为编辑人才济济的中华书局，在出版图书的同时出版发行期刊和杂志，既可实现规模化效能，又可充分宣传自己的出版物，同时，期刊的大量发行和销售，也是公司收入的重要组成部分。期刊具有连续性、刊期长等特性，比一般图书更易形成品牌，这对提高中华书局的声誉，进而扩大图书的销售来说，可谓相得益彰。其实，一主多元的出版策略不仅仅是权变之策，更是残酷的商业竞争现实使然，正如一位中华书局老员工所言："中华书局从事这样的多种经营，是有其原因的。解放以前，教育不普及，农村文盲多，一般图书印数三五千册已算不错。印一二千册，如不重版，就要赔本。当时同业竞争激烈，有的小书店出版一折八扣的无版权书（如《水浒》《红楼梦》等）和小书（连环图画），深入农村倾销，与大书店抗衡。他们用的是水渍纸等次货，版面植字紧密，用人少，开支省，大书店无法和他们竞争。中华书局如果不是多种经营，是很难维持其出版业务和这样一个庞大机构的。"①

第二节　中华书局的古籍丛书编纂出版概况

一　中华书局古籍丛书出版概述

从中华书局的企业理念和出版特征看，中华书局的图书出版主要以适销对路的短线出版为主，因此，教科书、适应市场需求的文化类图书是其出版重点。而对于投资大、运营周期长的古籍特别是大型古籍丛书的出版，并非其出版重点。从已出版的数量不多的这些古籍丛书看，大多还是商业竞争的产物，像《四部备要》等。因此，就总体而言，民国时期的中华书局在古籍特别是大型古籍丛书出版这一块，无论是总体数量还是占据整个出版业务的比例，都远逊于商务印书馆。

① 吴铁生：《解放前中华书局琐记》，载《回忆中华书局（1912—1987）》上编，中华书局1987年版，第78页。

关于中华书局在民国时期的总体出版概况，著名学者、中华老职工李侃曾在一篇文章中作过这样的概述："据不完全统计，从1912年到1949年，中华书局共出版各类图书约6000种。如果粗略分类，则其中有各类教科书400余种，社会科学书籍近2000种，自然科学书籍650余种，文学艺术书籍1000余种，重要古籍600余种，各种工具书30种，少年儿童读物800余种；此外还先后编辑出版了20种杂志。"[①] 可见，虽然中华书局的出版总量不小，但古籍出版在中华书局总体出版格局中只占很少一部分，而其中的古籍丛书，数量更为有限。

就现有资料看，民国时期中华书局出版的古籍丛书只有20种，其中由中华书局自己组织编纂的只有5种：《四部备要》《袖珍古书读本》《中国文学精华》《医药易知》《光华大学丛书》（所收子目并非全是古籍）。这5种丛书除《四部备要》因商业竞争因素略具学术价值外，其他4种丛书均系大众文化普及性质。另外15种是：

《辑佚丛刊》，陶栋辑，民国三十七年排印；

《锡山先哲丛刊》，侯鸿鉴等编，民国十一年排印；

竹简斋版《二十四史》，民国十二年影印；

《层冰堂五种》，古直著，民国二十四年排印；

《双剑誃诸子新证》，于省吾著，民国十九年铅印；

《孙氏医学丛书》，孙鼎宜撰，民国二十五年排印；

《象棋谱大全初集》谢侠逊编，民国十六年排印；

《陟冈集》，金兆梓辑，民国三十八年排印；

《散曲丛刊》，任讷辑，民国二十年排印；

《杨升庵夫妇散曲》，任讷辑，民国二十九年排印；

《红雪楼逸稿》，清蒋士铨撰，民国二十五年排印；

《新曲苑》，任讷辑，民国二十九年排印；

《清都散客二种》，明赵南星撰，卢前校订，民国二十五年铅印；

《升庵夫妇乐府》，任讷辑，民国二十九年铅印。

就以上所列古籍丛书看，民国年间中华书局的古籍丛书编纂出版呈现以下特点。

---

① 李侃：《陆费逵创办中华书局概况》，载俞筱尧、刘彦捷编《陆费逵与中华书局》，中华书局2002年版，第87页。

首先，古籍丛书总体数量少。民国时期的中华书局尽管从总体实力上不能和商务印书馆相比，但在图书出版领域也算是当时唯一一个可以和商务印书馆相抗衡的大型综合性出版企业。只是由于中华书局总体侧重于短平快的经营理念以谋求企业的经济实力，对于投资大、资金周转期长、市场风险相对较大的大型古籍丛书的编纂出版相当慎重。唯一一部堪称经典的大型丛书《四部备要》，也是与商务印书馆进行商业竞争的产物，而且也是以实用、普及为出版理念的。

其次，在数量很少的古籍丛书中，中华书局自行组织编纂出版的只占一小部分，大部分是为私人代版代印图书，从版式上看多为排印。

最后，大部分古籍丛书从内容上看，容量很小，只是一册书中收录了两种以上著作而已，像《升庵夫妇散曲》《升庵夫妇乐府》等，只能从丛书定义的角度被列为丛书。

二　部分古籍丛书简介

民国时期的中华书局共出版古籍丛书20种，除《四部丛刊》在下面专节介绍外，其他几种图书根据现有资料略加题解。

（一）《中国文学精华丛书》

从1936年开始出版的《中国文学精华丛书》，选自经史子集、总集、选本，共68种，80册。这套丛书采取新标点，在古籍出版上可谓开了先河。[①] 此丛书紧扣“精华”二字，选目侧重于中国古典文学中的一些经典著作，像庄子精华、墨子精华、檀弓精华、各家唐宋诗音注、历代经典散文别集选注等，丛书出版后广受欢迎，到民国三十年（1941），先后印行过4版。

（二）《光华大学丛书》

此丛书目前资料颇少，只从中华书局目录中见有零星记录。《中华书局图书目录·1937》所记此丛书子目只有一条，即钱基博撰《经学通志》，并非古籍。《中华书局图书目录·1947》所记此丛书子目除《经学通志》外，又增加了一条蒋维乔、杨宽、沈延国、赵善诒合注的《吕氏春秋汇校》。而在编得相当粗糙的《中华书局百年书目》上编（1912—1954）中，竟无此丛书记载。笔者目前所能查到的除了上两种外，还有吕思勉的《燕石札记》、萧公权的《自由的理论与实际》，均

① 参见周其厚《中华书局与近代文化》，博士学位论文，北京师范大学，2004年，第67页。

非古籍。

（三）《散曲丛刊》

1930年中华书局排印本，任中敏编。32开，连史纸线装28册。任中敏（1897—1991），原名讷，笔名二北、半塘，江苏扬州人。曾从吴梅学词曲，后任教于国内各大学。丛刊共收散曲著作15种。内收戏曲12种，其中有元人选本2种：杨朝英《阳春白雪》《乐府群玉》（有人以为胡正臣子胡存善所编）；元人专集4种：马致远《浒东篱乐府》，乔吉《梦符散曲》，张可久《小山乐府》，贯云石、徐再思《酸甜乐府》；明人专集5种：康海《东乐府》、王磐《王西楼先生乐府》、冯惟敏《海浮山堂词稿》、沈仕《唾窗绒》、施绍莘《花影集》；清人总集1种：《清人散曲选刊》。另收任中敏曲学论著3种：《作词十法疏证》《散曲概论》《曲谱》。“本刊宗旨，乃于我国文学上诗词以后，戏曲以前，确定与诗词体段相类之散曲一体，使我国文学上之各种典籍，益臻完备；并发表许多世人从未见过之元曲，及明清重要之散曲。”①

收在本丛刊中的戏曲专集，有几种是任讷从元明以来的别集曲选、曲谱、笔记等书中辑录而成的：《东篱乐府》《梦符散曲》《小山乐府》《酸甜乐府》《唾窗绒》。以下几种则系任氏精选善本后编校而成：

（元）杨朝英选《阳春白雪》丁氏八千卷楼旧藏元刊十卷本；

（元）胡存善选《乐府群玉》范氏天一阁旧藏明人影元抄本；

（明）康海撰《浒东乐府》嘉靖三年大字刊本；

（明）王磐撰《王西楼先生乐府》嘉靖三十年重刊本；

（明）冯惟敏撰《海浮山堂词稿》嘉靖四十五年刊本；

（明）施绍莘撰《花影集》崇祯原刊本；

（清）朱彝尊、厉鹗等撰《清人散曲选刊》清代通行之别集本。

任氏对各书都写有提要，校订讹误，按谱断句；有些还附有序跋或诸家评论，于原书的版本、体例及作者生平艺术表现等多所考述。

（四）《红雪楼逸稿》

1936年排印出版，卢前选编。原著者为蒋士铨（1725—1784），清代戏曲家、文学家。字心馀、苕生，号藏园，又号清容居士，晚号定甫。铅山（今属江西）人。乾隆二十二年（1757）进士，官翰林院编修。乾隆

① 中华书局发行之《散曲丛刊》广告，《新中华》1934年第2卷第7期。

二十九年辞官后主持蕺山、崇文、安定三书院讲席。精通戏曲，工诗古文，与袁枚、赵翼合称江右三大家。士铨所著《忠雅堂诗集》存诗 2569 首，存于稿本的未刊诗达数千首，其戏曲创作存《红雪楼九种曲》等 49 种。

此《红雪楼逸稿》含戏曲三种：《庐山会》《采樵图》《采石矶》。三曲均标明铅山蒋士铨清容填词、新安江春鹤亭正谱、维扬罗聘两峰校阅。卢前二姑丈蒋绍白系蒋士铨之后，卢氏幼时在二姑家就已熟读过蒋士铨诗文。并听其二姑丈言及蒋士铨曲远超九种，未被收入《九种曲》者尚多。此《红雪楼逸稿》三种曲即卢前在校书过程中所见，卢前在此书序中对此有如下记述：

> 昨岁校书涵芬楼，大内曲本，颇多祝颂之篇，知太史（按：指蒋士铨）旧有《康衢乐》，为高宗南巡接驾作，世多钞本，不知尚有《庐山会》一种。观其词藻，似献于王氏者。而王氏又必江右人。太史桑梓之念甚殷，九种中曾有《一片石》、《第二碑》二剧，皆记娄妃事。又不知更有《采樵图》，视二剧尤详，而《采石矶》一本，作者隐以太白自寓，置诸前九种，有过无不及。①

（五）《升庵夫妇乐府》

民国二十五年（1936）铅字排印，二册。编者为闽侯黄兰波、黄缘芳。丛书收明人杨慎《升庵先生乐府》四卷、杨慎妻黄娥《黄夫人乐府》四卷，另附升庵本传、著作目录、世表、年谱及谱家评纪。关于黄兰波、黄缘芳此编对于杨慎夫妇词的整理，今人黄雅荃曾作如下评价，录此备考：

> 杨夫人词曲，混淆杨慎之作及他人之作既多，至民国二十五年（一九三六年）中华书局出版之闽侯黄兰波、黄缘芳整理之《升庵夫妇乐府》，于诸混入者，多加以沙汰。又删去《锦缆龙舟》及《骄马吟鞭》二套，因前者为乔孟符《杜牧之诗酒扬州梦》杂剧之第一折，后者为无名氏《郑月莲秋夜云窗梦》杂剧之第一折。在一

① 卢前：《红雪楼逸稿》序，载蒋士铨《红雪楼逸稿》，中华书局 1936 年版。

九三六年以前，混在杨夫人词曲中迄无人指出者。黄氏如此沙汰之后，题为《黄夫人乐府》四卷。然其间仍大有问题，第一卷已不成卷，仅《巫山一段云》词一阕，题曰《寄外》而其内容实为赠妓之作。二、三两卷，多是杨慎言语。第四卷内，只《黄莺儿》“积雨酿春寒”一首，及《罗江怨》四首，可以认为杨夫人之作，馀则实难牵强矣。①

(六)《锡山先哲丛刊》

民国十一年至二十年，侯鸿鉴等编刻《锡山先哲丛刊》4 辑 19 册，收入《无锡县志》《愚公谷乘》《秋水文集》《竹炉图咏》《浦舍人诗集》《王舍人诗集》《淡宁居诗集》《邵文庄公年谱》《乐皋山堂稿》《高子遗书节钞》《锡山补志》11 种书，均属有关无锡地方与人物著作的乡邦文献。

(七)《双剑誃诸子新证》

于省吾著。于省吾（1896—1984），历史学家、古文字学家，字思泊。斋名双剑誃、泽螺居。辽宁海城人。新中国成立前历任故宫博物院专门委员，辅仁大学、燕京大学和北京大学教授、名誉教授。新中国成立后，历任吉林大学教授，全国古文字研究会理事，中国考古学会筹备委员、名誉理事，中华人民共和国国务院古籍整理出版规划小组顾问等。从30 年代起从事古文字、古籍校订以及古器文物的研究工作。《双剑誃诸子新证》含《管子新证》4 卷、《晏子春秋新证》2 卷、《墨子新证》4 卷、《荀子新证》4 卷、《老子新证》1 卷、《庄子新证》2 卷、《韩非子新证》4 卷、《吕氏春秋新证》2 卷、《淮南子新证》4 卷、《法言新证》1 卷，共 10 种，28 卷。②

此书另有北京虎坊桥大业印刷局 1940 年印行，线装一夹板 4 册。

(八)《医学易知》

又名《学医捷径》。子目包括《药性易知》《脉法易知》《内科易知》《妇科易知》《儿科易知》《外科易知》《眼科易知》《喉科易知》《急救

① 黄雅荃：《杨夫人词曲真伪辨》，见新都杨升庵研究会、新都杨升庵博物馆主编《杨升庵诞辰五百周年学术论文集》，四川大学出版社 1994 年版，第 169 页。

② 1962 年中华书局重印该丛书，于省吾又加入《列子新证》1 卷，于是变为 11 种，29 卷。

易知》《兽医易知》《良方汇选》《推拿易知》《花柳易知》《针灸易知》14 种。本书系中医药普及读物，全书主要内容为中医学基础知识及治病常法，为学习临床各科医技疗法之入门读本。中华书局于 1919—1920 年间铅印行世。此丛书除中华书局刊本外，还分别于 1924 年、1934 年以上海文明书局名义铅印发行。

（九）《象棋谱大全》

谢侠逊著。本丛书分初集、二集、三集共 12 册 200 多万字，由梁启超题词，1929 年 7 月在中华书局全部出版。该书是谢侠逊呕心沥血、废寝忘食，花了整整 6 年时间，将多年来奔走四方搜罗的古今棋谱，进行考证破译、整补取舍、详加校评、分门别类、整理出版的。“本书关于象艺之孤本及古谱，古今高手对局，万国象棋等，网罗殆尽，洵好奕者之良导也。”[①] 它集中国古今棋谱之大成，是中国历史上第一部完整的象棋书，脍炙人口，备受推崇，被公认为象棋经典著作，誉为“我国象棋史上一大里程碑”。出版后，各方争购，一时洛阳纸贵。从 1929 年到 1941 年，共再版 9 次之多。

（十）《陟冈集》

有金兆丰著《遁庐吟草》《拾翠轩词稿》，金兆棪著《悔庐吟草》，金兆銮著《原法》共 4 种，均不分卷。著者金兆丰（1870—1934），字瑞六，号雪荪，浙江金华人。幼承家学，光绪二十八年（1902）乡试中举，次年殿试位列二甲第五名，赐进士出身，选翰林院庶吉士。光绪三十一年（1905）派赴留学日本，三十四年（1908）回国，授翰林院编修。历任京师大学堂提调、京师督学局视学、国子监师范学堂监督、国史馆编修、武英殿校对等职。民国成立后，隐居著述。后参与修纂《清史稿》，于民国十六年（1927）完成。寓北平，以卖字画为生。于民国二十三年（1934）病逝。著有《水经补注》《校外补三国疆域》《清史大纲》及《中国通史》等。

（十一）竹简斋版《二十四史》

该丛书 4 开线装，全 200 册，于 1923 年和 1924 年分两期推出，为中华书局影印大型古书之始。封面书签内上列诸史名，下注“中华书局影印”。扉页则以隶字注明“清光绪十八年壬辰武林竹简斋影殿本、中华民国十有二年上海中华书局印行”。关于此书的印行初衷，中华书局《重印

① 中华书局发行之《象棋谱大全》广告，《新中华》1934 年第 2 卷第 9 期。

竹简斋二十四史缘起》曰：

> 史部之书浩如烟海，要当以正史为宗。清殿版二十四史号称最备，镌刻亦佳，顾当时为内府秘宬，流传绝尠。有清之季，影印者踵起，然同文本卷帙仍繁，售价昂贵。小字本仅便科场携带，字小于蝇，且多讹误。惟竹简斋本字体适中，价亦不昂。四开大本，颇壮观览，允为影印殿板中之最佳者。惜原印不过千部，时越廿载，早已无从购觅。本局得竹简斋原书底本，复延通人重行校雠，费时数载始克蒇事，爰精工印行，以广流传。庶研究史学者易于购庋而学校图书馆亦可各藏一编云。中华民国十一年十月，中华书局谨识。[1]

第三节　《四部备要》

一　商业竞争与《四部备要》编纂缘起

商务与中华是近代出版业两个最大的竞争对手。中华在创办的过程中就充分显示出它是时代的产物，也是竞争的产物，其起点之高，是后来的出版业很少有的，它一上来就直接瞄准和盯住商务，抢占高地，并且确实在很短的时间内便形成了对先行者的全面冲击。对陆费逵创办新的出版机构，商务高层虽然有所防备，但还是被他打了个措手不及，以后两家在所有的出版领域都形成全面竞争的态势。在出版物领域，双方的教科书、工具书、古籍、杂志各不相让，往往商务有什么，中华就搞什么：商务有《东方杂志》，中华就出《大中华杂志》；有了商务函授学社，接着就有中华书局函授学校；商务出《辞源》，中华出《辞海》，等等。概言之，商务与中华的选题竞争焦点，大体表现在以下四个方面：一是教科书的开发；二是工具书的编纂；三是古籍图书的编纂出版；四是期刊的出版。总之，无论在出版环节，在印刷方面，在发行方面，两家都形成强烈竞争态势。而且，为了扩展势力占领市场，双方更在全国以至海外争相建立分局、分馆，各达数十处之多。

---

① 《重印竹简斋二十四史缘起》，中华书局民国十一年（1923）影印竹简斋本《史记》第一册。

在商务与中华的古籍出版竞争中，最引人瞩目的是商务版《四部丛刊》和中华版《四部备要》之争，堪称古籍竞争之经典范例。其实，就大型古籍丛书编纂出版而言，本不是中华书局的出版业务主流，但看到商务印书馆出了《四部丛刊》，而且市场销售堪称火爆，中华书局坐不住了，当然得出一部与其相抗衡的大型丛书，这就是《四部备要》。在《校印四部备要缘起》中，陆费逵对该丛书的编纂出版初衷作了如下表述：

> 吾国学术，统于四部。然四库著录之书，浩如烟海；坊肆流传之籍，棼若乱丝。承学之士，别择维艰；善本价昂，购置匪易。本局同人有鉴于此，爰于前年择吾人应读之书，求通行善本，汇而集之，颜曰《四部备要》。提纲挈领，取便研求；廉价发行，以广传布。惟是普通铅字，既欠美观；照相影印，更难清晰。适杭州丁氏创制聚珍仿宋版，归诸本局，方形欧体，古雅动人，以之刊行古书，当可与宋椠元刊媲美。兹将第一集至第五集分年校刊，共计二千余册；经、史、子、集最要之书，大略备矣。张文襄尝言：读书不知要领，劳而无功；知某书宜读而不得善本，事倍功半。今有《四部备要》，庶几可免此大蔽欤！①

虽然不能完全否认中华书局编纂出版《四部备要》的文化动机，但这显然只能算动机之一，且是冠冕堂皇的动机表象。其更重要的动机，则是在《四部丛刊》火爆的销售背景下所产生的商业竞争意识。正如郑逸梅所指出："这里说得何等冠冕堂皇啊，实则他看到商务刊行《丛刊》，暗地羡慕不已。"②

二　《四部备要》的编纂出版过程

（一）《四部备要》初版

从1921年开始，中华书局组织了较强的编纂队伍，开始了《四部备要》一书的前期准备并编纂工作。由高欣木任辑校人。来自浙江杭州的

① 陆费逵：《校印四部备要缘起》，见陈江辑注《中国出版史料·第一卷·现代部分（上册）》，山东教育出版社2001年版，第502页。

② 郑逸梅：《〈四部丛刊〉和〈四部备要〉的竞争》，《芸编指痕》，北方文艺出版社2009年版，第11页。

高欣木系清末举人，曾经在清政府担任过内阁中书。于1913年进入中华书局，时任中华书局董事兼美术部主任。另由丁辅之为监造人，丁竹孙、吴志抱等10余人分任校事。到1936年，先后印行和再版了多种形式和规格的《四部备要》共计11305卷，收书355种，附录2种。就大类来看，《四部备要》计收经部52种，附录1种；史部73种；子部83种，附录1种；集部147种。前后共出有三种版本，即初版为六开本，1934年重印为五开本，1935年出版洋装本，另外，还编有《四部备要书目提要》。

全书初版为线装12开本，以连史纸和赛宋纸两种纸张印刷，三次发售预约。

《四部备要》开始时称《四部读本》。从1921年12月到1922年3月中华书局在《政府公报》发布的《四部备要》第一集广告预约来看，在“聚珍仿宋版四部备要”后面还特别注明“一名四部读本”。“预约简章”中则注明了《四部备要》第一集规模、预售优惠细则及出版时间分期：

> 本书第一集计四百册约三万余页，定价一百六十元，预约一次缴清者八十元。四次缴者九十元，先缴卅元给预约券，取第一次书时再缴廿元，取第二次书时再缴廿元，取第三次书时再缴廿元，第四次出书凭券取书。
>
> 本书分四次出版。民国十一年六月底为第一期。十一年十二月底为第二期。十二年六月底为第三期。十二年十二月底为第四期。①

可见，中华书局准备分四期完成《四部备要》第一集的出版，即从1922年1月起到1923年12月止，每半年出版一期。《四部备要》第一集主要按经、史、子、集分类，分别选取最为基本的典籍。像经部的《诗经古注》《易经古注》《书经古注》《四书集注》等；史部的《史记》《国语》《国策》《史通通释》等；子部则以先秦诸子为主，集部的《楚辞补注》《文选李善注》《经史百家杂钞》等。

关于《四部备要》的主要优点，第一集预约中则特置“特色”一栏，列出该书的如下特色：

---

① 《政府公报》，中华民国十年（1921）十二月二十四日，第2094号，第183册第459页。

1. 先择精审，非必备之书概不掺入。
2. 根据善本（根据何种善本详载样本中）。
3. 校对精审，无鲁鱼豕亥之讹。
4. 版本适中，置之案头或行箧均极便利。
5. 字体适宜，视书之性质定字体之大小，读者无伤目之虞。
6. 用纸精良。中国上等赛宋精印既可耐久尤便批点。[①]

1924年12月，中华书局发布《四部备要》第二集预约。

1926年1月，发布《四部备要》全书五集预约：

本局在三年前，选四部最要之书，刊行《四部备要》第一集，选书四十八种，共四百零五册，刊印样本，发售预约。出书以后，见者无不赞美，再版业已售罄。去年复刊第二集，现在已将竣事。今年为本局成立十五年纪念，特发售《四部备要》第一集至第五集之预约，期以五年，全书告成，中国之重要书籍，殆已将全数网罗于此五集二千余册之内矣。有此二千余册好书，可以成立一小图书馆矣。[②]

从本次预约所提供数据看，中华书局编纂出版五集《四部备要》总花费约合100万元，排校费30万元，千部纸张印订费30万元，共计60万元。由于主要是仿宋字排印，对于如此大部头的书如何确保少出差错，中华书局是下了一番气力的，甚至不惜以“一字10元”的悬赏向社会征求书中的错别字。请看1934年3月22日中华书局在《申报》上刊出的这则广告：

中华书局征求《四部备要》校勘，正误一字，酬银十元。本书字数将及2万万之多，刊行之初，敝局敦请宿儒，悉心校对，多至十余次，期与原本无讹。其原本有明显错误者，更参考他本加以校正。出版以后，重行磨勘，十八万叶之中，错误不过十数。今兹重印，已

① 《政府公报》，中华民国十年（1921）十二月二十四日，第2094号，第183册第459页。

② 陆费逵：《本书刊行之缘起》，见陈江辑注《中国出版史料·第一卷·现代部分（上册）》，山东教育出版社2001年版，第506—507页。

经改正，然仍不敢自信，拟请从前预约诸君任校勘之劳，期成最完善之书。办法如左：

（一）原承担复校各书先来登记，并将本局复校情形奉告。

（二）校勘之原本须自备，切勿错误。

（三）校出错误列表寄来，并写明登记号。

（四）校出错误经本局审查，一字酬洋10元；校完并无错误亦请来函，略赠书籍以资纪念。

（五）4月底截止登记，正误表6月寄来。将来另印校勘记，分赠前后预约诸君。①

从这则广告可以看出，对于一部2亿多字的大型丛书，中华书局竟敢用10元大洋征一错字，并不仅仅出于商业炒作，更可见中华书局对这套丛书所具有的自信心和社会责任感，因此，尽管这是一种广告宣传手段，但中华书局因此造就的影响，也不是一味追求轰动效应的其他出版商可以比拟的。

（二）《四部备要》之重印

《四部备要》各集的陆续出版，受到广大学人和普通知识分子的广泛赞誉。当时学者陈高傭就曾有如下称述：

此书之选辑，从其系统上看来，真可说是中国文化史之标准材料。例如经部各书，行刊《十三经注疏》，经学发展至清，纂诂最精，又有清代《十三经注疏》，因朱子所辑四书在中国近代文化上影响最大，乃更校印《四书集注》，如此有系统有条理之选辑，真可说是一部经学发展史。又如子部对于儒家书籍自先秦以至清代，应有尽有，吾人如欲研究二千余年维系中华民族与支配中国思想之儒家思想，于此中求之，已绰绰有余。至其对于宋明理学之书，采辑特多，尤足见其用意之深。因我们从宋明理学中不仅可以认识中国近八百年来的社会组织意识形态，可以体会得当时人士应付印度文化的方法以决定今日我们应付西洋文化的态度……至其对于诵读之书用大字排印，浏览之书用较小字排印，一方面力求经济，一方面又务使读者不

① 《申报月刊》1934年第3卷第3期。

至有损目力，此种经营擘划，实为近年辑印古书之所仅见者。①

面对供不应求屡屡脱销的良好销售局面，中华书局还未等《四部备要》初版完全蒇事便开始了重印工作，并在各大媒体发布重印缘起：

敝局自民国九年从事《四部备要》之辑印，迄今十四年矣。全书一万一千三百零五卷，分订二千五百册，原书殆不下五千册。选辑之谨严，校对之精审，字体之优美，印刷之精良，早为艺林所共赏。前辈严范孙、梁任公诸先生无不赞许，甚至称为旷古所无。盖自古印书者，从无如此之精且多者也。民十一发售第一集预约，民十三发售第二集预约，民十五发售全部预约，均满额截止。年来各地顾客纷纷惠购，愧无以应；有加价征求而不获者。本当即行重印，然以全书校印尚未竣事，且卷帙太繁，以致一时不克重印，殊为歉仄。今幸全书告成，特改用五开大本，天地放宽，书品阔大，并发售预约，以餍海内外藏书家、读书者之望；并分子丑寅卯辰巳午未申酉戌亥十二种，俾顾客可就财力与需要，选择购置焉。②

可见，中华书局重印的《四部备要》，并不是初版的重复印刷，而是“分子丑寅卯辰巳午未申酉戌亥十二种，俾顾客可就财力与需要，选择购置”。《预约办法》注明本次重印《四部备要》“自本年秋季起陆续出书，二年半分十次印齐”。仅从《预约办法》所列前六种的子目设置及其预约办法，就可看出中华书局在编纂发行《四部备要》时所具有的市场意识及营销理念：

子种：四部备要全书。全书三百五十一种都一万一千三百零五卷，分订二千五百册。定价一千二百元，预约一次缴六百元，分十次缴者六百八十元（第一次缴九十五元，廿三年七月起每三个月缴一次，每次缴六十五元。）

① 陈高傭：《中国文化与中国古籍——四部备要重印感言》，《新中华》1934 年第 2 卷第 5 期。

② 《四部备要》重印缘起，《中华教育界》1934 年第 9 卷第 21 期。

丑种：四《四部备要》全书除二十四史。全书三百二十七种，都八千零六十五卷，分计二千册，定价九百二十元，预约一次缴四百六十元，分十次缴者五百三十元（第一次缴八十元，廿三年七月起每三个月缴一次每次缴五十元）

寅种：《四部备要》选一百五十种。

卯种：《四部备要》选七十种。

辰种：《十三经注疏》。[①]

《四部备要》全书毕竟是大部头，受购买力限制，很多小单位或小团体购买不起；有的是受专业或个人喜好限制，并不需要全套购买，等等。中华书局这次重印就充分考虑到社会需求的这种差异，“尤虑大学中学小学需要不同，或早已购置他本，不免重复，特分子丑寅卯等十二种，俾便依所需要，酌量购置。简言之，则大学高中及普通图书馆应购子种，其已有二十四史者改购丑种，初中及小图书馆可购寅种，高小及民众图书馆可购卯种”[②]。

（三）洋装本《四部备要》

这实际上也是《四部备要》的一次重印。关于本次重印洋装本，中华书局在1934年11月公布的《聚珍仿宋版洋装四部备要改印缘起》中曰：

《四部备要》第一二集单售本，早已告罄，五集合售六开本现亦无有存书。本年春季发售五开本，亦复逾额。而各方读者，各地学校及图书馆，纷来要求三点：一则价更求廉，以期易于购买；二则改用洋装，减少册数，以期易于度藏；三则倘用缩本，字须勿过小。再四研讨，幸不辱命，兹将办法述下：

一、改用大本四页合一页分两层缩印，较之原本每行约短十分之三，字尚不小……故能以一半之纸，而得三分之二之用也。

二、用次道林纸精印，虽较报纸价昂，而光洁多矣。印出之书，亦清洁爽目。

① 中华书局重印《四部备要》广告，《新中华》1934年第2卷第5期。

② 教育部秘书处笺函第二三一六号，《教育部公报》1936年第6卷第9—10期。

三、本书分三种装订。甲种装布面金字，乙种装布面印字，每册四五百面至一千余面，分订一百册；丙种装纸面并装，每册二三百面至五六百面，分订二百八十册。书脊印明册数、书名，于保存检查，均极便利。

四、本书售价，甲乙种装不及五开本什六，丙种装不及五开本之半，购者可就经济能力选择之。

五、为购者便利起见，分八种出售如左：

天字：《四部备要》全书三百五十一种；

地字：《四部备要》（除二十四史）三百二十七种；

玄字：四部备要二十四史二十四种；

黄字：四部备要经部五十五种；

宇字：四部备要史部（除二十四史）四十七种；

宙字：四部备要子部八十二种；

洪字：四部备要别集一百零九种；

荒字：四部备要总集及诗文评三十四种。①

洋装本重印过程中，考虑到大众读者阅读的方便，中华书局还将其中较流行而又经典的图书加了标点，这便是洋装16开点校本《四部备要》，于1935年发售。当时受邀承担这一校点任务的主要有邵裴子、朱宝莹、孙智敏、钟毓成、王文濡、张相、李庸、吴汝霖及主编高时显等。标点之书多为士子常用之书，如经部中的《四书集注》、十三经，史部中的二十四史、《国策》、《国语》、《资治通鉴》，子部中的先秦诸子40种及部分较浅近的性理之书，集部中的楚辞及流行较广的诗文总集等，标点之书共126种。洋装《四部备要》“在解放前因战事关系没有出齐，解放后尚有第八期书待印，曾将《曾文正诗文集》更换《养一斋集》付印，至此全书始告完竣”②。

三　《四部备要》的特色及其社会评价

与商务印书馆出版的《四部丛刊》相比，《四部备要》在编纂出版理

---

① 《聚珍仿宋版洋装四部备要改印缘起》，《人文月刊》1934年第5卷第9期。

② 吴铁声：《解放前中华书局琐记》，载《回忆中华书局（1912—1987）》上编，中华书局1987年版，第83页。

念及选题方面有许多独到和胜人之处。

（一）选当读之书

《四部备要》走的是实用性、大众化的编纂出版路径，这就避免了因与《四部丛刊》选目相同而造成的销售困局。仅从经部十三经选目来看，《四部丛刊》和《四部备要》都有十三经，但《四部备要》以“十三经古注以作读本”，以“清十三经注疏以供研究”[①]，这与《四部丛刊》只注重选取汉、魏、晋人的注疏本加以影印是大不相同的。《四部备要》在校勘排印过程中，不仅收录汉、魏人的《十三经注疏》，而且收录唐、宋人的《十三经注疏》，《十三经》有关清人重要注疏等，将代表中国经学发展脉络的各阶段的重要《十三经》注疏本收入丛书中，为学人研究和一般士子的阅读学习提供了方便，非常受欢迎。当代学者曹道衡曾述及《四部备要》在其治学之路上所起的作用时曰：

> 当时有不少长辈认为年青人如有志于文史研究，应该从《四部备要》中的各种书籍入手。有一位老师曾以《诗经》为例，讲到《备要》中不但有《毛诗正义》，还有马瑞辰的《毛诗传笺通释》和陈奂的《诗毛氏传疏》，对刚着手研读《诗经》的人来说，最为合用……我上图书馆看书，一般都要借阅《备要》，因为《备要》所收各书，都用清代著名学者的校注本。所以某种程度上说，正是中华书局出版的一些书帮助我初入文史研究之门。[②]

（二）选精善之本

“宋元以来，刻书盛行，有清小学发达，考证精确，善本尤多。今所依据，不拘时代，惟取精善”[③]，这虽是针对重印《四部备要》而言，但也基本体现了《四部备要》在版本选用方面的旨趣和做法。版本选取上不拘泥于珍本而重实用，着眼于普通士子的日常学习与研究，注重版本内容的全面精，以宋元明清善本为原本对所选图书进行精审精校后，用仿宋字排印，是《四部备要》的又一重要特色。但这并不意味着《四部备要》

---

① 《介绍中华书局重印四部备要》，《中华教育界》1934 年第 21 卷第 9 期。

② 曹道衡：《衷心的感谢》，见徐季子主编《傅璇琮学术评论》，宁波出版社 2007 年版，第 217 页。

③ 《介绍中华书局重印四部备要》，《中华教育界》1934 年第 21 卷第 9 期。

一味地重实用而不注重并采用珍善之本。就经部而言，这一点就体现得颇明显。如五经古注参照的是宋岳珂相台本，《鱼玄机诗集》参照的是北宋本，《陆放翁集》以明代汲古阁刻本最全，“近世通行之诗钞，不及十一，则依汲古阁本”，“以此数者后世无更善刻本之故”。可见，在版本的选用上，《四部备要》不拘泥于宋元版本，无论宋本、元本还是明本，一以是否珍善齐全为则。

（三）针对不同收藏单位及读者推出不同内容或装帧形式的《四部备要》

《四部备要》自1920年开始编纂，分五集陆续出版，到1933年全书告成，后又以五开大本用连史纸重印。重印过程中考虑到读者或单位的不同财力状况或需要，将全书分组编为12种，所选子目各有多少或侧重，这样方便了不同读者的量力或按需购买，大大提升了市场需求度。1935年，为减少图书成本和利于读者庋藏起见，中华书局又以洋装本对《四部备要》进行重印，将原线装五开本四页合一页，分精装平装版式推向市场，大大便利了收藏单位及读者的收藏及检索。

《四部备要》的出版不仅具有重大的出版史意义，更具有重要的文化史意义和价值。与商务印书馆的《四部丛刊》一样，堪称近代古籍丛书之双璧，受到当时及后世学界广泛好评。其选辑之精严，校对之审慎，字体之优美，印刷之精良，都堪称近代古籍丛书之典范。其巨大的文化含量更是泽被了一代又一代的学人。当代学者卞孝宣的下述评价基本上可代表《四部备要》对学子的影响：

> 80多年前的旧中国，学术信息不流通，印刷业不发达，人民大众生活不富裕，有志于学者，苦于买不到、也买不起应读之书。1920—1936年中华书局出版的《四部备要》，共收经、史、子、集四部书351种，11305卷，注重实用，多是应读之书。与《四部丛刊》比较，《备要》采录了《丛刊》所无的、大量的重要著作，如系同一部书，《备要》与《丛刊》不同之处在于选择精校详注之本。在国学用书方面，《备要》基本上满足了广大学者的迫切需要，而且廉价发行。先出线装本，后出精装本、平装本，一次比一次价廉。可以买一整套书，也可以买其中某一个零本。既适合图书馆，也适合私人。用聚珍仿宋字，美观大方，为读者所喜爱。总之，《备要》适合旧中国

之国情，是几代学者必备之书，在中华文化传承中有着重大贡献。[①]

第四节 其他重要出版企业的古籍丛书出版

民国时期的现代出版企业，除商务印书馆及中华书局这两大出版业龙头外，还有数不清的其他中小出版企业，但其中涉及古籍丛书编纂或出版的并不多。在此主要对文明书局、世界书局、开明书店及其古籍丛书出版作一简述。

一 文明书局

（一）文明书局概况

文明书局创办于清光绪二十八年（1902），是继商务印书馆后成立的重要民营书局之一，最初名称是“文明编译印书局”，由无锡人俞复（仲还）、廉泉（南湖）及丁宝书等集股创办，俞复任经理。初设上海南京路，后迁至福州路辰字354号，与商务印书馆贴邻。文明书局的一些高级职员，以后都成为中华书局的顶梁柱，如文明书局的襄理陆费逵、高级职员沈知方，以及创办文明书局的俞复等都在中华书局担任了重要职务。文明书局编纂出版蒙学等各类教材起家，开办之初即出版《蒙学课本》七编，由丁宝书执笔，赵鸿雪绘图，杜嗣程缮写，是中国最早有插图的小学教科书。文明书局是中国近代编辑出版教科书最多的出版机构之一。曾经参与编写教科书的还有陆费逵、张相文、丁福保等。文明书局一个机构挂两个牌子，副牌为进步书局，目的是在上海书业商会的投票中能多得一票。管理方面，编辑所、印刷所、发行所齐备。印刷方面，率先采用彩色石印，又自创照相铜版和珂罗版，因此，文明书局的石印出版在民国成立之前业界中无出其右，连商务印书馆也是后来居上。关于文明书局珂罗版印刷术的掌握过程，郑逸梅曾有如下叙述：

我国能仿制珂罗版铜版，则尚在清光绪间。时梁豁廉南湖，以老

① 卞孝萱：《四部备要的实用价值》，见《现代国学大师学记》，中华书局2006年版，第346页。

名士而具新头脑，与俞仲还丁宝书诸邑人，有鉴于科举之将废，新教育之勃兴，乃集资设文明书局于海上棋盘街，发行教科书。而教科书必须辅以图画也，乃物色图画人才。而于邑中得三人也，曰吴观岱，曰许文熊，曰赵鸿雪，之三人也，均为传神造像者流。南湖利其不必厚俸，悉数招之往北京，盖南湖辈为春明寓公，文明书局之编辑所设于京畿也。从事绘图，以成绩呈南湖，南湖觉许文熊笔太版滞，无变化生动意，认为下驷才，遣归之。观岱与鸿雪作人物，状态毕肖，神情栩栩，一再加以奖勉。而鸿雪尤颖慧多才艺……南湖觉印刷上颇需要珂罗版与照相铜版，其时扶桑人已能仿制尽其术，我国具此种技术者尚乏其人。于是即资送鸿雪，东渡彼邦以学之。奈彼邦人士秘之甚，不肯公开其方法。鸿雪虽绝顶聪明，亦只能窥见其什一。既归国，悉心研讨自行实验，居然获得成功。于是文明书局首先发行珂罗版铜版画册。[①]

但民国成立后，随着商务印书馆和中华书局等出版业的迅速发展，文明书局业务渐衰，于1915年并入中华书局。对此，陈伯熙在《文明书局之中兴》一文中揭示曰："该局之特色为各种珂罗版，罗致名人书画不经见之本，主任一生之心力、财力毕萃于此，惜赏音不多，价又昂贵，销行未畅。某某年让与中华书局。"[②] 1915年的中华书局力量进一步壮大，除了并入文明书局外，还先后并入民立图书公司、右文印刷所、彩文印刷局、中新印书局等。在《中华书局百年大事记（1912—2011）》中对文明书局的并入有如下记载：

文明书局，1902年由俞复、廉泉、丁宝书等集股创办，以出版教科书、古今笔记小说、画册及碑帖为主。并入我局后，其存货、器材、房地产等均转入；牌号保留，加"新记"识别；仍由俞复任经理；之前出版物重印，继续沿用文明书局名义。其附设的进步书局亦

① 郑逸梅：《我国珂罗版之第一人赵鸿雪》，《近代野乘》，新中书局民国三十七年（1948）11月版，第79—80页。

② 陈伯熙：《文明书局之中兴》，载陈伯熙编著《上海轶事大观》，上海书店出版社2000年版，第181页。

归属我局，专出应时之书，称杂书部，由王均卿主持。[1]

并入中华书局后的文明书局虽在产权上归属中华书局，但仍以文明书局的名义独立进行出版发行事宜，一直到1932年8月。据《中华书局百年大事记（1912—2011）》，1932年8月3日，“文明书局结束移交事”，“保留书栈，称中华书局文明书栈”。1932年9月7日，文明书局登报通知寄售客户：“本局结束在即，现在屋已退租，希于9月20日以前前来结算，收回未售件，过期代捐慈善机关，不再通知。”至此，文明书局即告完全结束。

（二）文明书局的古籍丛书出版

文明书局最大的贡献是刊行了大量的笔记丛书，均为石印线装秀珍本，携带方便，价格低廉，既可整套购买，亦可单部或单种购买，因此深受读者欢迎，销量很广。

1.《说库》

1915年由王文濡编辑，文明书局有光纸石印发行，收入笔记170种，线装64开巾箱本共60册。从第一册至第五十册，每册封面上均列出该册所收书目，并于“说库”后注明册次号，第五十一册至第六十册封面只印“说库”二字，不注册次号及该册所收书目。全套丛书封面均为朱色印刷，封二正中为隶体“说库”，右上注明“凡一百七十种”，左下注明“上海文明书局印行”。所收录书目从汉东方朔《海内十洲记》起，至清黄人《大狱记》止，每种都由编者撰写提要，集于首册。提要简明扼要，使人对书的内容一目了然，更便于检索。该丛书1915年10月初版，至1925年3月已印行三版，可见其受欢迎程度。《说库》例言中说：“丛帙之刊，首戒割裂，明代《说郛》等书，恒蹈此弊，破碎遗著，古人呼冤。本编所录，务从完本，其早经散佚已无完本者，仍行甄入，以存古籍。近日仿刻古籍，都非善本，鲁鱼亥豕，讹夺迷目。本编甄别，半系秘本抄本，名家手校未经刊印本。其已刊者，则依据江浙藏书家之精本原刻本，校订之功，其详其慎。”[2] 的确，文明书局为编撰这套丛书，广收历代藏书之珍本，为笔记文填缺补佚，力求这套丛刊的完备精良。

---

① 《中华书局百年大事记（1912—2011）·1915年》，中华书局2012年版，第16页。

② 郑逸梅：《书报话旧》，学林出版社1983年版，第75页。

2.《清代笔记丛刊》

收清人笔记41种。内有笔记小说，有文言短篇小说集，有传记文与小品专集，有杂纂、杂录、随笔等。本丛书所收子目中有许多并非单本小说，而是小说总集，像张潮《虞初新志》、郑澍若《虞初续志》、俞樾《荟蕞编》、褚人获《坚瓠集》、朱克敬《儒林琐记》等，这些均可视为丛书中的套书或丛书，从而使本丛书体量相对较大。全书分8函，160册，收清人笔记41种。其中颇多是《说库》所未收的，如刘献廷的《广阳杂记》、卢若腾的《岛居随录》、张尔岐的《嵩庵闲话》、徐锡麟的《熙朝新语》、王韬的《瓮牖余谈》、朱翔清的《埋忧集》、叶廷琯的《鸥波渔话》、黄钧宰的《金壶七墨》、百一居士的《壶天录》、陈康祺的《燕下乡脞录》、邹弢的《三借庐笔谈》、乐钧的《耳食录》、纳兰性德的《渌水亭杂识》、俞樾的《春在堂随笔》等。也有极普通习见的，如《阅微草堂笔记》《虞初新续志》《香祖笔记》《两般秋雨庵随笔》《夜雨秋灯录》等。①

3.《广四十家小说》

全书收录40种，共47卷。文明书局1915年石印。关于《广四十家小说》的编者，一说顾元庆，一说袁褧。民国四年（1915）文明书局石印本题“顾元庆辑”，《中国丛书综录》亦著录如是；而《明史·艺文志》及《千顷堂书目》皆题袁褧编。《续修四库全书总目提要》对此有如下叙述：

> 不著编者名氏，是书为广《顾氏文房小说》而作，汇辑唐宋小说杂记，前后杂陈，未分朝代。所录诸书本见于《说郛》、《纪载》、《汇编》等书，如《吴中旧事》、《中朝故事》、《平江纪事》、《太湖新录》，以记吴中故事为多，题为顾元庆所编。然或为吴人所为，实非顾氏所编也。②

朱琴在其博士论文《苏州古代笔记研究》中亦指出：“与《顾氏文房

① 参见郑逸梅《书报话旧》，学林出版社1983年版，第76页。

② 《续修四库全书总目提要（稿本）》第30册“《广顾氏四十家小说》明季刊本”条，齐鲁书社1996年版，第742页。

小说》多收明以前作品、《顾氏明朝四十家小说》重在当朝作品的收录体例不同，《广四十家小说》兼而有之。大凡稗官野史，笔记杂录，乃至道德格言无所不避，内容驳杂。然而所收《读书笔记》《避戎夜话》《清夜录》《苏谈》《否泰录》《景仰撮书》《宝椟记》《太湖新录》《蚕衣》等九种作品，又与《顾氏明朝四十家小说》重复，从这一点来说，或者可以证明此书非顾元庆所辑。"①

4.《稗史丛书》

封面标注"进步书局印行"。民国四年（1915）初版。搜罗上自传说中的盘古时代，下自清代末年，纵贯几千年的宫廷外戚方面的资料性笔记，记述了帝王、后妃及外戚、宦官等的日常生活资料性图书。丛书共七辑，一为《古今宫闱秘记》，二为《古今闺媛逸事》，三为《古今情海》，四为《太平天国轶闻》，五《清代声色志》，六为《清代野记》，七为《康熙南巡秘记》。

二　世界书局

（一）世界书局概况

世界书局的创办人沈知方（1882—1939）少年时在绍兴奎照楼书坊当学徒，后来去上海出版界闯荡，曾先后在上海广益书局、商务印书馆、中华书局任职，熟悉出版行业业务，了解出版领域商情。辛亥革命时，他与陆费逵等合作创办中华书局，1917年，脱离中华书局，自己出资在上海租房开办书店，开始以"世界书局"等名义出书，创办世界书局。关于沈知方创建世界书局的过程，郭汾阳等曾有如下记述：

> 说到世界书局的创办，可以先说沈知方连轴"跳槽"的故事。他原是余姚旧书铺、上海会文堂书局的学徒，以才识颖悟被"商务"的夏瑞芳看中。沈一进"商务"，先做跑街，但不甘心寄人篱下，相继办起国学扶轮社、古书流通处、进步书局、中华舆地学社，暂时栖身"商务"，有待一鸣惊人。时辛亥鼎革之势逼近，"商务"不能得风气之先，所出教科书滞销乃至堆积如山，夏瑞芳咨询顾问沈知方意见，沈言不由衷地说："革命断然不会成功，教科书勿需改革"，然

① 朱琴：《苏州古代笔记研究》，博士学位论文，苏州大学，2011年，第80页。

而却悄悄地看清了形势，与出版部的陆费逵秘密编辑民国用教科书。不久民国果然诞生，陆、沈宣告脱离“商务”而创建“中华”，沈也当了副经理。后来又以内部纠纷，脱离“中华”，创建世界书局。[①]

随着出书数量的不断增多，仅靠个人资金已难以周转，沈知方于1921年发起成立了世界书局股份有限公司。沈知方先后挖用原在商务、中华的职工到世界书局工作，分别担任编辑、印刷、出版、营业、财务等职务，所以世界书局的组织与商务印书馆、中华书局的组织方式差不多，在总经理、经理领导下，有一总管理处（或称总务处），处内分营业、出版、会计、总务等部，部内又分各科各股分工办事，统筹管理编辑所、印刷厂、上海发行所和各地分支机构。[②]

与商务和中华不同，世界书局早期多出版低级通俗图书。正如当时一篇文章所言：“该局出版物，在数量上，确是可以自雄，但是实质上太过浅薄。在教科用书方面，应有尽有，在一般用书方面，也是各色俱备。像：《ABC丛书》，《文化科学丛书》，《社会学丛书》，《农村社会学丛书》，《经济学丛书》，《名著丛书》，及其他单行本、小册子、小说、杂志等。在这许多中，能够令人满意的，极乎少数。除吴枚的元剧研究，李岳瑞的《国史读本》以外，恐怕再也找不到有价值的书。他们努力的精神，大可钦佩，可惜他们太偏重于营业，而尽量地迎合一般低趣味读者的心理，对于文化学术都没有益助。”[③] 熟悉商情的沈知方，就是通过这些通俗读物很快在上海出版界站稳了脚跟。后来世界书局力争上游，向商务、中华看齐，也出版了一些有学术价值和分量的古籍丛书，不仅提升了该出版社的出版品位，也同样实现了可观的经济效益。

1930年前后，世界书局事业发展到顶点，在全国30多个大中城市开设了直属分店，形成了覆盖全国的营销网络，成为商务印书馆和中华书局之后的第三大出版公司。在经营书业的同时，沈知方又将大量精力和财力投入房地产，由于受到1932年日本侵略者所制造的“一·二八”事变的

① 郭汾阳、丁东：《世界书局与沈知方的经营术》，见《书局旧踪》，江西教育出版社1999年版，第79页。

② 参见朱联保《我所知道的世界书局》，见吴汉民主编《20世纪上海文史资料文库》第6辑《新闻出版》，上海书店出版社1999年版，第230页。

③ 亚狐：《突飞猛进的世界书局》，《中国新书月报》1932年第2卷第9—10号。

影响，上海房地产行情一落千丈，世界书局因此蒙受巨大损失。1934 年，世界书局遭遇资金链断裂的困境，沈知方不得不辞去总经理职务，由陆高谊接任。1945 年抗战胜利后，官僚资本进入世界书局，李石曾被任命为总经理。在官僚资本的控制下，世界书局失去了往日的生机。1949 年 5 月上海解放后，世界书局由上海军管会接管。

（二）世界书局的古籍丛书出版

1.《皇汉医学丛书》

1936 年由香港陈存仁编选的日本汉医丛书。世界书局于 1936 年印行，此时的世界书局总经理是陆高谊。丛书子目共 72 种，分为 13 类。计总类 8 种，包括《内》《难》等医经注释及考证、传略、目录等著作；内科学 19 种，主要为《伤寒》《金匮》《温病》等典籍文献的研究注解；外科学 1 种；女科学 3 种；儿科学 3 种；眼科学 1 种；花柳科学（性传播疾病）1 种；针灸学 4 种；治疗学 1 种；诊断学 1 种；方剂学 10 种，包括名方、验方、家藏方、方剂词典、古方分量考等内容；医案医话类 11 种；药物学 7 种；论文集 1 种。丛书共分装 14 册，是日本古方派的代表性著作，堪称日本汉医学著述之大全。

2.《珍本医书集成》

近代医家裘庆元辑于 1935 年。该书为裘氏有感于医学之藏书未能普及，因此继其赠杭州鼓楼流通图书馆 500 余册以惠读者后，又于其所藏之 3000 余种祖国医学文献中，精选较切实用之孤本、精刻本、精抄本、批校本、稀有本、未刊稿本等 90 种，并分门汇聚而成。“民二十五年，复与世界书局商定，就其 3000 余种藏书内，选出珍本，辑为丛书，题曰珍本医书集成。”① 这些书籍大多具备临床实用性强、参考价值高、版本稀见等特征。其中颇多稿本、孤本、抄本、秘本为世人所少见，计有医经类 5 种、本草类 5 种、脉学类 3 种、伤寒类 4 种、通治类 8 种、内科类 12 种、外科类 3 种、妇科类 4 种、儿科类 12 种、方书类 17 种、医案类 15 种、杂著类（医治、医论）12 种。所选内容丰富，去取严谨，卷帙虽繁富，但均经详细校订，并加句读，具有较高的文献价值。正如时人时逸人在本丛书序中所言：

① 沈仲圭：《悼裘吉生先生》，《中国医药研究月报》1947 年新 1 卷第 12 期，第 123 页。

> 将其珍藏各书，择其亟应流传者，如孤本，精刻本，精钞本，批校本，稀有本，及未刊稿等，共九十种，交付世界书局印行。整理古籍，公开必藏，凡辑入医经五种、本草五种、脉学三种、伤寒四种、通治八种、内科十二种、外科三种、妇科四种、儿科二种、方书十七种、医案十五种、杂著十二种，各科皆选其精粹实用者，为研究医学者必须参考之要书。①

应该说本丛书所收上起唐宋，下至民国，囊括了中医学从理论到临床、从本草到方药的各方面内容，系统反映了中医学的发展脉络和学术特点。《珍本医学集成》出版后，深受医界及社会欢迎。裘庆元又继续编纂《珍本医学集成续编》乃至三编，同时还主持编纂了《皇汉医学集成续编》，惜因抗战爆发，两书毁于战火。对此，裘庆元之子曾作如下记述：

> 《珍本医书集成》出版后，深受各地医家欢迎。先父原计划将陆续出版三集。一九三七年，先父主编的《珍本医书集成续编》交世界书局付印。“续编”为九十九种，编首说明“悉以罕见善本、仅存孤本、未刊稿本、精钞秘本四种为标准”。计有医经类五种，本草类八种，脉学类三种，伤寒类十六种，通治类七种，内科类十二种，外科类七种，妇科类三种，儿科类十一种，方书类十七种，医案类五种，杂著类五种。而且为便于传播。决定“廉价发售，取值不及百分之一”。跟该集同时付梓的还有由先父主编的《皇汉医学丛书续编》七十五种。两续编共精装二十八本。原定八月份发行。惜因七月抗日战争全面爆发，两续集付梓而未能发行，连同其余诸多珍本，在战乱中散失，为医界一大损失。②

3.《昆曲大全》

全名《绘图精选昆曲大全》，怡庵主人张芬编。张芬，字余荪，号怡

---

① 时逸人：《珍本医书集成序》，见裘庆元《珍本医书集成》，世界书局1936年版，

② 裘诗庭：《先父裘吉生与〈珍本医书集成〉》，见董汉良等主编《越医汇讲》，人民卫生出版社1994年版，第5—6页。

庵，苏州人，其他生平待考。关于此书的编纂，张氏自序云："惜乎长苌弘不作，竟无问律之人；乐仪未传，遂失治音之则。乃致西园鼓吹旧曲多讹，即使东壁图书，存者亦尠。且鲁鱼亥豕，读者感载雠载校之烦；而违律乖音，度者有或抗或堕之苦。诒病后学，每尝慨焉。爰搜故箧，杂采百编，精核博选，虽未能称千白之裘，咀宫啥商，实足尽六引之妙，既无依讹沿误之失，而有聚精会华之长。"① 可见，张芬编纂这套丛书的历史使命，同时也流露出该丛书旨在保存挽旧濒临失传的剧谱。因此，该丛书应该是既有资料保存价值又具舞台表演实践范本意义的大型的昆曲折子戏选本，收录了《长生殿》《占花魁》《琵琶记》等50种戏曲作品的散折，每种剧作选4折，总计收录200折，分为4集，每集6册合一函，共24册四函。所录作品，曲辞、科白俱全，且注小眼、笛色、锣鼓，便于演唱，是一部为昆曲演唱实践而编选的戏剧选本。所选各剧并附有图像，曲、白、板眼俱全，甚至演唱所用的笛色、锣鼓等亦一一注明。全书由殷桂深订谱。世界书局民国十四年石印出版。

4.《诸子集成》

由国学整理社辑录，世界书局1935年12月初版。《诸子集成》收书32种，分为上、下两编，上编收录先秦诸子儒、道、墨、明、法、兵、杂7家的著作16种以及后人对先秦诸子的评述考据著作6种，共22种。关于先秦诸子的16种著作及相关后人注，《诸子集成刊行旨趣》有如下见解：

> 所录凡七类，共一十六种。皆经有识学者所考定，认为真出周秦间人士之手者。其后人依托之伪作，一概不录。免鱼目混珠，读之徒费精力与时间，且亦紊乱历史进化之轨辙，甚无取焉。集成云者，周秦诸子之可信者成为一帙也。至诸子之书，多存古训，后之诠注者，亦代有其人。今于老庄管商诸书，采一最前代人之注，取其时代近古，精义保存也。又采一近代人之注，取其综合诸说，博赡而有折衷也。不独周秦之子书集其成，即诸子之注，亦集成矣。是则本编博取

---

① 怡庵主人：《绘图精选昆曲大全》自序，见《绘图精选昆曲大全》第1集第1册，世界书局民国十四年（1925）石印版。

精选之微义焉。[①]

下编收录汉魏六朝的诸子著作共10种。世人多以先秦诸子学说为正宗，关于《诸子集成》为什么要收录秦汉以后之子书，《刊行旨趣》同样给出了它的理由：“以先秦诸子思想之雄博精深，岂随世主一二人之好恶而遽焉消灭哉！当轴者虽以六艺为收拾人心之工具，而高识卓行之士，承诸子之影响，不为利禄所动，亦必有出其思想与世相周旋者矣。故在汉魏六朝之际，诸子之遗风余韵，虽不及先秦之昌盛，要亦未尝澌灭也。降及唐代，印度精深微妙之内典输入我国，一部分思深之士，相率群趋，至是而诸子之风，始告衰歇。”[②]

三　开明书店的古籍丛书出版

该书店于1926年8月在上海创办，创办人是章锡琛、章锡珊兄弟，编辑出版业务长期由夏丏尊、叶圣陶、章锡琛等主持。开明书店初办时，资本只有5000元，1928年招募股本改组为股份有限公司。邵力子任董事长，杜海生、章锡琛、范洗人先后任经理，夏丏尊主持编务。1937年，开明书店资本已达30万元。张泽贤在其《民国出版标记大观》中曾言及开明书店的成功之道：

> “开明”的成功，在于创办人章锡琛的经营有方，主要有三：其一，有眼光，用人得当，用了学有专长的人，而且与编辑人员的关系是建立在友谊与感情的基础上；其二，有魄力，敢于印行一些大部头的著作，如《二十五史》、《二十五史补编》、《师石山房丛书》和《辞通》等。其三，工作认真，一丝不苟，出版的图书不但注重内容，也注意纸张和装帧。[③]

规模扩大后，发行所迁至福州路，总店迁至梧州路，分店遍布全国各

---

① 《诸子集成刊行旨趣·上编·周秦之部》，见《诸子集成》第1册之刘宝楠《论语正义》，世界书局民国二十四年（1935）12月初版。

② 《诸子集成刊行旨趣·下编·汉魏六朝之部》，见《诸子集成》第1册之刘宝楠《论语正义》，世界书局民国二十四年（1935）12月初版。

③ 张泽贤：《民国出版标记大观》，上海远东出版社2008年版，第209页。

省、市。1937 年淞沪会战中，梧州路总店毁于战火。1941 年，在广西桂林设立总办事处，后迁重庆，1946 年迁回上海。新中国成立后，经胡愈之动员，开明书店总管理处迁往北京，1953 年 4 月同青年出版社合并，改组为中国青年出版社。

开明书店出版的古籍丛书主要有《师石山房丛书》《二十五史》等。

（一）《师石山房丛书》

清姚振宗编。姚振宗（1842—1906），字海槎，浙江山阴人。祖父姚舜辉曾任湖北江县典史，父仰云以道员总司江北粮台，雅好搜集图书，筑师石山房藏之。振宗自幼喜博览群书，但三试未第，后隐居鉴湖快阁，专攻目录之学，“不知昏晓者将近四中年”。于 60 岁时将《七略别录佚文》（1 卷）、《七略佚文》（1 卷）、《汉书译文志条理》（8 卷）、《汉书译文志拾补》（6 卷）、《隋书经籍志考证》（52 卷）、《后汉艺文志》（4 卷）、《三国艺文志》（4 卷）7 种目录学著作辑为《快阁师石山房丛书》。姚氏对此丛书的学术及历史价值还是颇自信的：

> 自七略而至四部，递相祖述。具有师承。于吾国国学区分类别，为目录家最古之学。前世诸名家多欲从事于此，而未及成书。余竭十余年之力幸而卒业，非率而操觚者比。①

姚振宗去世后，姚氏之子姚小槎将其父原稿抄录一部赠送浙江图书馆，1930 年浙江省立图书馆刊行《文澜阁珍本丛刊》，欲将此丛书收录，但由于时局及经费问题，浙省图书馆仅刻成《七略别录佚文》《七略佚文》《汉书艺文志条理》《汉书艺文志拾补》四种后而止。对此过程，《浙江省立图书馆月刊》有如下叙述：

> 原稿存其家。先生子幼槎先生（名福厚）以据稿本钞出之钞本一部赠浙江省立图书馆。珍庋有年。民国十八年，浙江图书馆长杨立诚先生发起将姚氏稿本陆续梓行。称为珍本丛刊。荏苒二年，仅印至

① 《师石山房丛书》目录，见《师石山房丛书》，开明书店民国二十五年（1936）10 月版。

《隋志考证》四止。①

1935年，开明书店“得浙江省立图书馆之介，将全部稿本移付出版。兹已校印蒇事，成十六开本精装一厚册”，经开明书店排印出版后，该丛书“遂获广行流传”。②

（二）《二十五史》

“二十五史”是中国25部正史的合称，随着历史时代的不断累积，中国历史上曾有“前四史”“十史”“十三史”“二十四史”等合称。1921年，中华民国总统徐世昌下令将柯劭忞的《新元史》列入正史，与“二十四史”合称为“二十五史”。但学界也有将《清史稿》列入传统的“二十四史”而称为“二十五史”的。如果将《新元史》和《清史稿》都算上，便又有“二十六史”之称。开明书店所刊印之《二十五史》即指包含《新元史》而不含《清史稿》的“二十五史”。叶圣陶在《刊印二十五史缘起》中曰：

> 直到现在为止，我们中国还没有一部像样的通史，有的只是大批的史料，在大批的史料里，《二十四史》是比较重要的。无论做哪一种研究的人，从《二十四史》中，至少可以找到他所需要的材料的一部分。这在本质方面和需要方面就同粮食和布匹差不多，所以我们选定了它，又因为柯劭忞的《新元史》取材很广博，定例很谨严，对于《元史》，增补和订正的地方实在不少，我们就仿照《新唐书》和《唐书》、《新五代史》和《旧五代史》并列的先例，把它收在一起，合称《二十五史》。③

开明版《二十五史》的主要策划人为王伯祥（1890—1975），名钟麒，字伯祥，江苏苏州人，曾任商务印书馆编辑。1932年入开明书店任

① 浙江省立图书馆：《快阁师石山房丛书提要》，《浙江省立图书馆月刊》1932年第1卷第5、6期合刊。

② 《开明书店刊行快阁师石山房丛书》，《图书展望》1937年第2卷第3期《文化简讯·出版琐闻》。

③ 叶圣陶：《二十五史刊行缘起》，载叶至善、叶至美、叶至诚编《叶圣陶集》第17卷，江苏教育出版社1994年版，第289页。

编辑，提出一系列大型古籍出版计划，《二十五史》便是其中之一。

开明版《二十五史》有别于当时或历代通史本的特点有以下几点。

首先，选择经典工整的流行版本。《二十五史》的底本选择的是武英殿本的《二十四史》，《新元史》则采用徐世昌退耕堂刊本，殿本系当时社会流通最为广泛的《二十四史》版本，而徐氏退耕堂刊本在当时刻本中亦为雕本之典范。

其次，补全考证，便于研习。通行《二十四史》除《明史》外，每史各卷后均附考证。考虑到这一体例，开明刊行《二十五史》时，将王颂蔚所著的《明史考证捃逸》拆分开，按照殿版的体例，分别插入《明史》各卷之后，使全部二十五史每史均有考证。

再次，通过适当缩印的方式减小部头，方便读者购买和使用。将殿版《二十四史》和《新元史》统一按适当比例缩印，然后照相制成锌板印刷，字体有新五号字大小，装成16开本共9册，大大减少了篇幅，同时降低了成本，使得大部分的历史爱好者和研究者有能力购买和使用。

最后，也是最重要的一个特点，便是为《二十五史》每一史分别编了参考书目，附印在各史之后，并把这些参考书目分了类。这不仅对于研究《二十五史》的版本流传具有重要意义，对于研习者来说也是一部应用性颇广的资料集。

第六章　民国时期重要古籍丛书编纂出版家（上）：罗振玉

第一节　罗振玉生平

无论从所编刻丛书数量还是学术影响来看，罗振玉无疑是晚清以来最重要的古籍丛书编纂出版大家，只是由于其晚年辅佐逊帝溥仪伪满州国皇帝的经历，让世人目为汉奸，从而大大影响了对其学术及古籍丛书刊刻成就的客观评价。

一　罗振玉生平简略

有关罗振玉的生平传记很多，包括罗氏生前自撰的《集蓼编》、其孙罗继祖辑录的《永丰乡人行年录》等，为世人充分而全面地认识罗氏生平学术提供了多层次多角度的参考文献。在此，为了更全面和客观地审视和分析罗振玉的古籍丛书编纂出版状况和成就，我们综合各种资料，对罗氏生平略加介绍。

1942 年，《古今月刊》创刊号开始将罗氏于辛未年（1931）冬所作《集蓼编》以《雪堂自传》为题分六期连载。在开篇语中，罗氏以“幼罹穷罚，壮值离乱”八个字来表述自己的一生，就罗氏一生所处的社会现实而言，还是较为恰切的。

罗振玉（1866—1940），字叔言、叔蕴，号雪堂，晚年更号贞松老人。清同治丙寅年六月二十六日生于江苏淮安山阳县城内的一个小官吏家中，兄弟五人而居其三。祖籍本浙江上虞县永丰乡，故自称上虞人或永丰乡人。曾祖父罗敦贤于嘉庆道光年间为盐河道幕僚，流寓于江淮一带，祖父罗鹤翔官高邮知州，父罗树勋字尧钦，历官江宁县丞、海州通判、清河县丞，并定居于淮安山阳县。

罗振玉5岁入私塾，跟随乾嘉朴学的传人李岷山读书，15岁学作诗词，16岁中秀才。20岁起专力研读古碑帖，写成《读碑小传》，由此开始著书立说。1890年，罗振玉在乡间教私塾。大清王朝在甲午中日战争中的惨败，使罗氏深受震动，认为只有学习西方才能增强国力，于是潜心研究农业，与蒋伯斧于1896年在上海创立“学农社”，并设“农报馆”，创《农学报》，因日本和中国在地理位置上较接近，日本农业科学较适于中国，于是他主张专译日本农书来普及国内的农学知识，自此与日本人交往渐多。1898年又在上海创立“东文学社”，进行日语培训。1900年秋，任湖北农务局总理兼农务学堂监督，后任武昌江楚编译局帮办、上海南洋公学虹口分校校长，并赴日本考察教育。1903年被两广总督岑春煊聘为教育顾问。翌年，在苏州创办江苏师范学堂，任监督。罗氏在推广农学和教育方面的不凡业绩深受社会及朝臣注目，1906年便被调往京城，在清政府任学部参事兼京师大学堂农科监督。

辛亥革命推翻了大清王朝，罗振玉携眷避乱日本京都。其间著述《殷墟书契》前编、后编及《菁华》等，并由王国维协助，撰成《殷墟书契考释》及《流沙坠简考释》。1919年春回国，在天津举办京旗赈灾事务。1921年参与发起组织“敦煌经籍辑存会”。1924年应逊帝溥仪所召，入值南书房。同年11月，逊清小朝廷被冯玉祥驱逐出皇宫，他与陈宝琛将溥仪偷送到日本使馆。1925年在日使馆庇护下陪同溥仪秘密迁至天津日本租界地张园，后因功被委为顾问。1928年末，迁居旅顺。1932年3月，参加溥仪就任伪满洲国执政典礼，并代溥仪向外宾致答词。伪政权任命他为参议府参议，后改为临时赈务督办。翌年6月，任伪监察院院长、伪满日文化协会常务理事。1934年伪满洲国改行帝制，被邀为伪大典筹备委员会委员，受到“叙勋一位”的封赏。1936年任伪满日文化协会会长。翌年3月，罗振玉返回旅顺寓所，继续整理刊行所藏古文物史料。1940年5月14日在旅顺逝世，终年74岁。

罗氏生前曾撰得自挽联曰：“毕生寝馈书丛，历观洹水遗文，西陲坠简，鸿都石刻，柱下秘藏，守缺抱残差自幸；半世沉沦桑海，溯自辛亥乘桴，乙丑扈跸，壬申于役，丁丑乞身，补天浴日竟何成。”这是他对自己一生的总结，字里行间流露出对其生平学术成就的自诩，当然，也没有回避晚年政治选择上的失败。

罗振玉嫡孙罗继祖先生弟子肖文立对罗氏生平学行研究颇深，下面是其所作“罗振玉生平分期表”[①]。

表 6—1　　罗振玉生平分期表

<table>
<tr><td rowspan="3">生平分期</td><td colspan="4">预流期</td><td colspan="2">逆流期</td></tr>
<tr><td colspan="2">前用世期</td><td colspan="2">用学期</td><td colspan="2">后用世期</td></tr>
<tr><td>蛰居期</td><td>奋发期</td><td>郎潜期</td><td>大成期</td><td>复辟期</td><td>没顶期</td></tr>
<tr><td>总体评价</td><td>穷困淮安
劬读持家</td><td>济时沪干
意奢教养</td><td>浮沈首善
寄情古学</td><td>采蕨东山
异彩奇葩</td><td>囊处津门
虐雪凄风</td><td>鹤休辽海
沈沙折翼</td></tr>
<tr><td>主要居地</td><td>淮安</td><td>上海</td><td>京师</td><td>京都</td><td>天津</td><td>旅顺</td></tr>
<tr><td>人生阶段</td><td>青少年</td><td>中年</td><td>中年</td><td>中晚年</td><td>晚年</td><td>晚年</td></tr>
<tr><td>公元起年
公元止年</td><td>1866
1895</td><td>1896
1906</td><td>1907
1911</td><td>1912
1919</td><td>1919
1928</td><td>1929
1940</td></tr>
<tr><td>经历年数</td><td>30</td><td>10</td><td>5</td><td>8</td><td>9</td><td>12</td></tr>
<tr><td>起止虚岁</td><td>1
30</td><td>31
41</td><td>42
46</td><td>47
54</td><td>54
63</td><td>64
75</td></tr>
<tr><td rowspan="3">学术分期</td><td rowspan="2">古新
并学</td><td rowspan="2">新学
踔厉</td><td colspan="4">古学大昌</td></tr>
<tr><td colspan="2">开创新境</td><td colspan="2">结旧迎新</td></tr>
<tr><td>淮安
植基</td><td>海上
济用</td><td>京师
广集</td><td>京都
创通</td><td>津门
结旧</td><td>旅顺
开新</td></tr>
<tr><td>突出领域</td><td>碑刻学
历史学</td><td>新农学
新教育</td><td colspan="2">甲骨学、敦煌学、
简牍学、古器物学、
古写本研究、画学</td><td>大库
史料
书学</td><td>熹平
石经
金文学
碑刻学</td></tr>
<tr><td>学术特长</td><td>学习
考辨</td><td>经世
济用</td><td>集古
大成</td><td>释古
传古</td><td>抢救
总结</td><td>再启
新学</td></tr>
</table>

二　收藏与学术

罗振玉无疑是近代学术大家，这与他爱好收藏密不可分。罗振玉的收藏活动从30岁离开淮安到上海后就开始了，收藏既是他学术资料积累的重要来源，也是他谋生的重要手段之一。对此，罗继祖曾在其《我的祖

① 肖文立：《罗雪堂生平总序·生平分期表》，《罗雪堂述丛稿》上册，万卷出版社2012年版，第13页。

父罗振玉》一书中作如下记述：

> 祖父喜蓄长物，每节衣缩食购置古器物和绘画、碑帖等等，这是从三十岁到上海以后就开始了的。
>
> 祖父有搜求古器物的癖好，古人所谓“物聚于所好”，因之越聚越多。因之不能有入无出。例如在海东八年，全家生活就是靠出卖长物度日的。①

郭沫若在高度赞扬罗振玉的收藏与学术成就时，也提及“财力”因素的重要性：

> 罗振玉的功劳即在为我们提供了无数的真实的史料。他对殷代甲骨的搜集、保藏、流行、考释，实是中国近三十年来文化史上所应该大书特书的一项事件。还有他关于金石器物、古籍佚书之搜罗颁布，其内容之丰富，甄别之谨严，成绩之浩瀚，方法之崭新……在他的智力之外，我想怕也要有莫大的财力才能办到的。②

应该说，将赚钱与学术资料积累融为一体，并且在多个相关学术领域作出了卓越的成就或开山之功者，在近代收藏家中，罗振玉可谓首屈一指，无人能出其右。董作宾先生亦曰：“先生毕生殚力治学，著述等身；其于学术贡献最大者，厥有五事。”其一曰：内阁大库明清史料之保存，其二曰：甲骨文字之考订与传播，其三曰：敦煌文卷之整理，其四曰：汉晋木简之研究，其五曰：古明器研究之倡导。③ 当然，罗氏学术成就远不止此，但仅就上述五点来看，与罗氏收藏家的眼光及其丰富的收藏是密不可分的。

罗氏收藏无论品种还是数量都非常可观，以大类计之，收藏甲骨两三万片，古器物数千品，金石拓片四五千通，古印玺千数百枚，敦煌石室秘

---

① 罗继祖：《我的祖父罗振玉》，百花文艺出版社 2007 年版，第 330、332 页。

② 郭沫若：《中国古代社会研究自序》，《中国古代社会研究》，人民出版社 1977 年版，第 3 页。

③ 董作宾：《罗振玉先生传略》，见罗振玉《雪堂自述》附，江苏人民出版社 1999 年版，第 215 页。

籍数十种，中外图籍十数万册，且均有专集刊行。像甲骨文方面的《殷墟书契前编》《殷墟书契菁华》《殷墟书契后编》等整理著作及甲骨文研究专著《殷墟书契考释》等，都奠定了他在近代甲骨学史上的地位，被誉为“甲骨学之开山祖师，厥功甚伟”[①]。敦煌文献保存与整理方面，罗振玉从1909年到1939年，30年间先后著录刊布10多部敦煌石室方面的图书，并且利用敦煌文献古写本，对先秦典籍和二十四史等文献进行了诸多卓有见地的研究，成为近代敦煌文献搜集、整理和研究方面一座重要里程碑。其他如明清内阁大库资料的保存与整理、古器物印玺的收集与整理等，都值得专门研究。而我们在此所关注和研究的，是罗氏在丰富文献收藏基础上的古籍丛书编纂与出版。

第二节　罗振玉的古籍丛书编纂与出版

一　罗振玉：民国时期编纂出版古籍丛书数量最多的学者

对于罗氏一生的学术贡献，世人最关注的是其在殷墟甲骨、铜器刻辞、石经残字、简牍遗文、敦煌卷轴、西陲石刻、档案史料等方面，“很少有人注意到罗氏除此之外，还努力辑印了十几部有裨实用的丛书，给学术研究工作者提供了更广泛的资料，值得我们重视”[②]。张舜徽《中国文献学》中的这段话道出了目前罗学研究中的一种倾向或现状：从古籍丛书编纂出版角度对其学术贡献加以梳理者甚少，多于论及罗氏某一领域的学术成就时略及一二。其实，罗振玉是近代以私人之力编纂出版古籍丛书最多的学者，仅被《中国丛书综录》收录的就达40种，堪称近代最大的古籍丛书编纂出版家。对罗氏之“刊书”，王国维曾作如下论述：

> 刊书之家，约分二等：一曰“好事”，二曰“笃古”。若近世吴县之黄，长塘之鲍，虞山之张，金山之钱，可谓好事者矣；若阳湖孙氏，钱唐卢氏，可谓笃古者矣。然此诸氏者，皆生国家全盛之日，物力饶裕，士大夫又崇尚学术，诸氏或席丰厚，或居官师之位，有所凭

① 董作宾：《罗振玉先生传略》，见沈云龙主编《近代中国史料丛刊三编·9·近代中国学人像传》，文海出版社1966—2006年版，第346页。

② 张舜徽：《中国文献学》，上海古籍出版社2005年版，第275页。（以下简称“张氏《文献学》”，本章内引用该文献不再作注）

借，其事业未可云卓绝也。若夫生无妄之世，小雅尽废之后，而以学术之存亡为己责，搜集之，考订之，流通之，举天下之物不足以易其尚，极天下之至艰，而卒有以达其志，此于古之刊书者未之前闻，始于吾雪堂先生。[①]

而刊布、流通、传承文献，也是罗振玉生平重要学术旨趣，他曾曰："不佞夙抱传古之志，凡古人遗著未刊者，尝欲鸠合同志创流通古书会，以刊传之。"[②]

学界最先关注罗氏古籍丛书编刻并作初步研究的是谢国桢，他在《雪堂所编丛书题解》（以下简称"谢氏《题解》"）中曰：

先生学术之博，见闻之广，高出群伦，非陋儒可及。而综其生平撰述，辑为丛收，为类尤繁。恒以丛书始于宋元，至清而集其成，爰有丛书考之辑，而以先生所编丛书，蔚为一集，惟孤陋寡闻，遗漏实多，凭诸目验，不假传闻，其所不知，盖阙如也。[③]

谢氏《题解》中列述罗氏所编丛书仅20种，虽逐一题解，但"遗漏实多"。张舜徽在其《中国文献学》（以下简称"张氏《文献学》"）盛赞罗振玉丛书编印之功，称罗氏为"近代学者整理文献最有贡献的人"，但仅胪列罗氏所刊丛书15种。上海图书馆编写的大型目录工具书《中国丛书综录》（以下简称《综录》）收录罗氏古籍丛书40种，为当代书目图籍中收录罗氏著述最详最全者。近年肖文立先生在其所编《雪堂类稿》（辽宁教育出版社，2003。以下简称"肖编《类稿》"）及所著《罗雪堂述丛稿》（万卷出版社，2012。以下简称"肖著《丛稿》"）中，对罗振玉生平著述及编、刊图籍情况进行了全面梳理，述及罗氏编刊古籍丛书45种（罗氏所编非古籍为主的如《农学丛书》等未作统计），而且，由于肖氏

① 王国维：《罗振玉校刊群书叙录》序，见《罗振玉校刊群书叙录》，江苏广陵古籍刻印社1998年版。

② 罗振玉：《雪堂剩墨》跋，《罗振玉学术论著集》第12集，上海古籍出版社2010年版，第185页。

③ 谢刚主：《雪堂所编丛书题解》，《中德学志》1943年第5卷第1—2期，第361—382页（以下简称"谢氏《题解》"，本章内引用该文献不再作注）。

为罗振玉嫡孙罗继祖弟子，得耳闻目见罗氏著述及相关手迹遗物之先，其相关著辑，颇具参考价值。

罗振玉生平编纂出版的古籍丛书大体可分为汇编丛书和类编丛书两大类。下面，参以上述前贤著述并笔者所见其他资料，对罗氏古籍丛书编纂出版情况作简要介绍。

二　罗振玉汇编古籍丛书简介

就总体来看，罗氏编纂出版的古籍丛书以汇编丛书为主，其中又分为杂纂类 19 种、氏族类 1 种，独撰类 8 种。

（一）杂纂类 19 种

1.《敦煌石室遗书》

《综录》："罗振玉等辑。清宣统元年（1909）诵芬室排印本。"列目 13 种。[①] 谢氏《题解》："是书汇辑敦煌石室所出、中土已佚古籍，及摩尼释氏经卷。""是书罗氏辑《鸣沙石室佚书》之前，搜辑各书，均为石室要籍，堪称瓌宝矣。"张氏《文献学》："一九〇九年诵芬室排印本。收书二十二种（包括各种校勘记、札记、补考在内）。"肖著《丛稿》："宣统二年武进董氏上虞罗氏排印本。"肖编《类稿》未录此书。

2.《玉简斋丛书》初集、二集

罗振玉因收藏吴越时的投龙玉简，故以玉简名斋。罗振玉嫡孙罗继祖《永丰乡人行年录》（以下简称"《行年录》"）之"光绪三十二年"："本年得吴越投龙玉简，因颜所居曰：'玉简斋'。"[②]《综录》："罗振玉辑，清宣统二年（1910）上虞罗氏刊本。"初集列目 14 种，二集 8 种。谢氏《题解》："初集十种二十九卷附录一卷二集八种二十四卷。""是书初不分集，以目录学之书为多。后以刊刻日繁乃更为二集，述边疆史乘者为初集，目录为二集，初印者各本子目互有不同。"张氏《文献学》："一九一〇年，罗氏刊本。一集，收书十四种；二集，收书八种。"初集收录较杂，记事、杂记、道经、档册等，共计 14 种。二集收有明李廷相《李蒲汀书目》、钱曾《也是园书目》等 8 种书目。肖著《丛稿》于此目后注"集各

① 上海图书馆编：《中国丛书综录》，上海古籍出版社 2007 年版，第 269 页。（以下简称"《综录》"，本章内引用此书者不再作注）

② 罗继祖：《永丰乡人行年录》，见肖文立编《雪堂类稿》，辽宁教育出版社 2003 年版，第 31 页。（以下简称"肖编《类稿》"，本章内引用此书者不再作注）

一函，初集八册二集十二册”，“甲寅补刊本，宣纸及杭连纸本”。肖氏又单立“玉简斋丛书十种”一目，并注“一函八册，庚戌刊本。未单行”[①]，但肖编《类稿》未录此书。

3.《宸翰楼丛书》

《综录》：“罗振玉辑，清宣统三年（1911）上虞罗氏刊五种本，民国三年（1914）上虞罗氏刊重编八种本。”列目8种。谢氏《解题》：“是书汇刊谦牧堂影宋本《周易正义》，元勤有堂本《三辅黄图》，宋刊本《肇论中吴集解》等书，以影印佳椠名钞为宗，后以刊刻日繁乃更为二集，述边疆史乘者为初集，目录为二集，初印者各本子目，互有不同。”张氏《文献学》：“一九一一年，罗氏刊本；一九一四年重编本。初刊收书五种；重编收书八种。”肖著《丛稿》置于“专门类”并立两目，一为“宸翰楼丛书五种，宣统辛亥仿宋影刊宣纸本”，一为“宸翰楼丛书八种八册，宣统甲寅补全仿宋影刊本，宣纸及杭连纸本。各种开本不一”。肖编《类稿》列此书子目8种并注明“八册”，应为重刊本。关于本丛书成书过程，罗氏自序曰：

> 往在京师，取藏书中宋元椠本之难得者，影写付鄂中雕版，拟为一丛书，乃甫成五种。而国变遽作，版在鄂渚，幸未入劫灰，而是时举家避地，殆无生全之望，意不能续有增益，爰写目印数十部，以了宿愿。乃卷施不死，结习未忘。两年以来，又稍稍刊刻，先后共得八种。因改订目录，并志语于卷端，以告世之得此书者，俾知予是书之成，此身盖在艰难百苦中也。[②]

4.《鸣沙石室佚书》

分初编和续编。《综录》著为一条：“罗振玉辑。民国据唐写本景印。初编民国二年（1913）上虞罗氏据唐写本景印，民国十七年（1928）东方学会石印。”“续编，民国六年（1917）上虞罗氏景印。”初编列目20种，续编4种。谢氏《题解》将初、续编分别著录。记初编曰：“鸣沙石

---

① 肖文立：《罗雪堂述丛稿》，万卷出版社2012年版，第463—464页。（以下简称“肖著《丛稿》”，本章内引用此书者不再作注）

② 谢刚主：《雪堂所编丛书题解》引。

室佚书十八种十八卷，影印本。”“按敦煌所出，唐人卷帙，以释道经卷为多，吾国旧籍，间有传本，但均流传英法诸国，存诸国内者，实罕。上虞罗氏，汇辑英法诸国所寄汉唐古籍影本，及燕京书坊所得丛残，都为一集，凡十八种。”记续编曰：“鸣沙石室佚书四卷，影印本。”“罗氏既编印《鸣沙石室佚书》，复选释道摩尼景教卷子四种，汇为斯辑。”张氏《文献学》：“初编一九一三年，罗氏影印本；续编一九一七年影印本。初编收书二十种。续编收书四种。”肖著《丛稿》则将初、续编及初编民国六年东方学会石印本分别著录。于初编民国二年癸丑初印本曰：“一函四册。”“上虞罗氏宸翰楼据法国巴黎图书馆藏敦煌古写本影片‘岁在癸丑托日本京都小林忠次郎精制玻璃板印一百部翻刻必究永慕园主人记’，目录为古佚书，各篇跋排印。”并于肖编《类稿》录罗氏自序曰：

> 光绪之季年，海内再见古遗宝焉。一曰殷虚之文字，二曰西陲之简轴。鸣沙之藏，则石室甫开，缥湘已散，我国人士，初且未知。宣统改元，伯希和君始为予具言之，既就观目录，复示以行笈所携，一时惊喜欲狂，亟求写影。遽承许诺，后先三载，次第邮致，则是编所载者是也。自夏徂秋，校理斯毕。癸丑九月。

于初编戊辰东方学会石印本：“二册或四册。”“戊辰东方学会原本摹写石板影印本。各篇跋集为《鸣沙石室佚书目录提要》，统一写印于前。”肖编《类稿》于戊辰石印本则记为“一册”，并录罗氏自序曰：“往岁癸丑，在海东影印敦煌古卷轴为《鸣沙石室佚书》，资力所限，仅印百部。十余年来，箧中久罄，海内外学者，每移书见询，苦无以应之。乙丑春，乃精摹付诸石印，以广其传。戊辰夏。”于续编：“一册。”“丁巳上虞罗氏珂罗版影印敦煌石室古写本。”

5.《云窗丛刻》

《综录》：“罗振玉辑，民国三年（1914）上虞罗氏日本京都东山侨舍景印本。”列目10种。谢氏《题解》：“是书为罗氏乔居东瀛时，汇辑所获唐人卷帙，魏齐石刻，宋元人集部，近人稿本，及与王静安先生撰辑之书，仿古香斋秀珍本，题曰云窗丛刻。”该丛书《综录》、谢氏《题解》、张氏《文献学》和肖编《类稿》均注收书10种，谢氏只例举元刘佶《北巡私记》、陈寿祺《簠斋金石文考释》、王国维《简牍检署考》、罗振玉

《西陲石刻后录》《芒洛冢墓遗文》5种作解，而肖编《类稿》则列举8目，与所记“珂罗板影印都十种”不符。而《综录》所列及谢氏所举陈寿祺《簋斋金石文考释》、罗振玉《西陲石刻后录》两种不见肖氏列目中，抑或肖氏所见《云窗丛刻》缺此两种。那“珂罗版影印都十种”又以何为据呢？姑且存疑。

6.《雪堂丛刻》

《综录》：“罗振玉辑，民国四年（1915）上虞罗氏排印本。”列目52种。谢氏《题解》：“罗氏编有《国学丛刊》，后略加增删，易名为《雪堂丛刻》。”“是书收辑散佚，敦煌卷子，清人稿本及罗王所著述为多。”张氏《文献学》：“一九一五年，罗氏排印本。收书五十六种。”肖著《丛稿》：“雪堂丛刻五十二种，二十册，乙卯上虞罗氏排印本。未单行。”此书又称《雪堂丛刊》，《行年录》“中华民国二年癸丑”记曰：

> 五月，上海友人请续《国学丛刊》，如前两月出一册，古籍之外，间以新著，王静安代作序（此《丛刊》后各自为书，易名《雪堂丛刊》，共五十二种）。①

北京图书馆出版社2000年5月将此本影印出版，精装4册，亦名《雪堂丛刻》。

7.《嘉草轩丛书》

《综录》：“罗振玉辑，民国七年（1918）上虞罗氏日本景印本。”列目11种。谢氏《题解》未录。肖著《丛稿》：“四函三十册。”“戊午东山学社日本京都影印及木刻巾箱本。均单行，后四种又汇为《雪堂专录》。”按：《雪堂专录》应为《雪堂砖录》。肖编《类稿》于《嘉草轩丛书》列目11种，后四种之《楚州城专录》《恒农专录》《专志征存》三子目中之“专”字亦应为“砖”。因这11种子目涉罗氏两种丛书，故将这11种子目胪列如下：

唐写本《文选集注》残卷；

王念孙《群经字类》2卷；

---

① 罗继祖：《永丰乡人行年录》，见肖文立编《雪堂类稿》，辽宁教育出版社2003年版，第46页。

《石渠宝笈三编目录》；

查容《浣花词》1卷；

西夏骨勒茂才《番汉合时掌中珠》；

王昶《金石萃编未刻稿》；

罗振玉《楚州金石录》1卷并《附录》；

罗振玉《楚州城砖录》1卷；

罗振玉《恒农砖录》1卷；

罗振玉《砖志征存》1卷；

罗振玉《地券征存》1卷。

8.《东方学会丛刊》

《综录》："东方学会丛刊初集，罗振玉辑，民国十三年（1924）东方学会排印本。"列目13种（其中含《敦煌石室碎金》丛书，计1目）。谢氏《题解》："东方学会丛刊初集十二种二十九卷，铅印本。""是书为罗氏族居津门时所刊，古写本《贞观政要》残卷，日本宽文刻本《帝范》、《臣轨》，明人钞本《四夷馆考》，稿本《话雨楼碑目》，及所编订《纪元编》、《蒿里遗文目录》、《雪堂藏古器物目录》等书，汇为一集，题曰东《方学会丛刊》。""是书凡分四集，此其第一集也。"肖著《丛稿》："东方学会丛刊十八种，四函四十五册。""甲子乙丑东方学会宋体大字排印大本。各册开本略有差池。含丛书三种。"按：据肖编《类稿》于该丛书所列18子目，"含丛书三种"应为"古写《帝范》、《臣轨》各二卷附《校记》一卷""《史料丛刊初编》二十一种""《高邮王氏遗书》二十卷"。从谢氏题解看，《东方学会丛刊》应有4集，肖氏《丛稿》和《类稿》只记该丛书收子目18种，未明集次，应为初集之外三集之一。

9.《六经堪丛书》

《综录》："罗振玉辑，民国东方学会排印本。"列目初集11种（其中《敦煌拾零》丛书计为1目），二集1种，三集1种。谢氏《解题》未录。张氏《文献学》："六经堪丛书，东方学会排印本。初集，二十三种；二集，一种；三集，一种。"肖著《丛稿》："六经堪丛书初二三集十一种，四函四十七册。甲子至丁卯东方学会排印巾箱本。偶有单行。"肖编《类稿》："六经堪丛书，聚珍板印巾箱本。"并列子目11种。

10.《殷礼在斯堂丛书》

1912年秋，初到日本的罗振玉"以寓舍隘，藏书又权寄大学，检读不便，乃某之藤田剑峰，拟别筑新居”。[1] 此新居以颜之推《观我生赋》句“与神鼎而偕没，切仙弓之永慕”命名为永慕园。又因罗氏自国变后始终以“商遗”自居，故又名所居为“殷礼在斯堂”。《综录》：“罗振玉辑，民国十七年（1928）东方学会排印本。”列目 20 种。谢氏《题解》：“二十五种五十九卷，铅印本。”“是编所收，惟王念孙《广雅疏证补正》，《尔雅》郝注刊误，取王氏手稿付印，余均为宋元以后文史著述。”张氏《文献学》：“一九二八年，东方学会排印本。收书二十种。”肖著《丛稿》：“殷礼在斯堂丛书二十种，一函十二册。戊辰东方学会排印及写本石板影印巾箱本，夹连粉连纸二种。未单行。”肖编《类稿》列此书子目 20 种，共 12 册。

11.《百爵斋丛刊》

《综录》：“罗振玉辑，民国二十三年（1934）上虞罗氏石印本。”列目 14 种。谢氏《题解》：“百爵斋丛刊十四种二十八卷，石印本。”“是书汇辑洪武本应用碎金，敦煌石室写本《神龙删定散颁格残卷》等，所收各书以内阁大库所藏秘本及敦煌卷本为主。”张氏《文献学》：“百爵斋丛刊，一九三四年罗氏石印本。收书十八种。”肖著《丛稿》：“百爵斋丛刊十四种，八册。”“甲戌丙子丁丑写本石印巾箱本。未单行。”肖编《类稿》列子目 14 种，8 册。

12.《吉石庵丛书》

吉者，即指“吉金”。古以祭祀为吉礼，故称铜铸鼎彝等祭器为吉金。“石”，指石刻。吉石合称，泛指古代钟鼎彝文及石刻等文献资料。罗氏藏鼎彝石刻等文献甚富，故以“吉石庵”名其书斋，又以此为丛书名，但本丛书所收并不仅限于金石类。《综录》：“罗振玉辑，民国上虞罗氏景印本”，初集列目 10 种，“民国三年至五年（1914—1916）景印”；二集 3 种，[民国六年（1917）景印]；三集 6 种，“民国六年景印”；四集 8 种，“民国六年（1917）景印”。谢氏《题解》：“吉石庵丛书四集二十七种，影印本。”“是书罗氏侨寓东瀛时所辑，多为日本诸家藏书，或欧西巴黎伦敦博物院藏敦煌卷子本诸书。”张氏《文献学》：“初集，一九一四至一九一六年影印，十种；二集，一九一七年影印，三种；三集，六

---

① 罗继祖.《永丰乡人行年录》，见肖文立编《雪堂类稿》，辽宁教育出版社 2003 年版，第 45 页。

种；四集，八种，一九一七年影印。”肖著《丛稿》：“吉石盦丛书初二三四集二十七种，集各一函共二十二册。”“甲寅丙辰丁巳上虞罗氏珂罗版影印本。厚宣纸方册。未单行。”

13.《永慕园丛书》

《综录》：“罗振玉辑，民国三年（1914）上虞罗氏景印本。”列目6种。谢氏《题解》未录此书。张氏《文献学》：“一九一四年，罗氏影印本。收书十四种。”肖著《丛稿》列于“专门类”：“永慕园丛书六种，九册。”“据《续汇刻书目》闰集，宣统甲寅上虞罗氏刊行。汇编本，大本巨册。”肖编《类稿》无此丛书。鲁迅日记：“永慕园丛书，六种，含《流沙坠简》、《秦金石刻辞》，《秦汉瓦当文字》、《权衡度量实施考》、《蒿里遗珍》、《四朝钞币图录》，共二十一卷，九册。罗振玉辑。1914年上虞罗氏影印。”[①]《综录》所载收书6种，卷数为19。

14.《国学丛刊》

《综录》失收。阳海清《中国丛书广录》据湖北图书馆藏本著录：“清宣统三年1911石印本。”列目10种。[②] 谢氏《题解》：“国学丛刊三期十二种二十卷，铅印本。”“是书刊于宣统辛亥，为期刊性质，每两月一册，惟仅出至三册而止。汇辑朋从旧著，及新发现书籍古物，区分八目，曰经，曰史，曰小学，曰地理，曰金石，曰文学，曰目录，曰杂识，包容至广，实为罗氏刻书之椎轮。”张氏《文献学》未录。肖著《丛稿》分两条著录。一为“国学丛刊三期各一册，宣统辛亥国学研究会国学丛刊出版部写本石印，实雪堂编刊。原定双月刊，以国变，但出三期”。按：本著录与谢氏《题解》所述应为同一种情况，亦即肖编《类稿》中所录《国学丛刊》三册20种。二为“国学丛刊罗振玉王国维编”，“甲寅至乙卯上海印，所刊各书随即案书合编为《雪堂丛刻》，据《永丰乡人书札》，知为上海商人出资，原拟名《文学杂志》，在上海负责印务者，有范兆经樊炳清等。案今所见零本，甲寅为一至八卷，乙卯自卷九起存至卷十五”。

15.《鸣沙石室古籍丛残》

《综录》：“民国六年（1917）上虞罗氏景印本。”列群经丛残与群书

① 鲁迅：《鲁迅日记》第3册，人民文学出版社2006年版，第324页。

② 阳海清：《中国丛书广录》，湖北人民出版社1999年版，第210页。

丛残各15种。张氏《文献学》:“一九一七年，罗氏影印本，群经丛残十五种，群书丛残十五种。”谢氏《题解》:“鸣沙石室古籍丛残十八种三十卷，影印本。”“是书汇辑印晋唐写本经史旧籍。凡分群经丛残、群书丛残，都十五卷。”肖著《丛稿》:“鸣沙石室古籍丛残三十卷，六册。”“上虞罗氏丁巳珂罗版影印敦煌石室古写本。雪堂隶书书签但题《古籍丛残》。厚宣纸大册。”

16.《敦煌石室碎金》

《综录》未收录。谢氏《题解》:“敦煌石室碎金十七种十七卷，铅印本。”“此书所辑者多敦煌石室所出残佚，然亦时可补今本所传诸书之缺者。”张氏《文献学》未录此书。肖著《丛稿》:“一册。”“乙丑五月《东方学会丛刊》排印本。又单行本。”肖编《类稿》:“聚珍板印。”列目15种。

17.《敦煌拾零》

《综录》未收录。谢氏《题解》:“敦煌拾零七种七卷，铅印本。”“是书搜辑敦煌所出零卷残佚。”张氏《文献学》未录。肖著《丛稿》:“一册。”“上虞罗氏《六经堪丛书》初集排印本。”肖编《类稿》:“一册。”“聚珍板印”，列目7种并录罗氏自序：

> 予往者既影印敦煌古卷轴，返国以后，见残书小说凡十余种，又有俚语俚曲，皆小说之最古者。甲子春，伯希和博士手写《秦妇吟》见寄，乃汇诸残本，同付印。

18.《贞松堂藏西陲秘籍丛残》

《综录》:“民国上虞罗氏景印本。”分三集列目，第一集20种，第二集6种，第三集9种。谢氏《题解》未录。张氏《文献学》所记与《综录》同。肖著《丛稿》:“贞松堂藏西陲秘笈丛残初二三集。”“己卯珂罗版影印敦煌石室古写本。”肖编《类稿》:“三册。”“珂罗版精印。”并分初二三集列目。

19.《流沙坠简》

《综录》、谢氏《题解》、张氏《文献学》均失收。阳海清《中国丛书广录》:“民国三年上虞罗氏宸翰楼景印本。”列目4种附录1种。[①] 肖

① 阳海清:《中国丛书广录》，湖北人民出版社1999年版，第211页。

著《丛稿》："流沙坠简三卷考释三卷补遗一卷，罗振玉王国维，二函三册。""甲寅上虞罗氏宸翰楼影印本，图板珂罗版，考释金属版。又入《永慕园丛书》。厚宣纸大册。"肖编《类稿》："罗振玉王国维同辑，三册，珂罗版影印。"列目 4 种，并录罗氏自序：

光绪戊申，予闻斯坦因博士访古于我西陲，得汉晋简册，载归英伦。神物去国，恻然疚怀。既闻人言，沙畹博士方为考释，爰移书沙君，求为写影。逾年，沙君寄其手校本至，予竭数夕之力，读之再周。顾沙氏书以欧文撰述，东方人氏，不能尽窥，因与同好王君静安，分端考订，析为三类校理之。功匝月而竟。乃知遗文所记，裨益至宏，可补职方之记载，订史氏之阙疑。甲寅正月。

（二）氏族类 1 种

《高邮王氏遗书》系罗氏辑录高邮王念孙王引之等家族著述的丛书。《综录》："罗振玉辑，民国十四年（1925）上虞罗氏排印本。"列目 7 种，其中含罗振玉所辑《高邮王氏六叶传状碑志集六卷》、王国安《王文肃公遗文一卷补遗一卷》二种。肖著《丛稿》："高邮王氏遗书七种，八册。""东方学会刊大字排印大本。"肖编《类稿》录罗氏序曰：

往在海东，闻宝瑞臣宫保熙言，高邮王氏父子未刻稿甚多，藏于某氏，欲就观不可。及返国，寓居津沽。壬戌秋，始识藏文简父子手稿之江君，购得丛稿一箱。因将石臞先生及文简遗文编录，共得八卷，付诸手民。其石臞先生遗著，可整理缮写者，得三种，复编录其家状志传，成书六卷，因汇印为《王氏遗书》。乙丑十月。

（三）独撰类 8 种

1.《陆庵所著书》

这是罗氏早期所撰丛书。陆庵为罗氏早年别号之一，而"陆庵所著书"之"庵"字本为外"厂"内"音"，因电脑无此字，此处则以罗氏别号之"庵"代之。相关文献如《中国丛书综录续编》、王森然罗氏评传中均记为"陆庵所著书"。《中国丛书综录续编》："罗振玉撰，清光绪十八年（1892）刊本。”列目15种并注明丛书题名及该书书衣题名。[①] 王森然在罗氏评传中称此书为“四种五卷”[②]，与此差异颇大。肖著《丛稿》：“陆庵在（按：肖氏此条所涉‘庵’字均为原字，即外厂内音）所著书十四种，罗振玉著”，并作如下题解：

> 光绪壬申刊本《读碑小笺》册首有“光绪壬辰首夏盩至路岯署检”之“陆庵所著书”，又有“癸巳至日越缦老人书首”之“罗坚白所著书”，并跋略云，近日徐诒孙孝廉附寄罗坚白所著书，此册与《淮阴金石仅存录》共四册。附载《陆庵所著书目》十四种，知当日随著随刊，并未刊全。

从肖氏这段题解可知，王森然所见之书目应为阶段性或局部书目。

2.《永丰乡人稿》

《综录》：“罗振玉撰，民国上虞罗氏贻安堂凝清室刊本。”列目4种，甲稿为《云窗漫稿》一卷，乙稿为《雪堂校刊群书叙录》二卷，丙稿为《雪堂金石文字跋尾》四卷，丁稿为《雪堂书画跋尾》一卷。肖著《丛稿》：“永丰乡人稿四种八卷，一函六册。”“庚申天津贻安堂宋体字刊本。”肖编《类稿》：“永丰乡人甲乙丙丁四种稿八卷，六册。”列目与《综录》同。

3.《永丰乡人杂著》

《综录》：“罗振玉，民国十一年（1922）刊本。”列目8种，续编为民国十二年刊，列目6种，附录1种，罗福苌撰。肖著《丛稿》将续编别立故成2目：“永丰乡人杂著八种八卷。壬戌九月精刊本。”“永丰乡人杂著续编四种九卷附录一卷（罗福苌著），上虞罗氏凝清室精刊本。”肖编《类稿》：“永丰乡人杂著八卷续编九卷附录一卷，精刊”，并录罗氏自序曰：

> 杂著八种，曰《高昌麴氏年表》，曰《补唐书张义潮传》，曰《唐折冲府考补》，曰《万年少先生年谱》，曰《徐俟斋先生年谱》，

① 参见施廷镛《中国丛书综录续编》，北京图书馆出版社2003年版，第175页。

② 王森然：《近代名家评传·初集》，生活·读书·新知三联书店1998年版，第166页。

曰《海外吉金录》，曰《海外贞珉录》，曰《宋元释藏考》。其六种为避地海东时所著，曾以活字印行，惟《海外吉金录》及《释藏考》为返国后作。兹复取旧稿，一一勘补，与新著同付手民，再刊之。壬戌九月。

4.《松翁居辽后所著书》

《综录》："罗振玉撰。民国十八年（1929）上虞罗氏石印本。"含《汉熹平石经残字集录》《辽居稿》《辽居杂著》三种共15卷。肖著《丛稿》："松翁居辽后所著书七种十九卷，一函八册。""随成随刊之汇编本。开本有差池。七种。"

5.《辽居杂著乙编》

甲编已收入《松翁居辽后所著书》中。《综录》："罗振玉，民国二十二年（1933）上虞罗氏辽东石印本。"列目10种：《汉熹平石经集录》续补，增订《高昌曲氏年表》《高昌专录》，增订《唐折冲府考补》《辽帝后哀册文录》1卷附录1卷，《雪堂所藏古器物图说》《上虞罗氏枝分谱》《本朝学术源流概略》《松翁未焚稿》《金州讲习会论语讲义》均为1卷。肖著《丛稿》："辽居杂著乙编十种十一卷，三册。""癸酉中夏写本石印。"

6.《辽居杂著丙编》

《综录》："罗振玉撰，民国二十三年（1933）上虞罗氏七经堪石印本。"列目4种：《汉熹平石经集录》又续编1卷续拾1卷，《唐折冲府补拾遗》1卷，《古器物识小录》1卷，《车尘稿》1卷。肖著《丛稿》："辽居杂著丙编五种五卷，二册。""甲戌上虞罗氏七经堪写本石印。"肖编《类稿》列目与《综录》同。

7.《七经堪丛刊》

《综录》："罗振玉撰。民国二十六年（1937）上虞罗氏石印本。"列目7种。肖著《丛稿》："七经堪丛刊七种十一卷，罗振玉编，十册。""贞松堂写本石板影印。有单行本。"

8.《海宁王忠悫公遗书》

这是王国维去世后罗振玉为其董理编纂的著作集。《综录》："王国维撰，民国十六年（1927）海宁王氏排印石印本。"分集列目，初集15种、二集6种附8种、三集13种、四集31种。肖著《丛稿》："海宁王忠悫公遗书四集，王国维著，罗振玉编，四十二册。”“丁卯戊辰天津上虞罗氏贻安堂经籍铺出版，天津博爱印刷厂石印排印。署名海宁王氏校印。”肖编《类稿》只列初集10种，二集7种，“廿二册。观堂遗书刊行会印行”，并录罗氏序曰：

> 丁卯五月，王忠悫公效止水之节，海内外人士，莫不惜其学术，竞为文字以志哀挽。同学同门诸君子，复创立观堂遗书刊行会，以刊行公之遗书，请予总理董之役。予以忧患待尽之身，恐不尽克其业，而义不可辞，乃以数月之力，将公遗书已刊未刊者，厘定为四集，次第付梓。丁卯冬。

三　罗振玉类编古籍丛书简介

罗氏类编丛书与汇编丛书相比无论种类还是内容规模都相对较小，主要有史类、子类、集类三部分。

（一）史类9种

1.《五史斠义》

《综录》：“罗振玉撰，清光绪二十九年（1903）刊本。”五史分别为《梁书》《陈书》《北齐书》《周书》及《隋书》。肖著《丛稿》及《类稿》未收。

2.《太祖高皇帝实录稿本》三种

《综录》：“罗振玉辑，伪满大同二年（1933）史料整理所据原本景印。”三种清太祖实录分别为清康熙敕修、再修、三修本残卷。

3.《明季辽事丛刊》

《综录》：“罗振玉辑，民国二十五年（1936）伪满日文化协会石印本。”列目4种：《陶元晖中丞遗集》2卷附录1卷，《毕少保公传》1卷，《海运摘抄》8卷，《东江遗事》2卷。

4.《史料丛刊初编》

《综录》：“罗振玉辑，民国十三年（1924）东方学会排印本。”列目22种。肖著《丛稿》：“史料丛刊初编二十二种，十册或六册。”“甲子排印大本。又入《东方学会丛刊》。”肖编《类稿》：“聚珍板印”，并概录罗氏自序：

壬戌春，予既得大库史料，乃权赁僧寺，暂安置之。运其少半至津沽，以数月之力，检理其千百之一二。去年夏，予既创东方文化学会印刷局，乃写定史料之已检理可校写者二十二种，付之手民，颜之曰《史料初编》，当继是而二三以至十百，然固非予力所能任也。甲子六月。

5.《嵍古丛编》

《综录》："民国上虞罗氏景印本。"列目10种。谢氏《题解》："嵍古丛编十种十一卷，影印本。"肖著《丛稿》："嵍古丛编十种，一函十册。""癸丑至丙辰上虞罗氏永慕园日本京都珂罗版石版影印本。均单行。雪堂隶书函套书签名嵍古丛编，函套目录签名嵍古丛刻。"

6.《楚雨楼丛书初集》

《综录》："民国上虞罗氏景印本。"列目8种。谢氏《题解》："楚雨楼丛书八种十八卷，玻璃板印本。""罗氏所编……釐订为三卷。一曰金，虎符权量之类是也；二曰石，泰山刻石之类是也；三曰匋，瓦量之类是也。"肖著《丛稿》："楚雨楼丛书初集八种，八册。""珂罗版影印本。汇编本，大本巨册。"

7.《雪堂砖录四种》

《综录》："雪堂专录四种，民国七年（1918）上虞罗氏石印本。"按："专录"应为"砖录"。谢氏《题解》："按辑录砖文始于洪景伯迨之《隶续》，降及清代，则有陆刚父《千甓亭古砖录》，马柳东《浙江砖录》，宋经畬《砖文考略》。是书为上虞罗振玉氏，辑录砖文凡四种。"四种砖录为《恒农砖录》《楚州城专录》《地券征存》《砖志征存》各一卷。《综录》、肖著《丛稿》、肖编《类稿》均将"砖录"误作"专录"。又，此丛书又称"唐风楼专录"，《中国丛书综录续编》所收《唐风楼专录》所列四子目与《雪堂砖录》同。按，《综录续编》之"专录"，亦应为"砖录"。

8.《唐风楼碑录》

《综录》未收。阳海清《中国丛书广录》："罗振玉编辑，民国六年罗氏影宋刻本。"列目16种。[1] 谢氏《题解》："唐风楼碑录十一种二十一卷

① 阳海清：《中国丛书广录》，湖北人民出版社1999年版，第624页。

附录二卷上虞罗氏自刊本。”肖著《丛稿》：“据《续汇刻书目》丙集，甲寅上虞罗振玉家刻本九种（实十种），当时已刻五种（实六种）；闰集，丁巳影宋字刊本十二种。”肖编《类稿》未收。

9.《眘古图录》

《综录》及广录未收。《中国丛书综录续编》：“罗振玉辑，1914 年上虞罗氏玻璃板印本。”列目 3 种：《历代官印集存》《齐鲁封泥集存》《历代符牌录》。[①] 肖著《丛稿》：“眘古图录三种。”“据《续汇刻书目》丙集，宣统甲寅上虞罗氏玻璃板影印本。汇编本。实成二种。”

（二）子类 3 种

1.《敦煌石室遗书三种》

《综录》：“民国罗振玉辑，民国十三年（1924）上虞罗氏据敦煌石室唐写本景印。”列目 3 种：《南华真经田子方品残卷》《老子义残卷》《老子天应经一卷》。肖编《丛稿》：“敦煌石室遗书三种，罗振玉编，一册。”“甲子珂罗版影印敦煌石室唐写本。”肖编《类稿》：“敦煌遗书三种，一册。”“珂罗版影唐写本精印。”列目 3 种与《综录》同。

2.《悉昙三书》

《中国丛书综录续编》：“罗振玉辑，1916 年上虞罗氏景印本。”列目 3 种：《涅般经釉谈章》《悉昙字记》《景祐天竺字源》。[②]

3.《农学丛书》

此丛书收录中国古代及日本农学方面著述译本。《中国丛书综录续编》：“罗振玉辑，江南总农会石印本。”分概论、学理、土壤、农具、选种、五谷、林木、竹谱、果树、蔬菜、花草、畜牧、水立、昆虫、蚕业、制造、土产、章程 18 类共 138 目。除了“概论”中的前 10 种为中国古代农学著作外，其他均为日本著作译本。

（三）集类 2 种

1.《元人选元诗五种》

《综录》：“罗振玉辑，民国四年（1915）连平范氏双鱼室刊本。”列元人选元诗集 5 种：元房祺辑《河汾渚老诗集》8 卷（胶州柯邵忞藏元刊本）、元蒋易辑《国朝风雅》7 卷《杂编》3 卷（唐风楼藏元刊本）、元

① 施廷镛：《中国丛书综录续编》，北京图书馆出版社 2003 年版，第 232 页。

② 同上书，第 284 页。

赖良辑杨维祯评点《大雅集》8卷（艺风堂藏影洪武刊本）、元魏士达辑《敦交集》1卷（艺风堂藏旧抄本）、元佚名辑《伟观集》1卷（艺风堂藏旧抄本）。

2.《明季三孝廉集》

《综录》："民国罗振玉辑，民国八年（1919）上虞罗氏排印本。"收清万寿祺撰《隰西草堂诗集五卷文集三卷附遯渚唱和集一卷拾遗一卷》，李确《蜃园文集四卷补遗一卷诗前集一卷后集一卷续集一卷七言杂咏一卷》《梅花百咏一卷附梅花集句十首》《九山游草一卷》，清徐枋《居易堂集二十卷》。

第七章　民国时期重要古籍丛书编纂出版家（下）

第一节　叶德辉　徐乃昌

一　叶德辉

（一）生平

叶德辉（1864—1927），字奂彬，号直山，一号郋园，室名观古堂，湖南湘潭人。叶家先世为江苏吴县人，到其祖父叶世业因避兵乱才于道光末年移居湖南，故叶德辉好自称为吴人，还曾主持修纂过《吴中叶氏族谱》。叶德辉1864年（同治三年）出生于长沙，8岁入学，习《四书》《说文解字》《资治通鉴》等。17岁就读岳麓书院，1885年（光绪十一年）中举人，7年后再中进士，授吏部主事。维新变法时期，激烈攻击康、梁变法思想，1897年激烈反对湖南新政。1910年湖南发生水灾，他囤积谷物居奇，激起长沙抢米风潮，被清廷革去功名。1915年袁世凯复辟帝制，他在湖南发起成立筹安分会，任会长。1927年因破坏北伐和工农运动，被农民所杀。纵观叶氏一生，一方面，他是学者、藏书家、出版家，对中国古籍的校勘、整理颇有贡献；另一方面，他又是长沙一霸，武断乡里，反对革命，劣迹昭著，终于因此丧命。关于叶德辉的死因，当时就已经众说纷纭，最流行的是他的狂放不羁，因文字招尤：

> 湘潭叶奂彬（德辉），聪明绝顶，可惜后来不得其死。他二十七岁成进士，朝考二等以主事用，分发吏部，跟着告假返湖南。王先谦一见着他，便大大的称赞。过了不久，梁启超因应谭嗣同黄遵宪熊希龄们的礼聘，到长沙主持时务学堂。梁把康有为的公羊孟子教授学

> 生，每日四小时。学生四十人，各写札记。蔡锷当时也属学生之一。梁日间是滔滔不绝地讲书，夜间却分别批答各学生札记，洋洋千言，不以为苦。所说多附会古人的学说来阐扬民权，并多批评清政府的得失，含有革命思想。对于论学，却从荀卿以下，汉唐宋明清各代学者，多有抨击。当时学生，都是寄宿的，平时不能够外出，故一切言论，外间绝不知道。到了年假，各人返乡，把课文传示亲友。梁的议论，一般老学究看到，等于天空放下一个大炸弹的震动。叶德辉即著《翼教丛编》十数万字的长文，向康有为梁启超的札记及《时务报》论文逐条斥驳。梁受了反击，不得不离开长沙了。梁到北京，向康有为申诉，说德辉阻挠新政，矫廷旨，令巡抚陈宝箴逮捕查办，后因事才中止。民元，黄兴因丁忧返湖南，当局为着崇拜革命元勋，迎至彰德门，即改该门为"黄兴门"，又因黄的旧居在坡子街，也改作"黄兴街"，来纪念这位民国元勋。独有德辉反对，嗾使清道夫撤去新路名，并作《光复坡子街记》。嬉笑怒骂，无所不至。当局因他狂妄，拘到警厅，申诉一番，放他回去。从此他不敢干预时政，得闲时只从事著作。除经史说文之外，兼及医卜星相，以及碑版摹印，无一不精。他的《双梅影庵丛书》，专谈采补的旧式性学，与《交合新编》，可谓新旧相对。民十六，北伐军入湘，农会各地成立，他戏作农会对联云：马牛羊鸡犬矢，麦黍稷稻粱膏。给共产党人说他是土豪劣绅，是腐化分子，是反动派。于是在这几件大帽子之下，即惨遭杀身之祸。①

作为学者与藏书暨刻书家，叶德辉的学术成就又的确无法被人否定。叶氏认为积金不如积书，而刻书兼可积书与积阴德，又与积金无异。其学生刘肇隅《郎园读书志序》称他"著作等身，于群经、小学、乙部、百家之书，无不淹贯宏通，发前人未发之蕴。而于目录版本之学，寝馈数十寒暑，储藏既富，闻见尤多，故于各书，一目了然。偶然随笔所书，动中窍窍"，并非虚语。他的政敌江标称其"校勘之学，今之思适（即顾广

① 丹林：《叶德辉文字招尤》，《天文台》1947 年沪版第 4 期，第 55—57 页。

圻）也”[①]。许崇熙在其墓志铭中称“为学博大汪洋，考订精审”，“一时言古学者，翕然宗之，海内外无异辞焉”。[②] 吴梅在其所著《霜崖诗录》中云：

> 目空天下士，为我独垂青。岂意一朝别，南天见落星；
> 诙谐得奇祸，刑辟失常经；安得中郎笔，重书有道铭。
> 大名垂四海，小隐寄三吴。曾造通儒第，如披博古图；
> 奇文搜紫简，馀枝事丹炉；竟杀读书种，天高何处呼。[③]

叶氏成为晚清重要刻书家的主要原因是家富藏书。叶家原先略有藏书，叶德辉自己则是在光绪十二年入京后才渐得藏书门径，每天到琉璃厂、隆福寺书肆访书而开始了他的藏书生涯。至辛亥革命之年，叶氏观古堂藏书已达4000余部、20万卷之多。叶德辉之子叶启倬《观古堂藏书目录跋》曾描述说：“家君每岁归来，必有新刻旧本书多橱，充斥廊庑间，检之弥月不能罄，生平好书之癖，虽流颠沛固不易其常度也。”叶德辉藏书不佞宋，甚至以咸丰二年桂馥所刻的《说文解字义证》为镇库之宝。丰富的藏书使叶氏经史著述及刻书过程中左右逢源如鱼得水，至其生平著述及校刻图书达百数十种。所著有《书林清话》成为晚清版本学方面的代表性著作，治我国版本目录学乃至中国文化史学者，恐怕无人绕开此书，在近代学术史上，堪称与叶昌炽《藏书纪事诗》并行的书林名著。

（二）辑印古籍丛书

除了自己的著述和零刻书籍外，叶德辉还编纂并刊刻了一些颇有影响的古籍丛书。

1.《观古堂汇刻书》一、二集

观古堂取意江淹《卢郎中谌感交》诗：“常慕先达概，观古论得失。”第一集，光绪二十八年（1902）长沙叶氏刻本，所收主要为经学，共11种：阮元《三家诗补遗》3卷，郭璞著、严可均辑《尔雅图赞》和《山

---

① 刘肇隅：《郋园读书志序》，见湖南图书馆编《湖南近现代藏书家题跋选》第1册，岳麓书社2011年版，第4页。

② 许崇熙：《郋园先生墓志铭》，见闵尔昌编《碑传集补》，《近代中国史料丛刊》正编第991—1000册，文海出版社1973年版，第2991—2992页。

③ 吴梅：《哀叶焕彬》其二，《吴梅全集·作品卷》，河北教育出版社2002年版，第73页。

海经图赞》各1卷，周春著《尔雅补注》4卷，龚自珍、徐松撰《说文段注札记》各1卷，桂馥著《说文段注抄按》1卷补遗1卷，宋贾渊撰《陶隐居内传》3卷，梁陶宏景撰《华阳集》2卷，宋王铚撰《墨记》3卷，王西敏撰《王西庐家书》1卷。1919年重编印本中，无《墨记》3卷和王西敏撰《王西庐家书》1卷。多出叶德辉所辑《说文段注校三种》。《中国丛书综录》所录为重编本。

其中阮元《三家诗补遗》本系叶氏为李洛才所编《崇惠堂丛书》所校注：

> 余从京师厂肆得阮氏手稿三卷，朱墨钩乙或间附纸签，大题下无结衔，有“阮元伯元父印”六字朱文记。以平日所见题跋证之，盖六十以后之作。李君洛才见而爱之，且重之以乡贤达也。适刊《崇惠堂丛书》，取为弁冕。因属余主校勘。[①]

二集主要为诗文集，收书6种：《沈下贤诗文集》12卷，《金陵百咏》1卷，《嘉和百咏》1卷，《曝书亭删余词一卷曝书亭词手稿原目》1卷附校勘记1卷，《严东有诗集》10卷，《疑雨集》4卷。

2.《观古堂所刊书》

收书23种，光绪中刊行，年份不悉，含《观古堂汇刻书》一、二集所有书目，另外包括有明《南雍志经籍考》《万卷堂书目》《绛云楼书目补遗》以及《静惕堂书目宋人集》1卷、《元人文集》1卷、《结一庐书目》4卷附《宋元本书目》1卷、《竹庵盦传钞书目》1卷7种书目及《唐女郎鱼玄机诗》1卷附录1卷。

3.《丽楼丛书》

八种附一种，清光绪三十二年至宣统元年（1906—1909）刊行，以游艺图书为主。1919年重编印，1函10册。含《三教源流搜神大全》《南岳抚胜集》《打马图经》《除红谱》《七国象棋局》《投壶新格》《谱双》《修辞鉴衡》8种。丛书据宋明善本影刊，版画丰富，覆刻细致，印刷精良，为近代版刻之精品。1935年收入《郎园丛书》。

---

① 叶德辉：《阮氏三家诗补遗叙》，见《观古堂汇刻书》第1集第1册，光绪戊戌（1898）长沙叶氏郎园重刊本。

4.《观古堂书目丛刻》

清光绪至民国间叶氏观古堂刻本。叶氏先后花费 20 多年时间校刊编定的 15 部前人所撰书目著作，合刊为《观古堂书目丛刻》。其中《宋绍兴秘书省续编四库阙书目》是叶德辉考证校刊的一部较重要的宋代官修书目；《百川书志》是一部子目极详的书目，其中史部就分 21 类，特创史咏、文史、小史诸目，著录的演义、传奇等著作，是今天研究金、元、明文学史的必要资料。其他还有朱学勤的《结一庐书目》、赵魏的《竹俺庵书目》、周弘祖的《古今书刻》等共 15 种，46 卷，初刻分装为二函 14 册。此丛书所收书目多为宋元等时期罕见之本，对考证书籍刊刻流传及寻检有文献资料价值，此书选辑编制极为谨严，在叶氏所编诸书中最为上乘。

5.《双梅景庵丛书》

别名《双梅景暗丛书》《双梅暗阁丛书》，16 种，清光绪三十三年（1907）刻，1914 年重编印本。收《天地阴阳交欢大乐赋》《素女经》《素女方》《玉房秘诀（附 玉房指要）》《洞玄子》《青楼集》《板桥杂记》《吴门画舫录》《燕兰小谱》《海沤小谱》《观剧绝句》《木皮散人鼓词》《万古愁曲》《乾嘉诗坛点将录》《东林点将录》《秦云撷英小谱》16 种。该丛书刊出后颇受时人诟病，但销量可观，为叶氏带来不菲的经济收益。正如李肖聃在其《星庐笔记》中所记："于春宫秘戏，导人以淫，轻薄少年争购之。"①

6.《叶少保石林公遗书》

叶少保石林公即叶德辉六世祖叶梦得。该丛书收叶梦得著述 13 种，50 卷，光绪至宣统间递刻本，清宣统三年（1911）汇编印本。

《石林家训》1 卷，《石林家训要略》1 卷，《礼记解》4 卷，《石林燕语》10 卷，（宋）汪应辰撰《石林燕语辨》1 卷，《玉涧杂书》1 卷，《岩下放言》3 卷，《避暑录话》2 卷，《老子解》2 卷，（清）叶廷琯辑《石林诗话》3 卷，《石林词》1 卷，《建康集》8 卷，《石林遗事》3 卷。其中，《玉涧杂书》本为 10 卷，惜大部分佚失，叶德辉辑佚得 1 卷入此丛书。

7.《唐人小说六种》

亦名《唐开元小说六种》，叶德辉辑并校勘，此书收录唐明皇逸事小

① 李肖聃：《星庐笔记》，绛希点校，岳麓书社 1983 年版，第 31 页。

说6种9卷：《次柳氏旧闻》《杨太真外传》《梅妃传》《李林甫外传》《高力士外传》《安禄山事迹》，主要是有关唐开元、天宝年间的小说作品。其中《杨太真外传》为宋乐史作，《梅妃传》亦为宋人作品，《次柳氏旧闻》后附有编者考异，《安禄山事迹》后附有缪荃孙校记。

叶氏观古堂刊本。

8.《郎园小学四种》

关于“郎园”名义，叶氏曾专门写有《郎园字义说》加以申析，从中可见叶氏初期治学旨趣及志向，本丛书的编刻在一定程度上体现了叶氏崇尚许郑之学的心迹。此书收有《六书古微》10卷、《说文读若字考》7卷附《说文读同字考》1卷、《同声假借字考》2卷、《说文籀文考证》1卷、《说籀》1卷附其侄叶启勤《补遗》1卷。

9.《观古堂所著书》

收录叶氏自撰著作，光绪年间以“湘潭叶氏”名义刊行。初刻收书13种：《天文本单经论语校刊记》1卷，《辑孟子刘熙注》1卷，《释人疏证》2卷，《淮南鸿烈闲诂》2卷，《淮南万毕术》2卷，《山公启事》1卷《山公佚事》1卷，《傅子》3卷订误1卷，《晋司录校尉玄集》3卷，《瑞应图记》1卷，《宋秘书省编刊四库阙书目考证》2卷，《昆仑集》1卷续1卷附1卷释文1卷，《古泉杂咏》4卷，《郎园书札》1卷。

1919年叶氏重编此书，分一、二两集。第一集除包括初刻所收《天文本单经论语校刊记》1卷，《辑孟子刘熙注》1卷，《释人疏证》2卷，《郎园书札》一卷4种外，还包括初刻本所未收3种：《辑月令蔡邕注》四卷，《古今夏时表》1卷，《六书古微》10卷。第二集除含初刻本已收《淮南鸿烈闲诂》2卷，《淮南万毕术》2卷，《山公启事》1卷《山公佚事》1卷，《傅子》3卷订误1卷，《晋司录校尉玄集》3卷，《瑞应图记》1卷外，还包括初刻本未收的4种：《辑鬻子》3卷 、《郭氏玄中记》2卷、《藏书十约》1卷、《游艺卮言》1卷。另外，重编本剔除了初刻本所收三种即《宋秘书省编刊四库阙书目考证》2卷，《昆仑集》1卷续1卷附1卷释文1卷，《古泉杂咏》4卷 。

二　徐乃昌

（一）简历

徐乃昌（1868—1943），字积余，号随庵，又号众丝，堂号有鄦斋、积学斋、镜影楼、小檀栾室等，安徽南陵人，为清末外交家贵池刘瑞芬之长婿，与藏书家刘世珩为郎舅之亲。徐乃昌的父亲徐文选以军功官河南知县，乃昌少年时期依伯父徐文达生活。文达字仁山，曾提调李鸿章淮军后路粮台，办理仪征淮盐总栈，授官两淮盐运使、淮扬海道，护理漕运总督，光绪十五年（1889）晋福建按察使，入京觐见途中卒于扬州。徐乃昌监生出身，光绪十九年（1893）南京乡试中举人，援例候补知府，分发江苏。后至北京考进士未中，受业于大学士翁同龢门下，与缪荃孙等人相往还。戊戌变法失败，徐南下上海。光绪二十七年任淮安知府。光绪二十九年春，两江总督端方奏准派他为清廷特使，赴日考察学务。回国后，鼓吹教育、实业救国、兴办学堂。辛亥革命后寓居上海，汲汲于古籍之收藏、校刊。时人沈瑜庆在一首诗中赞曰：

> 随庵泽古深，家世席深厚。校雠富朋辈，好事竞奔走。示我勘书图，萧闲栖数亩。兴灭而继绝，搔痒更刮垢。光芒取六丁，嫏嬛守二酉。①

同许多近代刻书家一样，丰富的图书收藏也是徐乃昌编刻丛书的前提和基础。缪荃孙曾言："南陵徐积余，德行纯正，问学淹雅，收藏富有，冠冕皖南。"② 现存西南师范大学图书馆的《徐乃昌日记》为后人研究徐乃昌生平及藏书及刻书情况提供了原始资料。日记对当时上海工商业情况，安徽和上海的文化事业资料尤其是徐氏本人购书、藏书等情况多有记录。从日记看，徐氏所购藏的图书主要包括三大部分：一是释、道方面的书籍。例如，庚申年（1920）元月十九日，向其同年仲祐购得梵夹本释藏 5 种、道藏 1 种，并对所购之书进行细致的版本鉴别。二是明清刻本的收藏。三是从一些著名藏书家或著名出版社购进版本好印刷精的古籍。

徐氏先后校刻影刻的丛书多至 11 种，子目 240 种，卷帙达 430 卷，加上已见的 11 种单行本，其以一己之力，刊刻图书种类超过 250 种，560

① 沈瑜庆：《题积畲随庵勘书图》，《东方杂志》1917 年第 14 卷第 11 期，第 131—132 页。

② 缪荃孙：《积学斋藏书志序》，见《艺风堂文集》之《艺风堂文漫存·乙丁稿》卷 2，沈云龙主编《近代中国史料丛刊》本。

余卷，裒然为近代大出版家。其著书也是毫不逊色。他于民国三年主修《南陵县志》，后又参与编纂《安徽通志》《上海通志》等。他著有《南陵建制沿革表》《金石古物考》《续方言》《汉书儒林传补遗》等，均已刊行。在目录学方面，徐氏编有《积学斋藏书记》《随庵吉金图录》《小檀栾室镜影》《镜影楼钩影》《至圣林庙碑目》《积余斋金石拓片目录》，等等，虽然这些著作均未刊行，但是从存世的稿抄本来看，均极具文献价值。

（二）丛书编纂与出版

关于徐乃昌的古籍丛书刊刻数量，时人张謇在《鄦斋丛书序》中有如下记述：

> 徐君积余往以诸生读书太学，为祭酒宗室意园生生所知，究心训诂，刻意自立，其所刻丛书都二十种，大半乾嘉道咸鸿生巨儒之所著未尽刊布者，最后附其自著。①

张謇心目中的“丛书”标准如何？这里的“二十种”是否完全为现代意义上的丛书？是值得考证的。因此，张謇所言只能作参考。《中国丛书综录》收录徐乃昌刊刻丛书 8 种（其中《随庵徐氏丛书》含初编及续编），台湾学者苏精所著《近代藏书三十家》等当代著述论及徐氏刊刻丛书多为 9 种，实将《随庵徐氏丛书》之续编单列为 1 种所致。笔者综合目前各种文献，确定徐乃昌刊刻丛书应为 11 种。

1.《积学斋丛书》

共 20 种。光绪十九年（1893）完成，是一部专收清人未刻著作的丛书，内收含徐氏自撰《南陵县建置沿革表》1 卷在内的 20 种图书，共 63 卷。此书刻印工整，以传播未刊著述为旨归，有很高的版本和资料价值，缪荃孙在此书序中赞曰：

> 吾友徐君积余沈湎经籍劬学不倦，家宁国庠，闻乡先辈赵琴士之遗风，嗜古之念日专，传古之心日切。近出所刻丛书见眎，盖专求近

① 张謇：《鄦斋丛书序》，见《鄦斋丛书》首册，江苏省扬州市古籍书店 1960 年用南陵徐乃昌校刊原版补刊重印本。

儒辑述，取未刻之书为之传播，经学史学地学算学无所不备，书又多可传，无偏嗜，无杂糅，丛书之善，至此极乎！①

这部丛书原版现藏扬州广陵古籍刻印社。1962年扬州古旧书店以徐氏原版重印，使之流布更广。

2.《小檀栾室汇刻闺秀词》

光绪二十二年（1896）完成，收清朝女子词集，分10集，每集10种，卷帙过少者则辑为《闺秀词钞》16卷补遗1卷附后。收录清代女词人97家词别集，明代女词人3家词别集。书前有王鹏运、况周颐、金武祥序，王以敏题词，每一集前均载徐氏所辑本集词人姓氏录。全书刊刻始于光绪二十一年乙未讫于光绪二十二年丙申（1895—1896）。《闺秀词钞》刊于宣统元年（1909）。版心中镌子目名，下镌“小檀乐室”。为清代闺秀词之集大成者。徐氏为此绘有《小檀栾室勘词图》手卷留念。王鹏运在丛书序中曰：

吾友徐君积余性嗜倚声，以闺秀词集易致散佚，尤笃意搜罗，所藏殆逾百家，近复次第授梓，已成若干集，得若干家，又仿元诗癸集之例，凡词之丛残不成集者合为一编曰闺秀词选，其用力可谓勤矣。②

这是一部较特殊的丛书，刊刻中多用古字，台北富之江出版社1981年出排印本。又据《扬州中国雕版印刷博物馆所藏丛书版片述略》一文记载，该丛书版片附录多《闺秀词抄续补遗》4卷。③

3.《鄦斋丛书》

收书20种（若将汉氾胜之《遗书》所附《区田图说》一卷单计，则为21种），光绪二十六年（1900）完成，所收主要为清人著述或辑佚，

① 缪荃孙：《积学斋丛书序》，《积学斋丛书》第1册，清光绪中南陵徐乃昌积余甫校刊印本。

② 王鹏运：《小檀栾室汇刻闺秀词序》，见徐乃昌辑《小檀栾室汇刻闺秀词》，富之江出版社1996年版。

③ 参见《扬州中国雕版印刷博物馆所藏丛书版片述略》，见扬州博物馆编《江淮文化论丛》第2辑，文物出版社2013年版，第457页。

内含徐乃昌的《续方言又补》2卷、自辑《后汉儒林传补逸续增》1卷、《焦里堂先生轶文》1卷3种。此丛书版片现藏广陵古籍刻印社。1963年、1982年扬州古旧书店广陵古籍刻印社分别用徐氏原版重印。

4.《随庵丛书》《随庵丛书续编》

亦称《随庵徐氏丛书》。《随庵丛书》初编10种，55卷，光绪二十九年至三十一年南陵徐乃昌据自藏宋元旧本影刊，缪荃孙为初编序曰：

> 南陵徐君积馀，博学多闻，曾刻积学斋、许斋两丛书，广传国朝先辈不传之著作，艺林无不推重。近又得宋元本十种，覆而墨之，名曰“随庵丛刻”，字画行款一仍其旧，宋元面目开卷即是……积馀近刻此书目之曰初集，知后必有续刻。且凡闻君之风者，使之有所效法，均以流传为主，庶中国之旧学得以永保。①

初编计有宋本六种、影宋钞本一种、元本二种，明覆元本一种。尤其影宋本《唐女郎鱼玄机诗》、影元本《苍崖先生金石例》、影元本《乐府新编阳春白雪》摹刻逼真，刀法工致，堪称摹刻典范。

《随庵丛书续编》10种，37卷，刊于1916年，所采底本为常熟瞿氏铁琴铜剑楼藏本，计有宋本7种、影宋抄本1种、元大德本2种。其中影宋钞本《补汉兵志》、影宋本《忘忧清乐集》、影元大德本《白虎通德论》等尤为珍贵。叶昌炽序曰：

> 桑海以来，衣冠流寓集于海上，其贤者亦颇有如倦圃流通之约，即宴游玩好之资，为古人续命。南陵徐积余观察尤其真知而笃好者也。积余熟精簿录之学，二十年前见于京邸，商榷古书，即有志于名山之业。既刊国朝先儒撰述，汇写积学斋、鄦斋两丛书，又访求宋元善本，好写精刻精雕，都十种为一编。续编成，持印本见殆，发函申纸如逢寒故。②

① 缪荃孙：《随庵丛书序》，见《随庵丛书》第一种《词林韵释》，光绪间南陵徐氏刊本。

② 叶昌炽：《随庵丛书续编序》，见徐乃昌《随庵丛书续编》，南陵徐氏民国五年（1916）刊本。

《随庵丛书》及其续编均请当时著名刻工陶子麟等辈上版。

5.《怀豳杂俎》

辛亥年（1911）刻成，以他的师友诗词稿为主。内收《崔府君祠录》1卷、《琼琚谱》3卷、《我信录》2卷、《花部农谭》1卷、《两般秋雨庵诗选》1卷、《竹枝词》1卷、《论画诗》2卷、《梡鞠录》2卷、《念宛斋词钞》1卷、《海江渔唱》1卷、《云起轩词钞》1卷、《新声谱》1卷，共计12种。当时徐乃昌任职江南盐法道，道署中有“怀豳园”，故将丛书定名为《怀豳杂俎》。徐氏自序曰：

> 师友丛稿亦供潜研，碎金零璧，光无久湮，如鼎一脔，蕲厌时贤。爰撮其目，授之雕镌。工既竟时，官白下署，有怀豳园，即以怀豳杂俎题其耑云。辛亥孟夏南陵徐乃昌记。①

6.《随庵所著书》

民国四年（1915）汇印。收录徐氏自著《续方言又补》《后汉儒林传补逸续增》《焦里堂先生轶文》（以上三种先已收入《鄦斋丛书》中）及新辑《皖词纪胜》一种。

7.《宋元科举三录》

民国十二年（1923）以影刻方式刊行。收录积学斋所藏宋《宝祐四年登科录》（用嘉靖刊本影刊）、《绍兴十八年同年小录》（用弘治刊本影刊），元代《元统元年进士录》（用元统刊本影刊）三种。

8.《南陵先哲遗书》

收书5种，民国二十三年（1934）完成，根据清代南陵乡贤著述原刊本影刻，巾箱本。5种23卷，计有《休庵前集》1卷、《后集》1卷，清人盛于斯撰，据顺治五年本影刊；《史弋》2卷，清人汪桢撰，据康熙四十年影刊；《谈史记十表》10卷，清人江越撰，徐克范补，据雍正影刊；《芸莽诗集》8卷，清人刘开兆撰，据嘉庆二十年本影刊。

9.《烟画东堂小品》

缪荃孙于民国四年（1915）刊印《烟画东堂小品》，主要收录清人笔记等小品文23种（含缪荃孙自辑《京本通俗小说》1种），民国九年

① 徐乃昌：《怀豳杂俎》自序，见《怀豳杂俎》，南陵徐氏辛亥（1912）刻本。

（1920）徐乃昌重刊，宣纸 1 函 12 册 35 卷，版心刻书名简称：玉、蛮、鬼、志、拗、错、冯，第十二册末行可见“陶子麟刊”。

10.《永嘉四灵诗》

又名《四灵诗》宋佚名编，收书 4 种共 7 卷。徐乃昌于 1925 年以毛钞残宋本影刻行世，书前有义宁陈三立题记：“附徐道晖集徐致中集补阙札记各一卷。乙丑八月南陵徐乃昌影毛氏钞残宋本付刻。”《永嘉四灵诗》现存最早版本就是清初影宋抄本，陆心源曾藏一部，今流落日本。另一部影宋刊本嘉庆间为黄丕烈所藏，后归瞿氏铁琴铜剑楼，再往后则下落不明，黄丕烈藏影宋抄本虽然可能已经不存，但徐氏影刻可让世人略睹其风采。

第二节　陶湘　董康

一　陶湘

（一）生平

陶湘（1870—1940），字兰泉，号涉园，江苏武进人。近代重要藏书家、目录学家和刻书家。光绪十五年（1889），陶湘补大兴籍博士弟子员生，次年又以大兴县学生员资格保送至鸿胪寺序班，光绪十八年（1892），由鸿胪寺班改官同知，捐五品职衔，投效山东黄河河工，因治河成绩突出，经山东巡抚福润保奏，并经光绪谕准，被分发浙江候补知府，荐升道员，并加三品衔，在浙江、直隶两省候补。历任京汉铁路北路养路处、机器处总办，京汉铁路行车副监督，查办江西、安徽铁路委员等职。光绪三十二年（1906）邮传部成立。经盛宣怀提携，被调到邮传部任京汉铁路全路副监督。宣统元年（1909）诰封资政大夫。因时局动荡，朝廷昏暗，遂生退出政坛之意。后经同乡盛宣怀保举，任上海三新纱厂总办等职。民国以后，历任招商局、汉冶萍煤矿董事，天津中国银行经理，北京交通银行总行经理，天津裕元纱厂经理。1929 年起任故宫博物院图书馆专门委员。1932 年陶湘辞去各职，闭户家居，专门从事刻书。晚年由天津移居上海，1940 年 12 月 29 日去世。

图书收藏与刊刻可以说是陶湘一生中最重要的业务，也是其留名史册的重要亮点。陶氏曾教导儿孙：“非敬，无以举事之体；非恒，无以集事之成。吾生平于刻书略有成就者，赖此二字之力耳。”[①] 据不完全统计，陶湘一生藏书达30万卷，特好明清精稀刊本，傅增湘曾记此曰：“今涉园明刊千部，为册者以一万五千计，为卷者以四万二千计，此皆历三四百年中兵戈水火虫鼠之劫而厪存十一于千百者也。”[②] 陶氏“尤喜官私初印开化纸之书，缘其纸洁如玉，墨凝如漆，怡目悦心，为有清一代所擅美。厂市贾人遂锡以陶开化之名”[③]，曾先后名其藏书处为“百川书屋”“涉园”“百嘉室”“喜咏轩”等。藏书刻书讲求版本精良，装潢美观，经其整修过的古书被称为“陶装”。苏精先生在他所撰的《近代藏书三十家》中评论陶湘藏书时说：“他为人乐道韵书癖：第一不重宋元古本，而以明本及清初精刊本为搜求的大宗；第二是嗜好毛氏汲古阁刻本、闵氏套印本、武英殿本、开化纸本等，所藏都是海内一时之冠；第三藏书讲究完美无缺，尤其重视装潢的美观。”因时局及生活境况所迫，陶氏藏书晚年逐渐散佚，他曾将丛书574种27000余册售与日本东方文化研究院京都研究所，宋刻《百川学海》、明抄《儒学警悟》这两部中国丛书之祖以及足本《石仓诗选》500册均在其中，现存日本京都大学人文科学研究所图书馆，最后80余种明刊珍本收归民国中央图书馆，现存台湾。

可以说，陶湘丰富的藏书为其刻书奠定了坚实的基础。陶氏刻书始于清宣统元年（1909），该年他修纂14年之久的《常州陶氏支谱》率先告成，《昭代名人尺牍续集》24卷随后影印出版。此后便一发不可收，开始了他长达30年的出版之路。1932年他辞去纱厂经理之职，专理刻书之事，直至去世。平生先后刊刻了《景刊宋金元明本词四十种》《儒学警悟》《百川学海》等重要丛书。陶湘在图书出版上花费的精力之多，所印图书之精美，在当时都是首屈一指的。对此，傅增湘描述曰：

> 今涉园所收，独为精绝。原书佚去十许帙，主人妙选良工，购求旧楮，摹写足成，纤毫毕肖，靡费至千金以上。余往时尝把观竟日，

① 陶祖椿等编：《陶公兰泉行述记略》，转引自蘄安《陶湘藏书聚散两匆匆》，载《近代天津十大收藏家》，天津人民出版社2006年版，第84页。

② 傅增湘：《涉园藏书第一编序》，《青鹤》1936年第3卷第1期，第6页。

③ 同上书，第1页。

妍美明湛，精彩照人，笔法刀工，殆难骤辨，未尝不欢喜赞叹，思汲古之流风，复见于今日也。[①]

（二）古籍丛书刊刻

1.《儒学警悟》

该丛书为南宋宁宗嘉泰元年（1201）俞鼎孙、俞经编纂，是中国历史上第一部综合性丛书，历代罕见流传，直到缪荃孙校勘明代嘉靖年间王良栋旧抄本并由陶湘于1922年刊印后，流布始广。该书收书6种，即《石林燕语辨》10卷、《演繁露》6卷、《嫩真子绿》5卷、《考古编》10卷、《扪虱新话》8卷、《莹雪丛说》2卷，共41卷。由于《扪虱新话》分上下两集，故该书又号称《儒学警悟七集》。关于丛书所据底本来源及校刻，缪荃孙在该丛书序中有如下记述：

> 光绪壬辰有书贾自山西得《儒学警悟》全编六册，内有嘉靖壬辰吉庵王良栋录藏题识一行，明钞明装，提来求售，则汪辨十卷在焉。议价未成即为宗室伯羲祭酒购去。向伯羲借观，伯羲钞畀一帙而未许见原书。荃孙转付长沙叶焕彬并燕语及考异各校本刻之，固未知其钞未全也。近数年来伯羲所藏散出，以重价购得此书，始知俞成序为嘉泰元年辛酉，正前乎《百川学海》七十二年矣……是书荃孙始表章之，而兰泉传古之功为不可没。[②]

缪荃孙参校各书，互为考订，历时6年于1918年冬全部校勘完毕。次年中秋前三日为本丛书撰序言后交陶湘付梓，此时缪荃孙已卧病在床，不久即去世，此书遂成了缪荃孙校订的最后一部书。该书于民国壬戌（1922）冬刊刻完毕。

2.《宋金元明本词》

共40种。包括吴昌绶刻《仁和口天氏双照楼景刊宋金元本词》17种、陶湘续刻《武进陶氏涉园续刊景宋金元明本词》23种、陶湘续刻

---

① 傅增湘：《涉园藏书第一编序》，《青鹤》1936年第5卷第1期，第4页。

② 缪荃孙：《儒学警悟七集序》，见《儒学警悟七集》第1册，陶氏民国壬戌（1922）刻本。

《影刊宋金元明本词补编》3 种、陶湘据明毛氏汲古阁藏钞本影刊《影刊宋金元明本词补编三种》。1965 年中国书店用陶湘原木版重刷，完整 1 厚册全。内收《方是闲集》、《蚁术词选》4 卷、《写情集》4 卷。

> 吾友吴子伯宛……所辑皆善本足本，藉证向时一切钞校之陋。旧有缺误者亦存其真，不失乾嘉前辈景刻诸书家法，始成十七种，戊午岁以刊版归湘。数载以来湘复踵其义例，选工精刻，又得二十三种，海内藏弆之家名编珍帙可据以传摹者大致备于是矣。①

3.《程雪楼集》

程雪楼即程文海，名钜夫，宋末元初名士，降元后被任命为集贤侍读学士，并为统治者网罗江南贤才，深得赏识。寓名雪楼，赐地“远斋”，故后学称之为雪楼先生、远斋先生，在元代文学史上颇有地位。其集包括函诏制册文 10 卷、序记书文 15 卷，还有部分诗歌集，内容丰富，资料翔实精当，有很高的史料和文学艺术价值。陶湘购得洪武乙亥与耕书堂刻《程雪楼集》30 卷后，请长洲章钰校勘一过并题端。章钰丙寅三月为该丛书题跋曰：

> 阳湖涉园陶氏以传播旧椠，为当代艳称。曩又得善化王氏所藏洪武乙亥刻程雪楼集三十卷，念五百年来更无第二刻也。益遴选高手，影写精刊，属钰覆勘一过。

该书为陶湘影刻书籍之代表作之一，版权页有“宣统庚戌夏五阳湖陶氏涉园开版，乙丑毕工”楷字注记，全书字画遒劲，行款疏朗，白纸精印，品相极佳。中国书店曾于 1980 年、2011 年两次刷印。

4.《喜咏轩丛书》

《喜咏轩丛书》一共有甲乙丙丁戊五编，甲编 16 种，乙编 6 种，丙编 7 种，丁编（若将《朱上如木刻四种》单列，则丁编收书数为 6 种）及戊编（若将洪应明《还初道人著述二种》单列，则戊编收书数为 4 种）

① 陶湘：《景刊宋金元明本词叙录》，见王德毅主编《丛书集成三编》第 100 册，新文丰出版公司 1997 年版，第 1015—1016 页。

均为 3 种，收书 39 种，由陶湘编辑并石印。所收书主要为诗词、戏曲、传奇和图谱等，书中附有大量插图。各编数量及书目如下：

甲编 16 种：明宋应星《天工开物》、清董诰《钦定授衣广训》、清余鹏年《曹州牡丹谱》、清何传瑶《宝砚堂砚辨》、清丁佩《绣谱》、民国沈寿《雪宧绣谱》、明王达《笔畴》、清彭兆荪《忏摩录》、清梦庵超格《牧牛图颂》、明王象春《问山亭遗诗》、清瞿应绍《月壶题画诗》、清万绳栻《捋撦集》、清恽珠《红香馆诗草》、清方荫华《双清阁诗》、清那逊兰保《芸香馆遗诗》、清路秀贞《吟荭馆遗诗》。

乙编 6 种：清朱素臣《秦楼月》、明徐复祚《校正原本红梨记》、元张寿卿《红黎花杂剧》、明薛近兖《绣襦记》、元施惠《幽闺怨佳人拜月亭记》、明路惠期《鸳鸯绦传奇》。

丙编 7 种：明吕震《宣德鼎彝谱坿宣炉博论》《宣德彝器图谱》，明吕棠《宣德彝器谱》，沈某《宣炉小志》，清萧云从《萧尺木离骚图》，明陈洪绶《陈老莲离骚图像》，陶湘《明刻传奇图像十种》。

丁编 6 种：朱上如《凌烟阁功臣像》《圣祖耕织图诗》《圣祖避暑山庄图咏》《高宗恭和避暑山庄图咏》，清张士保《云台二十八将图》，清洪承畴《洪经略奏对笔记》。

戊编 4 种：萧云从《钦定补绘离骚图》，明计成《园冶》，明洪应明《菜根谭》《仙佛奇踪》（洪氏二书合称《还初道人著书二种》，若视为 1 种，则戊编收书数为 3 种）。

5.《百川学海》

该丛书为宋度宗咸淳九年（1273）左圭辑刊，书名取自汉代学者扬雄《扬子法言》："百川学海而至于海。"全书分甲乙丙丁戊己庚辛壬癸 10 集，计 100 种、177 卷。《百川学海》虽然成书晚于《儒学警悟》70 余年，但因其丛书体例更加成熟，影响远远超过《儒学警悟》。《百川学海》标志着我国丛书编辑体例的成熟，开启了我国大型综合性丛书汇刻的先河，对我国丛书的发展繁荣产生着重要影响。明代人吴永有《续百川学海》10 集，105 种，119 卷，冯可宾有《广百川学海》10 集，132 种，156 卷，都是仿照它的体例编刻的。但左氏原刻宋元后流布稀少，只有明弘治十四年（1501）无锡华氏覆宋刊本。庚申年（1920）见于书肆后终为陶湘所得。陶湘请章钰校勘并与傅增湘合资进行了影刻，其过程于章钰代陶湘所撰跋语中有如下详述：

> 此左氏原刻为明文氏停云馆旧藏……于庚申年见诸厂肆，一时悬金争购，卒为析津张君鸿卿所有。湘幸承割让得，岿然为涉园藏书之冠。天付墨缘，优越至此，不予流布，其谓之何？因与江安傅君沅叔集赀，就原书影模锓木。中缺九种，《学斋佔毕》首卷借刻于德化李氏，余则姑用华本足之。长洲张君式之重湘之好传古也，许任校事。而禾中唐君立厂继之。湘则寝馈于斯殆六年矣……书体为黄岗饶星舫一手影模，星舫先从艺风游，见旧本甚夥，客湘所亦及十年，湘刻诸种，皆其手缮，《儒学警悟》即其一也。①

陶刻版权页刻注“岁在丁卯武进陶氏涉园开版”。经过陶湘丁卯（1927）年重刻，《百川学海》才广为今人所识。中华书局1960年据陶刻本影印，中国书店1980年据陶本缩印。

6.《涉园墨萃》

该丛书由9种制墨专书及3种图式精品组成。9种侧重制墨著作：宋李孝美《墨谱法式》，宋晁贯之《墨经》，明沈继孙《墨法集要》，明方瑞生《墨海》，元陆友《墨史》，元万寿祺《墨表》，清汪近圣《鉴古斋墨薮》，民国谢嵩岱《南学制墨札记》《内务府墨作则例》。3种图式著作：明程大约《中山狼图》《利玛窦题宝像图》，民国袁励准《中舟藏墨录》。全书于民国十八年（1929）完成刊印。

笔墨为古代中国最重要的文房用具，我国历代都很重视墨的制作。为了认真研究前人的制墨经验，总结制墨的实践过程，陶湘汇辑这12种制墨专著为一书，以期为后来造墨者提供参考。

7.《百川书屋丛书》

收书11种。正编6种：晋崔豹撰，宋嘉定本《古今注》；明酒狂仙客（朱载堉）撰，汲古阁抄本《瑟谱》；明周茂兰撰，手稿本《明周端孝先生血疏贴黄真迹》；清上官周撰，道光本《晚笑堂画传》；明杨继盛撰，清道光本《杨忠愍传家宝训》；清舒位撰，道光本《瓶笙馆修箫谱》。民国十九年（1930）影印。

---

① 章钰：《景宋本百川学海跋（代陶兰泉）》，《四当斋集》卷3，载沈云龙主编《近代中国史料丛刊三编·174》，文海出版社1987年版，第88—90页。

续编 5 种：明程宗猷撰《程氏心法三种》《唐褚河南阴符经墨迹》，清乾隆十三年敕辑《乾隆宝谱》，乾隆年敕辑《清内府藏古玉印》，民国陶祖光辑《金轮精舍藏古玉印》。民国二十年（1931）影印。

《百川书屋丛书》正续编 1 函 7 册，是陶湘影印丛书中的代表之作，开本宏阔，纸白墨润，是近现代影印古籍中的佼佼者。

8.《拓跋廛丛书》（又作《记跋廛丛刻》）

丛书收录 10 种珍稀古籍。包括《童蒙训》1 卷，宋嘉定本；《元城先生语录》3 卷，明嘉靖本；《会稽三赋》1 卷，宋本；《草莽私乘》1 卷，抄校本；《鬃饰录》2 卷，旧抄本；《丰溪存稿》1 卷，抄校本；《春卿遗稿》1 卷续编 1 卷，旧抄本；《张大家兰雪集》2 卷附录 1 卷，旧抄本；《华贞固先生虑得集》4 卷附录 2 卷，嘉靖本；《陈刚中诗集》3 卷附录 1 卷，洪武本。民国十三年至十七年（1924—1928）刊刻，《记跋廛丛刻》前后无刊书缘起，各书刊成时间亦不同，中国书店据所藏陶湘刊刻版片曾两次重新刷印。1986 年刷印中，《会稽三赋注》版片没有找到，因此为影印本，其余均为刷本。当时琉璃厂旧工匠多健在，故所选纸墨精良，刷印一丝不苟，与陶氏初印本不分伯仲。2008 年刷印时，《会稽赋》版片复得，故以刷印替代影印，丛刻全貌得以展现。

9.《陶氏书目丛刊》

15 种。该丛刊为民国二十二年（1933）铅印本，陶湘自民国十五年（1926）应故宫博物院图书馆馆长傅增湘之聘主持故宫殿版图书的编订工作后，深入系统地调查研究了清内府刻书的历史。辑成《清代殿版书目》《武英殿袖珍版书目》《内府写本书目》《四库荟要目录》《钦定补刻通志堂经解目录》等多种目录，收入《书目丛刊》之中。此外，丛书还包括《明内府经厂本书目》《明吴兴闵板书目》《明毛氏汲古阁刻书目录》等，这些则体现着陶湘对明代版刻深入研究的成果。

10.《宋刊巾箱本八经》

又称《八经白文》，珂罗版印本：《礼记》2 册；《周礼》1 册；《周易》《书经》合 1 册；《毛诗》1 册；《孝》《论》《孟》合 1 册。傅增湘跋断此八经均为宋宁宗以前刻本。

11.《明刻传奇图像十种》

此书是明天启丁卯年（1627）间刊印的 10 种戏曲插图的汇集，为吴门王文衡所绘，刻图者为新安黄一彬及郑圣卿、刘杲卿、汪文佐 4 人。10

部作品是:《琵琶记》《牡丹亭》《南柯记》《红佛记》《西厢记》《薰西厢记》《明珠记》《紫钗记》《燕子笺》《邯郸梦》。画家为适应本木刻的需要,采用了传统的线描画法。镂刻者以刀代笔,刀法多样,刻制十分精美,创造性地再现画稿于梨枣木版之上。陶湘依天启本于丙寅至戊辰(1926—1928)间相继影印(石印)。陶氏影印本每种版权页均注明:“岁在某某武进涉园景印(或石印)”。

12.《影刊唐开成石经》

这是陶湘代军阀张宗昌刊刻的丛书。《开成石经》是唐文宗时艾居晦、陈玠等奉诏刻《周易》《尚书》《毛诗》《周礼》《仪礼》《礼记》《春秋左氏传》《公羊传》《谷梁传》《孝经》《论语》《尔雅》12石经,始刻于唐文宗大和七年(833),直到唐文宗开成二年(837)才完成,原碑立于唐长安城务本坊的国子监内,宋时移至府学北墉,即今天西安碑林的“开成十二经”。民国十五年(1926)陶湘应军阀张宗昌之命,以张宗昌堂名“皕忍堂”名义,不惜工本,依《开成石经》原拓字体影摹刻板,由北京文楷斋刊刻。同时将贾三复补雕的《孟子》和严可均《唐石经校文》加入,成“十三经”。全书卷帙浩繁,共14函74册,卷首王寿彭代张宗昌写的《重印十三经序》。原《开成石经》所佚文字经过补齐校勘后,用双勾刻成。全书开本敞阔,纸莹如玉,墨若点漆,镌工精良,被称为民国大字本第一书。

13.《影汲古阁钞宋金词七种》

该书系陶湘据明毛氏汲古阁藏抄本影印而成,所收7种词集为:宋陈三聘《和石湖词》1卷,金段成己《菊轩乐府》1卷,宋韩玉《东浦词》1卷,宋吕胜己《渭川居士词》1卷,宋王安中《初寮词》1卷,宋洪瑹《空同词》1卷,宋黄公度《知稼翁词》1卷。其中,《东浦词》《初寮词》《空洞词》《知稼翁词》四种见于汲古阁刊《宋六十名家词》。陶氏影刊本均半页10行,行18字,单鱼尾,左右双边,版心鱼尾下署“某某词”,中为页码,下为“汲古阁”牌记。1965年中国书店用旧版重刷。

二　董康

(一)生平

董康(1867—1947),字授经,又字绶经、授金,自署诵芬室主人,江苏武进(今常州市)人。青少年时期曾在江阴南菁书院读书。1889年考上举人，光绪十五年（1898）中进士，授刑部主事。戊戌变法之后任刑部提牢厅主事，总办秋审兼陕西司主稿。1902 年，董康因母亲去世居家守丧。回京后授法律馆提调兼京师法律学堂教务提调、宪政编查馆科员、大理院刑庭推事、大理院推丞等职。期间，主笔编修了《宪法大纲》，清廷于 1908 年颁布试行。清亡后避祸日本，在日本学习法律。1914 年 2 月自日回国，先后署理大理院院长、充法律编查会副会长兼中央文官高等惩戒委员会委员长。1915 年任法典编纂会副会长、全国选举资格审查会会长。1918 年任修订法律馆总裁。1920 年 11 月出任靳云鹏担任内阁的中华民国司法总长。1922 年，主持清理财政部债券贪污案，后出任财政总长。同年 8 月被派赴欧洲考察商务。1923 年初自欧回国，先后担任大理院院长、法权讨论委员会副委员长，同年秋移居上海。1925 年上海法科大学成立，董康被推任校长。1926 年 12 月，受军阀孙传芳通缉，董康再度逃亡日本，在日本期间，他遍访古书，并将其访书历程著成《东游日记》（1930 年以《书舶庸谭》之名由上海大东书局石印出版）。1927 年 5 月自日回国后，继任上海法科大学校长，后辞职从事律师业务，同时兼东吴大学法律学院院长。1933 年末，董康赴北平任北京大学教授。抗战爆发后，历任日伪政府法院院长、司法委员会委员长和大理院首席法官。1940 年 3 月底国民政府下令通缉董康，抗战胜利后被捕，因病保外就医，1947 年病逝。

从履历看，董康主业近代法律，但其藏书与刻书在近代书史上也占有相当地位。伦明曾描述其一生藏书与刻书曰："法源寺里日营营，徒为他人造楼阁。雕本人间走不胫，可怜木匠缺门闩。""武进董授经康，精究版本，而家少藏书。"① 意即董氏一生只顾刻书而少藏书。"少藏书"实为片面之说。

董康藏书以宋元及明嘉靖以前的古本为主。民变以后，清王府藏书开始流出，董康乘机买到了恭王府及定王府流出的一些宋版书。民国五年，董氏发现了宋周密《草窗韵语》6 卷，此书数百年来罕见流布，但书主索价 2000 元，此时正手头拮据的董康无力购藏，最终为上海藏书家蒋汝藻购去，蒋氏遂将其书室"传书堂"更名为"密韵楼"，成近代藏书佳话。

---

① 伦明：《辛亥以来藏书纪事诗》（《伦明全集》本）"董康"条，广东人民出版社 2012 年版，第 141 页。

面对众多好书，董康常常流露出“非寒畯所能过问”的遗憾。因此，他曾用抄录的方法得到了许多无力或无法购置的图书。董康藏书究竟有多少，好像已无法确且统计。不过，时人吴庆坻《蕉廊脞录》曾曰“阳湖董授经康，收藏考订与叔蕴相伯仲”[①]，显然有些夸张。

董康曾说自己“一生以影印异书为唯一之职志”[②]。他曾在北京法源寺旁边的寓所内，长期雇用一批刻工从事刊刻，将自己所收罗到的珍本秘籍刊布出来。据《诵芬室刊印书目》统计，诵芬室30年中刻成30余种图书，其中就包括《盛明杂剧六十种》等几部丛书。

（二）古籍丛书刊刻

1.《诵芬室丛刊》

严格说来“诵芬室丛刊”并不能作为一个具体的丛书名，而是对董康一生所刊丛书的汇称。《中国丛书综录》既列有“诵芬室丛刊”条，《中国丛书综录续编》又列“盛明杂剧”“读曲丛刊”条，亦可见《诵芬室丛刊》作为丛书之松散。

按《中国丛书综录》，《诵芬室丛刊》分初编和二编。初编12种，另附《梅村先生年谱四卷世系一卷》《梅村先生乐府三种》，刊印时间自1908年至1922年不等。

二编实际上由四种丛书即《读曲丛刊》《盛明杂剧三十种》《盛明二集三十种》《石巢传奇四种》及另外四种单书《新编五代史平话残八卷》《剪灯新话四卷》《剪灯余话五卷》《醉醒石十五卷》组成。

《读曲丛刊》又称《诵芬室读曲丛刊》，收元钟嗣成撰《录鬼簿》2卷，明徐渭撰《南词叙录》1卷，明骚隐居士撰《衡曲尘谭》1卷，明魏良辅撰《曲律》1卷，明王骥德撰《曲律》4卷，明沈德符撰《顾曲杂言》1卷，清焦循撰《剧说》6卷。民国六年（1917）刊行。

《盛明杂剧三十种》《盛明二集三十种》均为明沈泰等辑，共收嘉靖到崇祯初年的杂剧60种，为明代剧本重要选集，所收杂剧皆附有评语，有些评语出于名家之手，如袁宏道、王世懋等，颇具资料价值。一集刊刻于1918年，二集刊刻于1925年，民国十四年上海中国书店曾据董氏本影印。

① 吴庆坻：《蕉廊脞录》卷5，南林刘氏求恕斋刊本。

② 董康：《书舶庸谭》（傅杰校点本），辽宁教育出版社1998年版，第1页。

2.《杂剧三集》

明末清初邹式金编撰的《杂剧新编》，因继沈泰的《盛明杂剧》初集、二集之后，故又被称为《杂剧三编》，收录明崇祯到清初的杂剧34种，清顺治中刊刻，董康于民国三十年加以覆刊。此后，世人多将《盛明杂剧》初、二集及邹氏三集合刊。1958年中国戏剧出版社、1979年台湾广文书局、1982年中国书店、2011年国家图书馆中华再造善本等均据董氏覆本将三集杂剧影印合刊，统称《盛明杂剧》。

3.《广川词录》

此丛书是董氏汇辑先德词，为家刻词总集。收录武进、阳湖10家董姓词人词作10种25卷：董元恺《苍梧词》12卷、董以宁《落渡词》3卷、董潮《漱花词》1卷、董基诚《玉椒词》1卷、董祐诚《兰石词》1卷、董士锡《齐物论斋词》1卷、董毅《蜕学斋词》2卷、董祺《碧云词》1卷、董俞《玉凫词》1卷、董康《课花庵词》1卷。民国三十年毗陵董氏校刻。1函8册。书中多数字体为方字精刊，唯董祺《碧云词》1卷以馆阁体小楷手书上版，故无论是镌板还是编辑都十分用心，完美展现了董氏刻书的独特风貌。

4.《杂剧十段锦》

系10段明杂剧的剧本选编，严格说来不能算是丛书，编者不详。该书以天干次序从甲至癸共分10集，每集一个剧目，合计十剧，遂称“十段锦”。其中《关云长义勇辞金》《李亚仙花酒曲江池》《蟠桃会八仙庆寿》《赵贞姬死后团圆》《黑旋风仗义疏财》《清河县继母大贤》《豹子和尚自还俗》《兰红叶自诉烟花梦》8种为明周宪王朱有燉所撰，《善知识苦海回头》为明人陈沂所撰，《汉相如献赋题桥》作者佚名，因所录剧本多数为朱有燉撰，故世人多视朱有燉为此书著者。此书以嘉靖三十七年（1558）绍陶室刊本流布最广，董康于1912年出巨金购自文求堂，1913年即以玻璃版影印百部行世，版权页注明“癸丑季秋南兰陵诵芬室主人仿古香斋秀珍本精制印行”，王国维作序。

5.《诗慰》

明末清初诗歌选集，清人陈允衡（1622—1672）编辑。所选皆明清易代之际已故平民诗人之作，以诗存人，以慰不得志之亡灵，故名《诗慰》。关于此书卷数，《中国书名释义大辞典》记为“初集二十四卷、二集十一卷、续集四卷”[①]。郑振铎曾记此书曰：

> 余先得陈允衡国雅，但历访南北各肆求《诗慰》却不可得，即董某复刻本亦未有。顷乃于上海来薰阁得原刻《诗慰》四册，虽残阙不全，亦欣然收之。曾至北京图书馆抄得《诗慰》全目，计初集二十家。此本存者凡十四家，二集十家、续集八家，则此本均无有。北京图书馆藏本所缺高淳邢孟贞《石臼后集》一卷，此本却有之。海内有此书者，恐无第三家也。此书入全毁总目，故流传甚少。[②]

可见，此书顺治年间澄怀堂刊本流布稀少，甚至藏书家郑振铎连董康民国二十九年据此覆刊本亦未见。

第三节　刘承干　张钧衡

一　刘承干

（一）藏书与刻书的一生

刘承干（1881—1963），字翰怡，号贞一，浙江省吴兴南浔镇人。祖父刘镛，因经营缫丝富甲一方，为南浔“四象”之首。其父刘绵藻，光绪戊戌年进士，为《皇朝续文献通考》一书的编撰者。秉家学渊源和祖上热望，刘承干饱读诗书，自幼打下了坚实的国学基础，光绪三十一年（1905）考中秀才。遗憾的是次年，风雨飘摇的清王朝迫于西学东渐和社会改革的压力取消了科举制度，刘承干的入仕之路破灭了。刘承干伯父刘安澜无子，遵祖父刘镛之命，刘承干过继给伯父刘安澜为嗣。依靠先祖传下的巨大家财，刘承干开始了他一生的藏书与刻书事业。

> 一八九九年刘镛逝世，刘承干便以“承重孙”的身份，继承了长房的财产，一夜之间顿成豪富。有了这份家业，自可不事生业，坐吃一世。辛亥革命以前，刘承干一家都住在南浔刘氏大院里；辛亥革

---

① 赵传仁、鲍延毅、葛增福主编：《中国书名释义大辞典》，山东友谊出版社2007年版，第717页。

② 郑振铎：《西谛书话》，生活·读书·新知三联书店2005年版，第475页。

命以后，迁居上海。直到一九六三年病逝（八十二岁），五十年间，除了一九三五到一九三七年这三年，曾经住在苏州之外，始终住在上海。[①]

此后，刘承干的社会活动，就主要放在买书、藏书、校书、刻书方面。他除了自己广搜善本外，还兼并了甬东卢氏抱经楼、仁和朱氏结一庐、丰顺丁氏持静斋、江阴缪氏艺风堂等 10 多家私人藏书。

关于刘承干开始藏书的时间及原因，世人多根据他在《嘉业藏书楼记》里说的那段话："溯自宣统庚戌，开南洋劝业会于金陵，瑰货骈集，人争趋之。余独徒步状元境各书肆，遍览群书，兼两载归。越日，书贾携书来售者踵至，自是即有志聚书。"[②] 其实，刘承干购书、藏书最直接、最初始的原因有二："一是想继承生父刘锦藻编著《皇朝续文献通考》的事业，所以大量收购史部书。二是想继承继父刘安澜编辑清朝《诗萃》的事业，所以又大买清人集部。"[③] 当然，清、民易代之后，社会动荡加剧，江浙旧家大族纷纷避居上海，大量散卖所藏古籍，为家财雄厚的刘承干聚书、藏书提供了机会。同时，一些著名目录版本学家来到上海，也为刘承干藏书、刻书、校勘等工作提供了丰富的智力支撑，"延海内通人校雠编审，如缪筱珊参议荃孙、叶菊裳侍讲昌炽、王玫伯观察舟瑶、陈诒重侍郎毅、孙益庵广文德谦、杨文敬公钟羲、况夔笙太守周颐、董授经推丞康，均曾主余家"[④]。

1920 年 11 月，面对上海求恕斋日益拥挤的藏书，刘承干在老家浙江湖州南浔镇小莲庄旁开始修建一座巨大的藏书楼，这便是嘉业堂藏书楼。该楼及相关院落占地面积 20 多亩，藏书楼建筑面积 2000 平方米，分上、下两楼，整个书楼是座口字形回廊式厅堂建筑。四周是高墙。高墙向外的窗户都备有封闭的铁窗门。高墙内有方形天井，光线充足，空气流通，又便于安全防护。书楼大门关闭后，外人无法闯入。书楼结构合理，既有利

---

① 许寅：《"傻公子"作出的"傻贡献"——嘉业堂藏书的过去和现在》，载《学林漫录》第 8 辑，中华书局 1983 年版，第 3 页。

② 刘承干：《嘉业藏书楼记》，《图书馆学季刊》1926 年第 1 卷第 3 期，第 549 页。

③ 许寅：《"傻公子"作出的"傻贡献"——嘉业堂藏书的过去和现在》，载《学林漫录》第 8 辑，中华书局 1983 年版，第 5 页。

④ 刘承干：《嘉业老人八十自叙》，载缪荃孙、吴昌绶、董康撰《嘉业堂藏书志》，吴格整理点校，复旦大学出版社 1997 年版，第 1410 页。

于保藏，又便于取阅，综合汲取了中国古代藏书楼的建筑经验与规划。藏书楼共有书库52间、882橱箱，是中国历史上规模最宏大、藏书最丰富的私人藏书楼。整体建筑耗资80万元，历时5年才告竣工。关于嘉业堂藏书楼的建筑目的，刘承干曾有如下叙述：

> 余之为是楼，非徒藏之，又将谋所以永其传，略仿李氏之意，隶之义庄，与宗人共守之，或亦眉山苏氏许为仁者之用心，而仰瞻宸翰，庶几继昆山、新城、秀水之盛。凡吾子孙，其世守勿替乎。①

嘉业堂藏书楼藏有各类古籍近60万卷，为中国历代私人藏书楼之冠。其藏书极具特色：一是收藏有大量珍贵的宋元精椠及明清善本。据统计，嘉业堂藏书楼全盛时，藏有宋刻本77种、元刻本78种，共计155种，比现在的浙江省图书馆所藏宋元古籍还多一倍多。此外，嘉业堂藏书楼还重视明、清两代善本收藏，曾收藏有明刊本约2000种，清刻本近5000种之多。二是收藏有大量珍贵稿本、抄本，多达2000种。其中最著名的有明孤本《永乐大典》42册，清翁方纲《四库全书提要》原稿150册，清《四库全书》文源阁本6册、文澜阁本26册。三是广搜地方志，共收藏有各类地方志1200种、33384卷，其中海内秘籍珍本就达62种。

由于刘承干不善于经营，再加上世界经济危机的影响，从1932年开始，刘家的生丝业日益不景气，家道中落。为了维持刘家生计，刘承干不得不将多年搜集的各种珍本善本古籍变卖。到1949年时，嘉业堂藏书楼所藏155部宋元刻本已荡然无存，近2000种明刊本和数万册古籍也大多流失。中华人民共和国成立后，刘承干于1951年将嘉业堂藏书楼连同所藏图书、书版及各项设备，全部捐献给政府。至此，濒临绝境的嘉业堂藏书楼成为国有财产，重获新生。1981年，嘉业堂藏书楼被浙江省政府列为省级重点文物保护单位。

刘承干刻书开始于民国初年，“先后梓印不下百数十种”，“所获既富，遂发刊辑丛书之愿，择孤本及罕传之本，次第授梓，成丛书数种。网罗前哲遗编，曰《嘉业堂丛书》；汇集近儒述作，曰《求恕斋丛书》；限乡贤所著者，曰《吴兴丛书》；阐性理微言者，曰《留馀草堂丛书》。又

① 刘承干：《嘉业藏书楼记》，《图书馆学季刊》1926年第1卷第3期，第550页。

精椠影宋《四史》、《晋书斠注》、《旧五代史注》及金石诸书”，“综所刻无虑三千余卷，凡海内外图书馆，无不举以馈遗”。[①] 吴格先生赞刘氏“所刻书数逾三千卷，版式精雅，校雠审慎，世多称誉。所刻各书，俱有序跋，提要钩玄，穷委竟源，实有裨于学术”[②]。

（二）古籍丛书刊刻

1.《嘉业堂丛书》

此丛书为刘氏从仁和唐栖朱氏结一庐购得部分书版与其自刻书版组成。丛书刊刻始于1913年，历时十余载，于1930年告竣。分经、史、子、集四部，其中经部8种55册，史部22种80册，子部8种15册，集部18种68册，共计56种214册。多收罕传之本，其中最多的是元、明遗老著作及其谱状。其中有许多是世间难得的，如清屈大均的《安龙逸史》《翁山文外》；明叶绍袁的《天寥道人自撰年谱》以及《宋刑统》《南唐书注》《道德真经注疏》等。刘承干、缪荃孙为此书作了校订，多附校记考证。缪荃孙曾序《嘉业堂丛书》，此书有三善，一曰遵经训，二曰重孤本，三曰补遗稿。[③] 代表了民国雕版印书业的最高水准。因丛书分部陆续辑刻发行，加之面世日久，完整的收藏已不多见。好在原刻木版保存完好，1982年北京文物出版社采用原雕木版刷印，传统工艺线订函装，重新出版，以广流传。

2.《吴兴丛书》

这是刘氏嘉业堂所刊刻的一部重要郡邑丛书，收书66种。吴兴曾是湖州府的治所，光绪年间陆心源辑刻的《湖州丛书》，已开吴兴地方丛书之先，“惟陆氏仅刻十余种而止”，刘承干“颇思赓续之”。在《吴兴丛书序》中，刘氏对此书的刊刻过程及其意义作了阐述：

> 癸丑岁，购得《吴兴备志》稿本，同人怂恿授刻。嗣即接刊谈钥《吴兴志》等书。迄今十有余年，计成经部七家一百五十六卷，

① 刘承干：《嘉业老人八十自叙》，载缪荃孙、吴昌绶、董康撰《嘉业堂藏书志》，吴格整理点校，复旦大学出版社1997年版，第1410页。

② 吴格：《嘉业堂藏书志前言》，载缪荃孙、吴昌绶、董康撰《嘉业堂藏书志》，吴格整理点校，复旦大学出版社1997年版。

③ 缪荃孙：《嘉业堂丛书序》，见《嘉业堂丛书》经部第1种《周易正义》第1册，民国七年（1918）戊午嘉业堂刻本。

史部九家一百八十五卷，子部七家八十五卷，集部二十九家四百一卷，庶几继陆氏之所刻而足成其所未备。嗟乎！吴兴为东南文物所萃，吴晋以降，代有作者。自胡安定教授以来，苕溪霅水之间，比于邹鲁。人物之盛，著述之富，固不止此，志书艺文所著录尚多未见，其有录而书已佚者更勿论矣。然即此所校刊者，玩其简编，籀其义蕴，芳臭气泽之所留贻，其足以兴起后人而发人观感者岂有量欤。惟浙东西诸家，皆收罗于四方清晏之时，而余则抱残守缺于多事之秋，其劳逸固自不同。时运变迁，斯文将丧，或因此而稍留一缕以传于后，此刻亦未为无功也。①

可见，刘氏对此书还是颇为自信的。但挂一漏万，实难避免。时人刘声木就曾评价《吴兴丛书》曰："乌程刘翰怡京卿承幹编刊《吴兴丛书》，搜罗颇备，然亦有未尽者。未刊之书无论已，即以已刊者言之，已有遗漏，信乎编辑之难，耳目难周。"②

3.《求恕斋丛书》

求恕斋最初为刘氏寓居上海时的书斋名，取《论语·卫灵公》中"其恕乎！己所不欲，勿施于人"之意，1924年南浔嘉业堂藏书楼建成后，移匾于藏书楼，作为二楼与"藜光阁"相对的里面正房斋名，并以此为丛书名。《求恕斋丛书》所收除少数明代著述外，均为清、民易代之际时人著述。刘承干虽因科举之废而失去为官大清的机会，但他与诸多晚清遗老一样，具有浓厚的遗民情怀，这不仅表现在他对逊清小朝廷的忠心耿耿及与诸多遗老心绪相通上，还表现他刊刻《求恕斋丛书》的用意上：

近自辛亥而后，政柄骤移，故家旧族，抱其先业，寄寓沪滨，处伤憔悴，无可发泄，则托迹嵇阮，以沈冥自遣，视明季诸贤固无以异也。时则有江阴缪艺风参议、金坛冯蒿庵中丞，叹时局之沦胥，悼斯文之将丧，相与搜缉旧闻，网罗散佚。同时诸贤，如章左丞一山、叶提学柏皋诸君，抱道沦隐，亦各有撰述。余幸得与相周旋，未尝不叹

① 刘承干：《吴兴丛书序》，载缪荃孙、吴昌绶、董康撰《嘉业堂藏书志》，吴格整理点校，复旦大学出版社1997年版，第1280页。

② 刘声木：《苌楚斋随笔》卷6，民国十八年（1929）直介堂丛刊本。

当此文献绝续之交，二三君子适会聚于穷海之滨，不可谓非天心所属意也，乃裒其所荟刻之，计经部三家二十六卷，史部十一家五十六卷，子部三家二十九卷，集部十三家一百十九卷。虽其中有不尽并时者，要皆师友授受，渊源所自，不可没也。[①]

与《嘉业堂丛书》多元、明遗民著述类似，《求恕斋丛书》所收30种清、民易代之际著作，显然更鲜明地体现了刘氏遗民心绪与情怀。

4.《留余草堂丛书》

留余草堂为刘承干在杭州西湖宝石山下从外国人手里所购别墅，取自己之字“留余”为别业名，形制为中西结合三开间，两层楼，为刘氏藏书及短憩之所。南浔嘉业藏书楼建成后，此处藏书尽移南浔嘉业堂。《留余草堂丛书》收书11种64卷，“择先儒性理格言诸编，以扶翼世教也”，1920—1925年刻成。

5.《嘉业堂金石丛书》

该丛书志在传承金石文献，正如刘氏在该丛书之一《希古楼金石萃编》跋中所言：“顾古器古石出土后，市侩惟知射利，往往输入市舶，求售海外，数年之后，求一墨本而不可得，好古者徒扼腕而已。”[②] 全书共5种50卷：《关中金石志》14卷，《汉武梁祠画像考》6卷附图1卷，《海东金石苑》8卷补遗6卷附录2卷，《邠州石室录》3卷，《希古楼金石萃编》10卷。其中《汉武梁祠画像考》附有大量画像砖绣像，《邠州石室录》则为民国知名工匠饶星舫手书上版，字体刊刻极为精良。

6.《章氏遗书》

这是刘氏刊刻的为数不多的自著性丛书。章氏即章炳麟，关于此丛书的出版，张尔田在丛书序言中曰：

实斋先生著述宏富，易箦时以全稿属萧山王谷塍编定。今所行世《文史通义》、《校雠通义》，盖不及全稿三分之一，且多其子姓丏人窜改，识者病之。吴兴刘翰怡京卿得嘉兴沈寐叟丈所藏先生原稿，则

① 刘承干：《求恕斋丛书序》，载缪荃孙、吴昌绶、董康撰《嘉业堂藏书志》，吴格整理点校，复旦大学出版社1997年版，第1318页。

② 刘承干：《希古楼金石萃编·跋》，文物出版社1982年影印本。

> 谷塍所编次者皆在焉，又益以未刻诸书，鸠辑最录，合若干种若干卷，于是先生之学赅备。①

1921 年，浙江图书馆将所藏抄本《章氏遗书》编为 24 卷排印出版，内容不全。同年，刘承干与王宗炎合作汇刻章氏遗著，分内编外编及补遗 1 卷附录 1 卷校记 1 卷。内编 7 种：《文史通义》9 卷、《校雠通义》4 卷、《方志略例》2 卷、《文集》8 卷、《外集》2 卷、《湖北通志检存稿》4 卷及《湖北通志未成稿》1 卷。外编 8 种：《信摭》《乙卯札记》《丙辰札记》《知非日记》《阅书随札》《永清县志》《和州志》《纪年经纬考》。商务印书馆 1936 年据此出版排印平装本，另有扫叶山房手书版石印本。

二　张钧衡

（一）简历

张钧衡（1872—1927），字石铭，号适园主人。浙江省湖州南浔人，祖父张颂贤以经营盐业致富，为“南浔四象”之一。张钧衡光绪十六年（1890）入县学，光绪二十年（1894）中甲午科乡试举人，会试不第。捐主事分兵部车驾司候补，在上海经办盐务、典当并经营房地产，投资商业银行、浙江兴业银行及慎大钱庄，积累起巨额财富，为他藏书与刻书打下了雄厚的物质基础。

张氏自幼习读经书，笃嗜典籍，对本邑先辈藏书大家鲍廷博、刘桐、严可均等仰止神往不已。自光绪二十年（1894）起，张钧衡即以其雄厚资财，大举收购图书。先后收有朱氏结一庐、张氏小瑯環福地、吴氏拜经楼、顾氏芝海楼、韩氏读有用书斋、杨氏观海堂等藏书家的旧藏。光绪三十三年（1907）在南浔南栅补船村鹧鸪溪畔建“适园”。另建有“九松精舍”“嘉荫草堂”“择是居”“燕喜庵”“六宜阁”等，藏书 10 余万卷，与刘承干、蒋汝藻为清末湖州三大藏书家。自 1913 年起，张钧衡先后请叶昌炽、缪荃孙为其编撰藏书志并襄理刻书事宜。1916 年完成《适园藏书志》16 卷，著录善本 960 多部，并刊成包括《张氏适园丛书初集》在内的多部图书。在抗日战争南浔沦陷前，张氏藏书已全部由南浔运往上海，张钧衡之子张乃熊以 70 万元出售给重庆中央图书馆。张氏去世后，

---

① 张尔田：《章氏遗书序》，《亚洲学术杂志》1922 年第 1 卷第 2 期，第 23 页。

藏书由长子张乃熊继承，并有所增益。1949 年国民党撤退时，将其善本一部分运至台湾“中央”图书馆，另一部分存于南京图书馆。

1925 年 8 月，张钧衡在上海曾遭匪徒绑票达十余天，后家人按绑匪要求送去巨款才得获救，但肩上留下枪伤，当时的《上海画报》对其遭绑一事作报道：

> 南浔富户极多，在南浔一区城中之富户，有“四象”、“八牛”、“七十二条狗”之别。称象者，拥财千万，称牛者，百万，称狗者，亦二十万。此次被绑去之张石铭君，即四象之一，换言之，拥有千万之富豪也。[①]

虽安全赎命，但此后张钧衡精神一直处于郁闷之中，遂罹患心脏病和中风，1927 年底去世。

（二）古籍丛书刊刻

1.《张氏适园丛书初集》

适园是张钧衡在浙西南浔镇上的一座私人园林，筑于光绪三十三年（1907），园中的“六宜阁”为张氏藏书处。《张氏适园丛书初集》由张钧衡自己编辑，宣统三年（1911）上海国学扶轮社排印，收书 7 种：《今古学考》2 卷，《残明纪事》1 卷，《清贤记》6 卷，《枣林杂俎》6 卷附录 1 卷，《尖阳笔丛》10 卷，《陈一斋先生文集》10 卷，《傅徵君霜红龛诗钞》1 卷。初集所收 7 种在后来所刻 12 集《适园丛书》中未收录。

2.《适园丛书》

这是张钧衡在缪荃孙等人的襄助下所刻最大的一部综合性丛书，所收多为抄稿中从未刻行或刻而流传不广之书，从民国二年到六年，精工巧匠历时六年始成。全书由缪荃孙编辑，并召集了原金陵书局的老工匠负责雕版，仿鲍廷博的《知不足斋丛书》体例，以得书之先后，随辑随刊，不分门类，共收书 74 种，分 12 集，印装为 192 册。第一集首册有缪荃孙、朱祖谋、罗振玉三序，首有“吴兴张氏采辑善本汇刊”牌记，版心下刊“适园丛书”四字。每种书后均有张钧衡跋文，叙述该书流传、版本及刻印等情况，颇具资料价值。缪荃孙序曰：

---

① 淞鹰：《张石铭被绑记》，《上海画报》1925 年第 43 期。

> 自新学日行，旧学日落，焚坑之祸，寓于无形。而世之守旧学读古籍者曾有几人？况石印、铅字群趋若骛，剞劂之匠往往改业。石铭负填海之心，抱障川之力，招金陵书局之旧人而与之更始。择本必善，选工必精。原书跋语虽无关宏恉者不敢轻削。其间流移受授之原委与夫反覆订证之苦心，皆为表微缀之简末。①

3.《择是居丛书》

“择是居”原是张钧衡的又一个书室名称，大凡适园中较珍贵的古书，每卷第一页上端都有这个朱文椭圆的印记。《择是居丛书》刻于民国十五年前后，收书以宋元本为主，共 19 种，其中 15 种为宋元古本，由张钧衡、缪荃孙共同编辑。全书据原底本影刻，古色古香，颇为悦目。张钧衡为其中三部书写有校勘记。该书题名本为《择是居丛书初集》，看来还有刊刻二集或多集的打算，但未见续集。

① 缪荃孙:《适园丛书序》,《适园丛书》第 1 集第 1 册，吴兴张氏乙卯（1915）汇刊本。

下　　篇

第八章 汇编古籍丛书

"20 世纪 50 年代末，顾廷龙先生主持编纂的《中国丛书综录》，吸取了各家分类思想之长，将丛书分为'汇编'、'类编'两大类。'类编'收录有类可归的丛书，按四部分类；'汇编'即综合性丛书，又细分为杂纂、辑佚、郡邑、氏族、独撰五类。"① 民国时期的辑佚类新版古籍丛书很少，只有民国二十三年江都朱长圻补刊之《黄氏逸书考》、叶昌炽稿本《觳淡庐丛稿》及陶栋《辑佚丛刊》三种。下面，分杂纂类、郡邑与氏族类、独撰类三部分对民国时期的汇编古籍丛书加以概述。

第一节 杂纂类古籍丛书

一 杂纂类古籍丛书概观

传统意义上的丛书主要是指杂纂类丛书。其实，从某种程度上来说，凡丛书均具有"杂纂"特性，像郡邑丛书为某一地域内著述的杂纂，辑佚丛书为辑佚而成著述的杂纂，氏族丛书为某一姓氏或家族著述的杂纂，等等。"杂纂"作为汇编丛书下面一个与郡邑、辑佚、氏族等并列的一个类别，实属勉强之举。

在民国时期的汇编古籍丛书中，杂纂类丛书无论在种类上还是在规模上都是首屈一指的。其具有如下特点。

首先是数量多。仅见于《中国丛书综录》《中国丛书广录》《中国丛书综录续编》3 种大型目录工具书所收录者就达 171 种。其中《中国丛书综录》收录 117 种，《中国丛书广录》收 28 种，《中国丛书综录续编》收

---

① 潘树广：《试论独撰丛书》，《潘树广自选集》，江苏大学出版社 2012 年版，第 130 页。

录 26 种。以上 3 种工具书所收只是实藏或知见录，一些因各种原因失收或仅存民间的杂纂类丛书肯定还有不少，可见，民国时期杂纂类古籍丛书在数量上是很可观的。

其次，大型丛书数量多，且以影印或排印为主。杂纂类古籍丛书最能体现古代丛书的基本特征，即收书种类和数量无限，以至出现了《四库全书》这样特大型丛书。但由于受人力物力、刊刻及印刷等客观条件的限制，古代丛书收书种类和子目数量不可能太大，即便像《四库全书》这样举国之力编纂而成的丛书，也无力刊刻行世，只得以若干抄本的形式存在。民国时期由于西方印刷术的渐趋普及，特别是影印及铅字排印技术的成熟，使得大容量单体丛书的出版及发行成为可能，而影印或铅字排印也成为民国时期古籍丛书出版最重要的方式。像商务印书馆的《四部丛刊》初、二、三编，中华书局的《四部备要》，不仅收书数量多，而且分别成为民国时期大型古籍丛书影印和排印的代表性成果。

二 重要杂纂类古籍丛书举隅

上编“重要出版机构”和“重要出版家”中已涉及一些较为重要的杂纂类古籍丛书，限于内容和体例，其他杂纂类丛书未能介绍，下面择要述及。

（一）《古学汇刊》

该书由邓实主编，缪荃孙助编。邓实（1877—1951），字秋枚，别署枚子、野残、鸡鸣、风雨楼主，广东顺德人。1877 年生于上海。光绪二十八年（1902）创办《政艺通报》，宣传民主科学思想。后与黄节、章太炎、马叙伦、刘师培等创立国学保存会，主编《国粹学报》，倡导国粹主义，藏书处曰风雨楼。代表著作有《国粹学》《国学讲习记》《古学复兴论》，主持刊刻丛书除《古学汇刊》外，还有《风雨楼丛书》、《风雨楼秘籍留真》及《光绪丁未（卅三年）政艺丛书》，另外，还与黄宾虹一道主编《美术丛书》。

《古学汇刊》系邓氏以自己所主持的《国粹学报》为阵地，邀请著名版本目录学家缪荃孙帮助刊刻的，并由国粹学报社印行。该书从 1912 年 6 月到 1914 年 8 月为止，每两月出一编，全年 6 编，共计 12 编，刊为两集。内容分经史、舆地、掌故、金石、杂记、诗文各门，计 62 种 116 卷。基本以清人著述为主。邓实在例言中曰：“本编宗旨在发明绝学，广罗旧闻，故所刊录专注经史杂记之有关系而足资考订者，欲使读者得此足以增益见闻助长学识。全编当无一无兴味之作，无一寻常经见之书。”“本编分上下二编，上编刊前人遗著，下编刊近人新著。”“本编所刊各种均为全书……卷数少者一期刊完，多者按期续刊，每半年作一结束，无有不完之帙。”①

（二）“八年丛编”

赵诒琛、王保慧、王大隆等，曾将所收集的名家未刊稿或罕传刻本等，整理编辑，每年出一集，按编成书年之干支为书名，自《甲戌丛编》（1934）至《辛巳丛编》（1941），凡八编，世称“八年丛编”。对于该系列丛书的推出，当时学界已是赞誉有加：

> 昆山赵氏诒琛、吴县王氏大隆自二十三年刊印《甲戌丛编》，年出四册，各收书若干种，而以其年干支命名焉。其所收书大抵有关考证，或一方文献，或一人谱录，或簿录校勘以至杂艺随笔之文字，皆孤本未尝刊布，或虽经锓梓而流播不广、访求不易者。珍本秘笈，赖以流传，岂仅障幽扬晦已哉。②

这“八年丛编”为《甲戌丛编》20种、《乙亥丛编》16种、《丙子丛编》20种、《丁丑丛编》10种、《戊寅丛编》10种、《己卯丛编》4种、《庚辰丛编》10种、《辛巳丛编》9种。其中第一种《甲戌丛编》责任者署名为赵诒琛、王保慧、王大隆，最后一编《辛巳丛编》只署名王大隆（《中国丛书综录》中加入赵诒琛，实误），其余各编署名为赵诒琛、王大隆。因最后一种《辛巳丛编》出版时赵氏已去世，由王大隆编辑，但卷末“集资题名”有赵诒琛捐资数：

> 辑者笃志存古，博访前人遗著未刊之稿，锐意流传，岁为一集。自甲戌丛编起，迄庚辰丛编，凡搜刊者八十八种。此编九种……每种后有王氏跋语，颇为精审，编首有傅增湘序。③

---

① 邓实：《古学汇刊序例》，见《古学汇刊》第1期，国粹学报社1912年版，第8—9页。

② 《戊寅丛编十种十六卷》，载《图书季刊·图书介绍》新1卷第4期，民国二十八年（1939）12月，第424页。

③ 《辛巳丛编》，载《中法汉学研究所图书馆馆刊》1945年第1期，第153页。

赵诒琛（1869—1941），江苏昆山人，号学南。藏书楼名“峭帆楼”。所藏多为先人静涵所遗，清人稿本及钞本为大宗，刻有《峭帆楼丛书》《又满楼丛书》等。王保慧（1890—1938），太仓人。王大隆（1901—1966），字欣夫，号补安、宝莹，江苏吴县人。曾任圣约翰大学教授、复旦大学中国古典文献学教授。专长中国古代目录、版本、校勘学。家世有藏书，其藏书楼名“蛾术轩”。

“八年丛编”不仅在保存吴地孤本珍本文献方面厥功至伟，对于当时丛书出版的筹资及融资方式也颇具开先例之举。对此，连同“八年丛编”的出版过程及状况，江庆柏先生曾有过翔实考述：

> 赵诒琛印书中最为人瞩目的是他与王保慧、王大隆等人合作出版的“八年丛编”。1934 年（甲戌），赵诒琛与王保慧发起集资印书，凡得 20 种，合为一编，用古人以年名集之例，题为《甲戌丛编》。所收都是零星小种，或从未刊行，或旧刊而仅存之本。从第二年起，他与王大隆合作，用集资合股的形式，又连续编印了七部丛书，每年一部，从乙亥（1935 年）至辛巳（1941 年），总称为“八年丛编”。集印《乙亥丛编》时入股者有 72 人；有一股二股或两人合一股者不等，最多的为刘承幹，入 5 股。每股银 10 元。到出版《辛巳丛编》时，入股者已有 200 余人，其中还有图书馆参与，如北平图书馆、燕京大学图书馆等。这说明这种方式得到了社会的认同。这也是解决图书出版经费不足的途径之一。①

（三）《玄览堂丛书》

“玄览堂”为郑振铎书斋名。郑振铎（1898—1958），字西谛，原籍福建长乐，浙江温州人，现代著名学者，藏书家。从 1940 年至 1941 年的两年中，郑振铎与张元济、张寿镛、何炳松、张凤举等人在上海组织“文献保存同志会”，从私家及旧书店为中央图书馆代购善本约 3800 种。为了使这些书不在战乱中遭毁坏或佚失，便选择若干孤本，编成丛书，陆续影印出版，以广其传。第一批所选由于以明代史料为多，故郑振铎始拟

① 江庆柏：《近代江苏藏书研究》，安徽文艺出版社 2000 年版，第 293 页。

定书名为《晚明史料丛书》，在征求“同志会”成员意见后，易名为《玄览堂丛书》。郑振铎以“玄览堂居士”的名义作序曰：

> 今世变方亟，三灾为烈，古书之散佚沦亡者多矣，及今不为传布，而尚以秘惜为藏，诚罪人也。夫唐宋秘本，刊布已多，经史古著，传本不鲜，尚非急务。独元明以来之著述，经清室禁焚删夷，什不存一，芟艾之余，罕秘独多，所谓一时怒而百世与之立言。每孤本单传，若明若昧，一旦沦失，便归澌灭。予究心明史，每愤文献不足征，有志搜访遗佚，而数十年而未已，求之冷肆，假之故家，所得珍秘不下三百余种，乃不得亟求其化身千百，以期长守，力有未足，先以什之一刊布于世。

《玄览堂丛书》分正、续、三 3 集。正集 31 种（若加上《辽筹》所附之《辽夷略》《陈谣杂咏》两种，为 33 种），1941 年在上海精华印刷公司（商务印书馆在沪印刷厂之化名）影印。续集 20 种，120 册，于 1947 年由国立中央图书馆影印。三集 12 种，1948 年也由该馆影印。郑振铎将第三集的编辑出版事宜委托顾廷龙主持。由于财务上的问题，第三集一直无法上机印刷，直到 1955 年 7 月才正式出书。

（四）《国立北平图书馆善本丛书第一集》

国立北平图书馆编，谢国桢（1901—1982）主辑。收录明代舆地类图书 12 种：《皇明九边考》10 卷、《边政考》12 卷、《三云筹俎考》4 卷、《西域行程记》1 卷、《西域番国志》1 卷、《筹辽硕画》46 卷、《皇明象胥录》8 卷、《行边纪闻》1 卷、《朝鲜史略》6 卷、《安南图志》1 卷、《日本考》5 卷、《使琉球录》1 卷。关于此丛书的编纂背景及目的，谢国桢于 1936 年 12 月为此丛书写的跋中曰：

> 馆长袁守和先生，以吾国古籍日就沦亡，拟择罕见孤本，桂椠名钞，汇辑影印。编为丛书，商诸上海商务印书馆王云五先生，允为印行，以广流传。其为清廷燬禁，明史所遗，舆地稗乘，秘家载籍，可以审核地理之沿革，资边陲之考镜，淬历民智，厥功尤伟。乃先选明代边防史乘凡十二种，题曰国立北平图书馆善本丛书第一集，至于石渠旧藏，名山佳构，次第印行，用登续编。此则本馆校理旧籍、服务

社会之职责。[①]

从谢氏这段跋文中可知，第一集之后，还拟出版续集，很可能是由于当时侵华日军全面占领上海，致使续集不再。

（五）《枕碧楼丛书》

枕碧楼是沈家本于京城书斋名，位于宣武区上斜街金井胡同1号院中，1905年建成。沈家本（1840—1913），字子淳，号寄簃，吴兴（今浙江湖州）人。1910年沈氏基本退出政坛，遂开始整理藏书，并谋求将其中的珍善孤本校刊传世，初欲仿《知不足斋丛书》体例分若干集，后因各种主客观原因而只精选12种刊刻，线装18册行世。所收12种旧抄本皆"世所罕见者"。其目为《南轩易说》，圃曹氏旧抄本；《内外服制通释》，绣谷吴氏旧抄本；《刑统赋解》，昆陵董氏抄本；《粗解刑统赋》《别本刑统赋解》，璜川吴氏旧抄本；《刑统赋疏》，江阴缪氏抄本；《无冤录》，朝鲜抄本；《河汾旅话》，旧抄本；《河南集》，日照许氏抄本；《花溪集》，日本旧抄本；《来鹤亭诗集》《玉斗山人集》，四库馆旧抄本。

20世纪80年代，中国书店自沈家本先生玄孙沈厚铎处借得原版刷印，分装两函16册。1990年，同社出版"海王邨古籍丛刊"本《枕碧楼丛书》，两书均已难寻。2006年，知识产权出版社出版了中国政法大学法律古籍整理研究所标点、校勘的《枕碧楼丛书》。

（六）《龙溪精舍丛书》

郑国勋编。60种，445卷。国勋字尧臣，广东潮阳人。此书汇集清代硕儒整理的经史要籍为一编。龙溪为水名，流经广东潮阳县境内；精舍即学舍。郑氏世居潮阳龙溪之畔，故名其家塾读书处为龙溪精舍，本丛书亦因此取名。郑国勋在《龙溪精舍丛书》自序中曰："家君爰自岭表来申养疴，庭立之余，乃以刊刻丛书请，欣然允之。……详斟异文，略正四部，经始于乙卯之秋杪，断手于丁巳之冬初，为书凡五十余种，以家塾读书之所名之曰《龙溪精舍丛书》。附刻唐先生所著《两汉三国学案》，志师训也。其余未出者，容当赓续。"[②] 有民国六年（1917）潮阳郑氏刊本、

① 谢国桢：《国立北平图书馆善本丛书第一集叙录》，《同行月刊》1937年第5卷第1期，第27页。

② 郑国勋：《龙溪精舍丛书自序》，潮阳郑氏民国六年丁巳（1917）刻藏家塾本《龙溪精舍丛书》第1册。

1983年北京中国书店影印本。

（七）《蟫隐庐丛书》

蟫隐庐系罗振常在上海开设的书庄名。罗振常，字子经，号邈园，为罗振玉的堂弟，早年曾随罗振玉游历南北，去过日本。1913年，与刘鹗之子刘大绅在上海合资开办蟫隐庐书肆，刊印古籍秘本销售。关于罗氏蟫隐庐及其书业状况，罗振常女婿周子美曾作如下记述：

> 蟫隐庐，岳丈罗公子经海上所设书肆也。屋凡一楹，北向，不能得日，对宇有高楼，阴森逼人而处之泰然。盖岳丈本笃学士，遭世变，故曰“蟫隐”以寓其志，而书额为李瑞清，亦桑海之遗民也。概自辛亥而还，故家文物大都散出，于是宋刊明抄珍椠秘籍纷陈于市，岳丈时有所获，顾而乐之，恒手编书目，付印以饷夙好。其目精审，后遂风行一时，而收藏家、积学之士亦多倾襟相交，而岳丈之名遂大起。比年以来，震憾益盛，陈编故籍门可张罗，岳丈仍兀守书城，校雠不倦。寂寞心情，殆无可遣，亦遂老病日臻矣。于是以肆屋归之他人，借为收束之计。肆权舆民国乙卯（1915），于癸未（1943）迁徙，徙后未一年而岳丈病卒，而蟫隐庐自始至终正30年也。所印书籍大部如宋世绿堂刊《韩文》、《柳文》、郎晔注《苏文》、《历代诗余》等久流艺林，零种尤众。因编为《邈园》、《蟫隐庐》两丛书，以存岳丈遗志，并序肆事始末，庶书林有所考焉。①

《蟫隐庐丛书》收书15种附4种。据《中国丛书综录》，该书“清宣统至民国间上虞罗氏誊写排印，民国三十三年（1944）吴兴周延年汇编”。关于该丛书排印所用字体，韦力曾有过如下叙述：

> 《蟫隐庐丛书》均是活字印刷，字体极像丁辅之所作之聚珍仿宋体，但字号要比丁氏字体大两号以上，也不似丁氏字体的瘦长。笔者询之多人，一直想搞清罗振常的这套活字究竟是木活字还是铅活字，得到的答复莫衷一是。②

① 周子美：《周子美学述》，浙江人民出版社1999年版，第47页。

② 韦力：《鲁迅古籍藏书漫谈·上卷》，福建教育出版社2006年版，第140页。

（八）《敬跻堂丛书》

郭则沄主编。郭则沄（1882—1946），字蛰云、养云、养洪，号啸麓，为礼部右侍郎郭曾炘长子。清光绪二十九年（1903）进士，授庶吉士、武英殿协修。光绪三十三年（1907），派赴日本早稻田大学留学。不久，回国任东三省总督徐世昌二等秘书官。宣统元年（1909），改任浙江金华知府，后署浙江提学使，创机织学堂。后任浙江温处道道台。民国建立后，历任北洋政府国务院秘书厅秘书、政事堂参议、铨叙局局长，兼代国务院秘书长、经济调查局副总裁、侨务局总裁。1922 年，徐世昌辞总统职，郭氏亦辞去职务，在京、津购地建房隐居。1937 年，于京城北海团城创办古学院，被推为副院长兼教师，访求古籍，研读古文，培养人才，校印古书。该丛书即为郭氏主持古学堂期间所编。敬跻堂为团城北缘环列的廊屋之一，故将丛书命名为《敬跻堂丛书》。《敬跻堂丛书》原收书 9 种：陈澧撰《东塾杂俎》14 卷，桂文灿撰《经学博采录》，许翰撰《韩诗外传校议》1 卷，谢章铤撰《毛诗注疏毛本阮本考异》4 卷，孙诒让撰《大戴礼记校补》3 卷，桂文灿撰《周官证古》2 卷，沈曾植注《元朝秘史》15 卷，顾炎武撰《菰中随笔》1 卷和顾炎武撰、周肇祥校记的《菰中随笔》3 卷，所选均为清人著述。

第二节　郡邑类与氏族类古籍丛书

一　郡邑类与氏族类古籍丛书概观

郡邑类丛书指汇集某一地区历代或同代不同姓氏著者之著作的丛书。我国郡邑类丛书的编辑从明代天启三年（1623）黄冈人樊维城汇刻的《盐邑志林》起，直至清代乾嘉时期，《乍川文献》《浦城遗书》《台州丛书》等相继刊行，嗣后又有《岭南文丛》《金华丛书》《畿辅丛书》《湖北丛书》等纷纷问世，可以说是源远流长。因丛书所具有的“搜残”“存佚”等作用，便于读者阅读及文献的保存与流传，因此，以刊刻丛书的方式整理地方文献使其得以系统保存和流传，成为历代各级官府或社会团体刊刻郡邑类丛书的主要目的和动力。清代学者李兆洛在《养一斋文集》卷 4《娄东杂著序》中，强调了这种丛书的作用。他说：

今人每合多种书刻之，谓之丛书。经见稀而简册少者，藉以流布，亦善举也。而不问时代，不择雅郑，取充卷轴，苦于不伦，识者病焉。蒙窃谓丛书之刻，当随乎人所居都邑，萃其乡先哲著述，编而录之。或关于土风民俗之迁变，或究于贤人才士之出处，或辨于贞义士女之事实。耳目亲切，可无讹淆；见闻称说，足资法戒。其有达官贵士，条记国故，藉资多闻；素族通儒，弹心名理，以开文秀；乃文献之总持，輶轩之先路，无泛杂之病，而收切近之效者也。①

从刊刻或出版主体看，郡邑类丛书以官府、公益单位或社会团体为主。从省、府到州县，各级地方刊刻出版地方丛书成为民国时期一个重要的文化现象。仅据《中国丛书综录》看，现存历代郡邑类丛书152种，民国时期就有47种。浙江为历代刻书盛地，郡邑类丛书刊刻或出版在民国郡邑类丛书史上颇具典型意义，成果颇为壮观：

郡邑刻书之风，我浙特盛。全省旧分十有一府，而已有丛书者达八郡。其多者一郡且至三数种，是诚国内罕有之盛况，而足以为浙人士自豪之一事矣。近者鄞县张约园（寿镛）先生继起倡编《四明丛书》，第一集且已印成行世，浙南处州学者又继四明之后，有处州丛书之汇镌。是十一府中除衢严而外，均已能尽阐扬先哲清芬之责，而益足光大浙人文献之光荣矣。②

从数量看，民国时期的郡邑类丛书在汇编类丛书中仅次于杂纂类和独撰类。仅从《中国丛书综录》《中国丛书广录》《中国丛书综录续编》3书所收书目统计，共59种，其中《中国丛书综录》收录47种，《中国丛书广录》和《中国丛书综录》分别收录6种。

氏族类丛书是指汇集同一姓氏（多为同一地区或区域）著作的丛书，《中国古籍善本书目》中亦称家集类。氏族类丛书与郡邑类丛书从收书范围上看均具有很明显的地域特征，对于保存和研究地方文化是很有益处

① 李兆洛：《娄东杂著序》，《养一斋文集》卷4，《四部备要》本（上海中华书局据清光绪戊寅重刊本校刊）。

② 季嵚：《浙江省郡邑丛书简表》，《浙江图书馆馆刊》1933年第2卷第6期，第55页。

的。清代以前的氏族类丛书在整个丛书中占有相当的比重，这与我国历代宗族文化的兴盛不无关系。民国时期由于社会动荡不安，经济萧条，以私人或家族出资刊刻或出版的氏族类丛书与郡邑类丛书相比数量少得多。《中国丛书综录》收历代氏族类丛书共228种，民国时期的仅有21种。另外，《中国丛书广录》收录民国时期氏族丛书12种，《中国丛书综录续编》收录9种，3种目录工具书共收录民国时期氏族类丛书42种。

二　重要郡邑类古籍丛书举隅

（一）省级丛书

1.《山右丛书初编》

《山右丛书初编》是1934年由山西省文献委员会编纂的一部汇集晋人学术著作的大型古籍丛书。其主倡或主导者为以阎锡山、赵戴文、郭象升等为代表的山西政学人士。山西省文献委员会在该丛书发售提要中曰：

> 山西风气闭塞，先哲遗著多淹没不彰。本会职司征存文献，拟将历年蒐求所得，择其要者刊行《山右丛书》，现初编业已印竣，共计三十七种四百三十余卷。内三十种系在本省排印，七种系委托商务印书馆北平分厂京华印书局影印。所据均著者原稿及旧刊善本。①

全书收入自唐迄清历代28位晋籍学者、作家的重要著作37种，实际为355卷，102册，详目见《中国丛书综录·总目》。但从上段引文及初版于1937年的《山右丛书初编发售特价简章》看，原书排印之30种以晋造连史纸、毛边纸分订100册，影印之7种则以中国连史纸分订40册，共140册。实际卷数、册数与《山右丛书初编书目提要》所载均存较大差异。联系当时的社会实际，此书出版中正值抗日战争爆发，或因战乱导致初编编纂之事未能按预期完成草草告终？这个可能性很大，有待考证。

1986年山西省古籍整理出版规划小组批准影印梓行该丛书，上海古籍出版社2014年点校出版，经整理新编，增补17卷，共372卷，精装12册。

---

① 《山西省文献委员会发售山右丛书初编启事》，载《山右丛书初编书目提要》，山西省文献委员会1937年5月排印本。

2.《辽海丛书》

《辽海丛书》初名《东北丛书》，由金毓绂主编。金毓绂（1887—1962），号静安，金氏在1925年底即提出编辑《辽东丛书》的设想，1927年又拟扩充内容，改名《东北丛书》，筹备工作一直在进行中。1931年九一八事变后，他被软禁于沈阳，处于日寇监视之下，他为了继续完成丛书的编辑出版工作，违心地暂就奉天省图书馆馆长伪职，一直在努力搜求、整理东北地方文献，终于在1934年集资出版《辽海丛书》，1936年于沈阳出齐。全书包括正集与附集两部分。正集为10集，每集一函10册，共100册。收集珍贵的文史资料83种，计380卷。

该丛书凡例所言："本编所收群籍，大略不出专著、文征、杂志三类。若辽海先正著述则属之专著；其原书已逸，由他书缀集可能成编者，则属之文征；至前代方志，传本极少，体似专著，义同杂志，本编亦取而重印之；若其书已逸，又无零篇断简可征者，则撰辽海经籍考，预悬存目，以待征访。"

收书版本以传抄本居多，家藏稿本次之。至于绝版之复本，金氏辑补本十数种，至为珍贵。金氏本有编纂续集之愿，他在给罗继祖的信中曾有如下表述：

> 顷奉诵赐笺，计划续印《辽海丛书》，此诚空谷之足音也，不觉为之欢笑。往岁所印《丛书》十集一百册，早经绝版，倘能由东北人大重印，亦一盛德事也。至于续编十集以下各集，黻早有此心，特恨力不能举耳。①

3.《安徽丛书》

为当时安徽籍名流集资并组织编纂出版，351卷，1932—1935年影印本。徐乃昌在其日记中对丛书初始组织过程作了记述：

> 辛未年（1931）1月30日江彤侯、程林霖均七时半酒叙，《安徽丛书》编印处委员会成立，彤侯（主任），林霖（经济），演生（交际），镜天（文牍），宾虹、暨余（编审）为常务委员，汪孟邹（会

① 罗继祖：《枫窗三录·辽海丛书》引，大连出版社2000年版，第540页。

计）。以林霖捐助一万元存通和银行，所有收款簿、支票簿悉交孟邹保管。新刻《安徽丛书》编印处图章由余保管，凡款须经委员会详决。孟邹写支票再送余盖章，当场详决，暂支开办费二百元。[①]

丛书共分六期出版。第一期收录9种：清芮日松《禹贡今释》、清汪龙《毛诗异议》、汉郑玄《诗谱》、清周廷案《韩诗外传校注》、清吴瑛《五声反切正均》、清赵绍祖《通鉴注商》、清赵继序《汉儒传经记》、明程喧《新安学系录》、明释弘仁《画偈》。第二期收录清程瑶田著作4种：《通艺录》《莲饮集濠上吟稿》《果赢转语记》《仪礼经注疑直》。第三期收录7种：清黄生《字诂》《义府》，清江永《古韵标准》《四声均韵表》《音学辨微》，清俞正燮《癸巳类稿》，民国王立中《俞理初先生（正燮）年谱》。第四期将清凌廷堪著作7种汇为《凌次仲先生遗书》并附凌氏年谱。第五期收录有关黄山之志籍三种：宋佚名氏《黄山图经》，清闵麟嗣《黄山志定本》，清汪士铉《黄山志续集》，并附近人程演生《黄山志定本校记》《黄山志续集校记》。第六期全录戴震著作。从版本选定上看，《安徽丛书》注重"孤本遗编"的收录，以传承徽籍文献为旨归：

安徽文献，向称昌盛。先贤著籍，被收于四库及他种丛籍者，为数甚多。而孤本遗编，未获普遍行世者，亦复不少。前哲心力，行见湮没，殊足痛惜！且关乎本省学术史乘之作，散见各家论著，若无系统之蒐集，亦觉有损于文献之表彰。本省硕彦，江彤侯徐积馀程演生诸先生，因发起安徽丛书之编印，举凡皖人历代著述见于四库及其他丛籍之部类重要者，或孤本遗编，昔时因政治或他种原因未能普遍流行之有价值著述，以及有关于本省学术史乘之各家作品，蒐而集之，影印行世。[②]

特别是丛书中收入了一些为四库馆臣所拒收但学术影响巨大的著作，像程瑶田的《通艺录》、戴震的《戴东原先生全集》等，具有极高的文献

① 转引自李弘毅《从徐乃昌日记考论安徽丛书的编纂特色》，载《明清安徽典籍研究》，黄山书社2005年版，第395页。

② 《介绍安徽丛书第一期全书》，《学风》1932年第2卷第10期，第8页。

及学术史价值。

4.《豫章丛书》

“豫章”是历史上对江西的别称。历史上的《豫章丛书》有两种，一为晚清江西新建陶福履（1853—1911）编刻，共3集，分别刊成于光绪十九年（1893）、光绪二十年（1894）和光绪二十一年（1895），共收书26种48卷，均为明清江西籍人士的著作。陶刻《豫章丛书》收书品种不多，也未明分经、史、子、集四部，但所收均属《四库全书》未收之书，为当时的稀见之本。

一为民国年间胡思敬编印，胡思敬（1869—1922），字漱唐，一字笑缘，晚号退庐居士，江西新昌（今江西宜丰）人。光绪乙未（1895）进士，次年补殿试，选翰林院庶吉士。历任吏部考功司主事，辽沈道监察御史，广东道监察御史。宣统逊位后回故乡做了遗老，定居南昌，潜心著作，校辑图书。“早年做京官，经常逛书店，买了几屋子书，计有20多万卷。后来他把这些书运回南昌，在东湖边上造了一座‘问影楼’，楼上藏书，楼下为书房，斋名‘退庐’（旧址即今南昌二中）。再后来他把藏书连同房产捐献给公众，改书楼为图书馆，尽瘁于乡邦文献建设”①，《豫章丛书》的编纂该是胡氏对乡邦文献最大的贡献。胡思敬编《豫章丛书》共计收书103种672卷，绝大部分为唐宋元明清民国江西籍人士著作，个别为外省籍人士著作。全书刊成于1923年，胡思敬去世后，由胡氏好友、丛书总校魏绅元主持编纂：

> 民国初元，里绅胡思敬虽已于倡设省立图书馆中附设丛书局，主管编印，而剞劂未蒇，氏即作古。嗣又公推总校魏绅元旷继其事，始得成书一〇三种，搜罗美富，校订精详，出版以后，士林传诵。惜仅梓一次，传本无多。海内藏家，尚恨向隅。最近该馆馆长杨氏立诚有见于此，特商承教厅长程氏同意，将该丛书修补残简，重予印行一百部。②

---

① 谢苍霖：《江西的小四库——胡思敬辑〈豫章丛书〉》，《赣文化研究》2007年总第14期，江西人民出版社2008年版，第355页。

② 《安徽丛书第二期全书出版》，《浙江图书馆馆刊》1933年第2卷第4期，第178页。

5.《广东丛书》

叶恭绰主编。1938年广州沦陷后，避难香港的一批广东籍人士为研究乡邦文化，发扬民族精神，遂有编印《广东丛书》的倡议，由香港中国文化协进会主持其事，组织了“广东丛书编印委员会”，由叶恭绰任主任委员，简又文、陆丹林、黄荫普任常务委员。当时的广东省府从省财政中拨巨款予以支持。原计划年出一集，陆续收集影印广东籍孤罕珍本文献：

> 番禺叶恭绰氏自民二十六年避寇港埠，致力于保存地方文献，尝为文公表编印广东文献之意见，旋得广东省政府当局之赞助。拨款为之倡，成立编印委员会主持其事。并延人分任选择校勘，定名《广东丛书》。年出一集，归商务印书馆承印。编印略例，大抵以有关广东文献为范围，并先采集粤人著述。所选版本，以较罕见难得之本，付诸影印，以存原面貌。①
>
> 1940年3月起开始印行《广东丛书》第一集。当年的《中华图书馆协会会报》对丛书编印背景报道曰：“香港中国文化协进会广东丛书编印委员会，为积极进行编印事宜，迭开委员会议。由主任委员叶恭绰报告与商务印书馆商订印书合同概略，各委员会旋提供修正合同意见。”②

第一集共收书7种，李汉魂、叶恭绰作序。具体书目有：唐张九龄《唐丞相曲江张文献公集》12卷附《曲江集考证》2卷、《年谱》1卷，宋余靖《武溪集》20卷附《武溪集补佚》1卷、《余襄公奏议》2卷，明黄公辅《北燕岩集》4卷，明陈子壮《礼部存稿》8卷，明黎遂球《莲须阁文钞》18卷，明梁朝钟《喻园集》4卷，明屈大均《翁山文钞》四卷附《翁山佚文辑》3卷。第一集印行过程中，香港沦陷，印本大部毁于战火。抗战胜利后，叶恭绰赴沪，与商务印书馆商议重新制版印刷第一集，费时两月蒇事。接着编印第二集，共收书3种：明屈大均《皇明四朝成

---

① 《广东丛书之编印》，《图书季刊》1945年新第6卷第3—4期，第76页。

② 《编印广东丛书之近讯》，《中华图书馆协会会报》1940年第15卷第1—2合期，第14页。

仁录》12 卷，屈大均《翁山文钞》6 卷附《翁山佚文二辑》，薛始亨《蒯猴馆》。因集中《皇明四朝成仁录》校订工作直到 1947 年 9 月始完稿，故第二集编印工作直拖到 1947 年始告毕。时值解放战争，《广东丛书》续编工作大受影响。第三集出版时已是新中国成立后两年（1951）。第三集收书 3 种：《太平天国官书十种》、黄佛颐《广州城防志》、陈坤《六脉渠图说》。

6.《黔南丛书》

最先由贵州普定人任可澄（1878—1945）总编纂。1919 年 10 月，贵州通志局成立，任可澄任总纂，开始主持修纂民国版《贵州通志》。1937—1942 年，任可澄被任为云贵监察使。原定印行 20 集，由于工作得力，访求书籍文献工作取得了巨大成功。贵州通志局在民国十二年（1923）3 月便印出了《黔南丛书》第二次样本目录，列出了拟印行的该丛书第一至二十集的书名、卷数、作者姓名等内容。从目录上看，共搜集到文献 276 种，1089 卷。遗憾的是，由于时局动荡、物价上涨、经费困难等诸多原因，未能按原计划进行，最终刊印出正集六种、别集一种，共 7 集，62 部，77 册，204 卷。前后费时 22 年（1922—1943）始毕役。其中正集 6 集由贵阳文通书局陆续刊印，别集和别集之一（又称第八集），则是由热爱乡邦文献的开明士绅出资印行。丛书所收书籍上起明代嘉靖，下迄中华民国，集中收录和较为完整保存了有关贵州政治、经济、军事、历史、文化、民俗等方面的著述。

第一集收书 3 种：明孙应鳌《淮海易谈》4 卷，清陈法《易笺》8 卷，清郑珍《仪礼私笺》8 卷。第二集收书 10 种：计明人 3 部 4 卷，清人 7 部 19 卷。第三、第四集为诗、词集，其中明诗 2 部 14 卷，清诗 6 部 30 卷，共 8 部 44 卷；词则为 16 部 39 卷，除民国 2 部 6 卷外，其余均为清人著作。以上二集凡 24 部 83 卷。第五集 8 部 29 卷，计明人 2 部 2 卷，清人 6 部 27 卷。第六集收个人文集 3 种：明孙应鳌《孙山甫督学文集》5 卷，清江闿《江辰六文集》9 卷，清陈法《定斋先生犹存集》8 卷。

第七集又称别集，此“别集”并非文体学上的别集，因为正集全为排印，“别集”所收图书为刻版印刷，对此，《黔南丛书别集序》中说得明白：

黔中明清以来钜师鸿彦辈出，而清中叶以后尤多。朴学之士海内

> 翕然称之，顾地处僻远，遗书或易散佚，且流传亦弗广，此编印丛书之举所宜亟也。余于乙亥孟夏观政来黔，即与邦人君子商讨及此计，先后印成《黔南丛书》三四两集，兹又有别集之刊。其取材与正集初无大异，惟以正集皆铅印，此则锓板，故以别集名之。[①]

曹经沅1935年任贵州省政府委员兼民政厅厅长，实际主持了黔南丛书三、四两集及别集的刊印。按曹氏序，《黔南丛书》别集收书共3种：莫友芝《唐说文木部笺异》、郑珍《汉简笺正》、傅寿彤《古音类表》。这与已印行的《黔南丛书》别集收书共13种不符。这13种除了曹序所述前两种外，还有清刘书年《刘贵阳遗稿》，清于钟岳《黔乱纪实》《涤滥轩诗钞》《黔游日记》《归程日记》《西笑山房诗钞》，民国邢端《黔南集》、《正安集》、《诗外集》（别名《西笑山房诗钞搜逸》）、《于钟岳别传》，清于钟岳《伯英遗稿》。

另有别集之一（又称第八集），收书11种，由紫江朱启钤存素堂补印于1942、1943年。

（二）地区级地方古籍丛书

1.《楚州丛书》

楚州是淮安在唐宋时的古称。《楚州丛书》是一部收录淮安籍人士著述的丛书，主编者为冒广生（1873—1959）。冒广生字鹤亭，号疚斋，江苏如皋人，光绪二十年（1894）举人。光绪二十六年（1900）为刑部陕西司郎中，光绪二十八年（1902）兼任北京五城学堂史地教习，同年，举经济特科，转任新设立的农工商部郎中。民国九年（1920）任淮安关（今板闸镇）监督。冒广生对淮安古文化一直很感兴趣，来淮后，遍访地方文人贤达。在旧友、晚清进士田鲁玛处得悉段朝端（1843—1925）先生藏有地方文献多种，并"尝欲辑《楚州丛书》。凡淮著篇页无多，易零落，难收藏者胥为传布。有志未逮"[②]。遂与田同访段宅。段向冒介绍了一生苦苦搜求地方文献但又无力刊刻的情况。几经交往后，冒、段、田三人拟订了搞一部丛书的计划。1921年春节后，冒广生从镇江、如皋等地

① 曹经沅：《黔南丛书别集序》，见《黔南丛书》别集第1册《汉简笺正》书首，《黔南丛书》编印处丙子（1936）刻本。

② 段朝端：《十忆诗跋》，楚州丛书本《十忆诗》。

请来刻工数十人，开始刊刻《楚州丛书》，冒氏负责总编、经费筹集，段氏侧重于编辑、校勘，田氏则负责总务和校对等事宜。经过约一年的工作，《楚州丛书》第一集蒇事。《丛书》收录了从汉代枚乘的《枚叔集》到清末段朝端著《吴山夫先生年谱》等淮安籍著述共计23种，66卷。其中吴承恩的《射阳先生文存》是故宫发现《射阳先生存稿》以前最完整的一个吴氏文集辑本。此外，吴玉搢的《山阳志遗》4卷、段朝端的《张力臣年谱》等均为稿本。通过收录入丛书，得到了较好的保存和流传。冒氏等本准备继续刻刊乾隆后淮人著述若干种为续集，因冒氏母亲1922年初逝世，冒氏辞职离淮而中辍。

2.《续金华丛书》

清末民初胡宗楙辑。胡宗楙（1867—1939），字砚山，号季樵，为《金华丛书》（又名《金华文萃》）编者胡凤丹（1828—1889）第四子。胡宗楙光绪二十八年中举，曾任江南工艺总局提调、直隶州知州等。民国六年，“筑颐园于天津，以养亲读书为事。……以其暇日从事铅椠，为续刻金华丛书之准备”[①]，其藏书处曰“梦选楼”“鄉嬛胜处”“颐园”等。胡宗楙之后，胡家藏书一部分捐给了当时天津的崇化学会（严修联合一些学者名流于1927年发起成立的津门最早的民办学术团体），另一部分赠给了胡宗楙生前任董事的天津工商学院，又有一部分捐赠北京图书馆，其余则在“文化大革命”中流失。

胡凤丹辑《金华丛书》时，从《四库存目》中录出金华籍名人遗著书目165种。由于当时条件所限，胡凤丹只找到存书69种。父亲去世后，胡宗楙始终以父亲未竟之事业为己任，于光绪二十一年（1895）把其父生前陆续辑刻的《金华丛书》结集出版。同时继续孜孜于收罗乡邦文献，在《金华丛书》的基础上进一步增辑58种，于1924年成书120册，名为《续金华丛书》。“不但补充其父《金华丛书》里列为存目却未找到传本的大量书籍，而且还搜罗到不少胡凤丹连存目都未提及之书。”[②] 时任教育总长的傅增湘在丛书序中对胡氏及《续金华丛书》极为称道：

　　比岁晤公子季樵于京师，朴学醇谨，孳孳不卷，续刻金华丛书得

① 胡宗楙：《甲戌自述》，《梦选楼文钞》卷下，胡氏津门丙子（1936）年刊本。

② 施新：《胡宗楙辑刻金华乡邦文献考述》，《浙江社会科学》2010年第12期。

五十有八种，凡前辑之缺卷逸文，咸加斠补。或博访秘钞古刻重付雕镌。搜香之富，校雠之精，非特继承先志，而于文事凋敝之余，补缀阙遗，网罗邦献，其诣力殆百倍前人，抑更有进者。①

刻完《续金华丛书》之后，胡宗懋又出资刊补了因岁久而残缺的《金华丛书》版片，把它和《续金华丛书》的版片一起赠给浙江图书馆。

3.《四明丛书》

"四明"为浙江旧宁波府的别称，以境内有四明山而得名。《四明丛书》系民国时期地区一级郡邑类丛书中颇具代表性的一部，是我国规模最大的郡邑类丛书之一，由张寿镛编刻。张寿镛（1875—1945），字伯颂，号咏霓，别号约园，浙江鄞县（今宁波市鄞州区）人。"先生家学渊源，性尤颖悟。年二十一补县学生，二十八中乡试。厥后即入仕途。任江苏仕学馆提调，会办江苏海运，宣统元年充藩署总文案兼新政文案，旋充度支公所淞沪总稽查，筦榷科科长等职。"② 民国后历任浙江省、湖北省、江苏省、山东省的财政厅厅长，国民政府财政部次长（1928），江苏沪海道尹等职。1925 年，五卅运动爆发，圣约翰大学美国籍校长辱没中国国旗，遭广大师生抗议。张寿镛毅然辞职离校，创办光华大学，并任第一任校长。张寿镛在退出仕途后除了致力办好光华大学外，最重要的就是编纂《四明丛书》。编纂《四明丛书》是张寿镛久怀心底的夙愿，无论为官还是家居，张氏都注意收集相关图籍，为编辑一部家乡丛书在做着准备：

先生少耽文史，藏书数十万卷。生平于先贤著述，蒐览极博，尤注意于有邦文献。尝撰《四明经籍志》，又思网罗遗佚为《四明丛书》，期以十年成一集，及是遂初服理旧业，至三十年凡成四明丛书七集，都得书百五十六种，千有八十二卷，次第刊行。八集亦纂成，以遭倭寇未能全刻。九十两集亦目录已定，所得佚刻及传钞之本不

① 傅增湘：《续金华丛书序》，江苏广陵古籍刻印社 1983 年重印永康胡氏梦选楼甲子（1924）锓本《续金华丛书》第 1 册。

② 《宁波人周刊》资料室编：《先贤张咏霓先生》，《宁波人周刊》1946 年第 1 期，第 16 页。

少，一一校理，为之序录。[①]

在张氏编辑完成的前7集中，所收每种文献都有张氏序或跋，正如丛书凡例云："是书先刻二十四种，题曰第一集。接续再刻，即名二集三集，以至十集。""每种卷首，或题以序，简末或附以跋，或既序又跋，以阐作者立论之大凡，与夫昔贤订证之苦心。并志友朋赠遗之雅意。"[②]以一人之力为178种图籍作序跋，在丛书编纂史上实属罕见。工作量之大，可见一斑。丛书原拟刻10集，至1945年第八集中辍。同年7月张寿镛病逝，后由其子续刻完成第八集。8集共收书178种，1177卷。第九、十两集目录亦由张氏生前拟定。全书之首有象山陈汉章序。

三　重要氏族类古籍丛书举隅

（一）《待时轩丛刊》

罗福颐辑。罗福颐（1905—1981），字子期，笔名梓溪、紫溪，70岁后自号偻翁，系罗振玉第五子。平生兴趣广泛，除西夏文史外，对辽史、金史、古文字、古印玺考古、文物都有研究。历任北京大学文科研究所讲师、文化部副研究员和业务秘书、文化部国家文物局咨议委员会委员、中国考古学会理事、中国古文字学会理事、杭州西泠印社理事等，生平著述达120余种。

《待时轩丛刊》为罗福颐所编辑罗氏家族丛书，主要收录罗福颐及其兄罗福苌二人共6种著述。其中罗福苌2种：《宋史夏国传集注》14卷系表1卷、《西夏国书略说》1卷；罗福颐4种：《西夏文存》1卷外编1卷，《辽文续拾》2卷补遗1卷汇目1卷，《〈小学考〉补目》1卷，《印谱考》4卷。"本书始刊于民国二十二年（1933）癸酉，以迄民国二十六年（1937）丁丑。""民国二十六年由罗氏墨缘堂刊行，刻本八册。"[③]

（二）《嘉兴谭氏遗书》

《嘉兴谭氏遗书》又称《嘉禾谭氏遗书》，是谭新嘉编辑的汇辑谭氏家族著作的一部氏族丛书。谭新嘉（1874—1939），字志贤，光绪三十年

---

① 《宁波人周刊》资料室编：《先贤张永霓先生》，《宁波人周刊》1946年第1期，第16页。

② 张寿镛：《四明丛书凡例》，《浙江省立图书馆月刊》1932年第1卷第10期，第48页。

③ 容媛：《待时轩丛刊》（书评），《燕京学报》1947年第33期，第271页。

（1904）嘉郡图书馆成立后任董理馆务兼编目员。宣统元年（1909）从日本回国后，应直隶提学使傅增湘之聘，任天津直隶图书馆提调，主编馆藏古籍目录。1917年任职北京京师图书馆（国图前身）中文编目组直至去世。张秀民在其自传中曾提到谭新嘉在国图工作的情况：

> 余因国学系（中国文学系）毕业，被分配在中文编目组，专编古书。组长嘉兴谭新嘉先生（志贤，编辑《嘉兴谭氏遗书》，由厂肆木刻），是京师图书馆老人。①

谭新嘉生前著有自订年谱《梦怀录》，纂修有《嘉兴谭氏家谱》。1905年纂修完《嘉兴谭氏家谱》后，他便开始编印《嘉兴谭氏遗书》。后由于时局及财力所限，丛书编纂时断时续，直到1935年才编成，书中共收入谭贞默、谭吉璁、谭瑄及谭新嘉本人在内的《憨山老人年谱自叙实录》《肃松录》《历代武举考》《鸳鸯湖棹歌》《碧漪集》等10种著作。民国二十四年（1935）嘉兴谭氏承启堂刻印行世，台湾新文丰公司1999年《丛书集成三编》将此丛书整体收录。

（三）《朴学斋丛书第一集》

胡朴安编辑。胡朴安（1878—1947），字仲明、仲民、颂明，学名韫玉，号朴安、半边翁，以号行世。安徽泾县溪头村人，近现代著名文字训诂学家、南社诗人。曾先后任教于上海大学、持志大学、国民大学和群治大学等。

该丛书是胡氏患脑溢血后半瘫痪状态下编辑完成的家族丛书。高燮在丛书序中对此详述曰：

> 朴安与余齐年，年六十余矣。虽修髯拂腹而精神兴会不稍衰。能诗能文能舞剑能讲学，自朝至暮无片刻暇，余不逮远甚也。乃去岁以脑溢血病废，致不良于行，一室独居，书城坐拥而疾力校印其祖父兄及弟寄尘、女沣平诸人之著作凡二十八种，为朴学斋丛书。②

① 张秀民：《张秀民印刷史论文集》附录作者自传，印刷工业出版社1988年版，第322页。

② 高燮：《朴学斋丛书序》，见《朴学斋丛书》民国二十九年（1940）安吴胡氏刊本。

丛书于1940年胡朴安自刊，纸本线装8册，收录胡朴安先世及兄弟子女胡雪书、胡鼎、胡有恂、胡怀琛、胡渊（沛平）等未刊稿凡28种，多为诗文别集、子史考证、笔记从札，为《朴学斋丛书》第一集。据胡朴安在丛书第一集目录后之说明文字，可知胡氏尚拟辑行第二集，仅录胡朴安著作："如天假之年，精力与经济能允许，朴学斋丛书第二集则排印朴安自己之著作。"[①] 并将第二集书目60余种列出，"有已刻者，有未刻者，将辑印为朴学斋丛书第二集"。[②]

第三节　独撰类古籍丛书

一　独撰类古籍丛书概览

独撰类丛书是指汇集两种以上同一人撰著而又不同部类著作的丛书。又称自著丛书（张之洞等）、个人丛书（王重民、杨殿询）、一人丛书（汪辟疆）。目前学界对于独撰类丛书还存在不同认识，其中有两种观点最具代表性，也最能影响相关丛书的归类安排："一是认为独撰丛书与别集无异，称不上是丛书，更谈不上在丛书部专立独撰类；二是将独撰丛书的范围扩大，将许多别集划归丛书。"[③] 潘树广在对独撰类丛书的历史演化进行梳理后，得出独撰类丛书需要具备两大要件：第一，应汇集一人所著的两种或两种以上独立的著述。第二，这些独立著述应是跨部的。若在一部之内，则不是独撰类丛书。[④] 应该说这一定义是科学的，在操作上也可避免将个人别集视为独撰类丛书之失误，已广为学界所接受并采用。《中国丛书综录》对综合性丛书的分类方法，比较合理，影响很大，虽然有部分集部丛书因顾名思义或未加细读而被收入"独撰类"，但总体看还是严格遵循了关于独撰类丛书的分类原则。《中国丛书综录》共收综合性丛书1327种，其中独撰类丛书760种（据潘树广统计），而民国时期的独撰类丛书则有109种之多。再加上《中国丛书广

① 胡朴安：《朴学斋丛书》目录后说明，见《朴学斋丛书》民国二十九年（1940）安吴胡氏刊本。

② 《朴学斋丛书》（图书简介），《图书季刊》1941年第1—2期，第89页。

③ 潘树广：《试论独撰丛书》，《潘树广自选集》，江苏大学出版社2012年版，第130页。

④ 参见潘树广《试论独撰丛书》，《潘树广自选集》，江苏大学出版社2012年版，第131页。

录》46种，《中国丛书综录续编》3种，仅见于以上三大目录工具书的民国时期独撰类丛书就达158种。

受个体著述能力所限，独撰类丛书容量比杂纂类丛书一般来说要小得多，收书数量也受个体学术或创作能力的影响而呈现较大的差异，少的收书三五种，多的收书五六十种，像王国维《海宁王忠悫公遗书》、刘师培的《刘申叔先生遗书》等收书达70余种，有的甚至达100余种，像廖平《六艺馆丛书》。从刊印主体看，独撰类丛书以个人独资刊印为主，部分为未刊稿本。

二 重要独撰类古籍丛书举隅

（一）《周悫慎公全集》

周馥著。周馥（1837—1921），安徽至德（今东至）人，1861年入李鸿章幕，成为李鸿章幕府第一人，光绪三年（1877）署永定河道。1881年任津海关道。1884年中法战争爆发后，奉命赴渤海口编练民船团练，协助李鸿章办理洋务达30多年，参与筹建北洋海军学校，设立天津机器局、电报局、开平煤矿、唐胥铁路等事宜。1888年任直隶按察使。1894年，中日甲午战争爆发，负责前敌营务处，在前线调护诸将，收集散亡，转运军需。马关议和后，自请免职。1899年复任四川布政使。次年八国联军侵占北京，李鸿章任直隶总督兼北洋大臣，他调任直隶布政使，李鸿章任议和大臣，倚为助手，入京处理教案。1901年，李鸿章病故，周署理直隶总督兼北洋通商大臣，次年任山东巡抚，留京与外国侵略者交涉撤销都统衙门，归还津榆铁路。事竣，赴山东任所，值黄河决口，组织官民，筑堤防堵。1904年署任两江总督。1906年任闽浙总督，未赴任，旋调两广。次年以老告归。1917年，被任为协办大学士。1921年病故，逊帝溥仪谥“悫慎”。周馥诸子将其生前写的各种奏折、诗文集和家训等汇编成册，即《周悫慎公全集》，收书8种（《河防杂著》4种，若单列则为11种）：《周悫慎公奏稿》5卷电稿1卷，《周悫慎公公牍》2卷，《玉山文集》2卷诗集4卷，《易理汇参》12卷卷首1卷，《治水述要》10卷，《河防杂著》4种，《负暄闲语》2卷，《周悫慎公自著年谱》2卷。民国十一年（1922）秋浦周氏木刻行世，线装共36册。后又有石印本。沈云龙主编《近代中国史料丛刊》所收系据此书木刻石印本影印，并改名《秋浦周尚书（玉山）全集》。

（二）《沈寄簃先生遗书》

沈家本著。沈家本（1840—1913），字子惇，别号寄簃，浙江归安（今浙江吴兴县）人。光绪九年进士，留刑部补官。曾任天津知府、刑部左侍郎、大理院正卿、法部右侍郎等职。光绪二十八年任修订法律大臣，为近代著名法学家。《遗书》分甲、乙两编，辛亥革命后刊行。《甲编》收法学著作《历代刑法考》和《寄簃文存》2种，共22种，86卷。乙编主要有《说文引经异同》《日南读书记》《读史琐言》《日南随笔》《沈碧楼偶存稿》等13种，104卷。

（三）《刘申叔先生遗书》

刘师培著。刘师培（1884—1919），字申叔，曾更名光汉，号左庵，生于江苏仪征，其曾祖刘文淇，祖父刘毓崧，伯父寿曾，以三代相续共注一部《春秋左氏传》而饮誉学林。刘师培本人每每也以家学第四代传人自居，“予束发受经，思述先业”。虽然英年早逝，但其著述颇丰。去世后，好友南桂馨1934年出资搜集整理其遗著，1938年蒇事刊行，题为《刘申叔先生遗书》。南桂馨，字佩兰，山西武宁人，清末留学日本，曾参与刘师培、张继、章太炎等筹办的“社会主义讲习会”，并成为骨干成员，与章、刘、张等人当有过非同一般的情谊。不过该书之具体编辑，钱玄同出力为多，“佚稿之旁搜，总目之编次，胥由公力疾任之”[①]。李振生曾就钱玄同与《刘申叔先生遗书》关系做过专题研究：

> 《刘申叔先生遗书》辑存刘氏已刊和未刊的著作凡七十四种：有关论及群经及小学者二十二种，论及学术及文辞者十三种，群书校释二十四种，读书记五种，诗文集四种，教科书六种，全六帙，共七十四册。尽管有关刘氏无政府主义的著述《遗书》多有失收，而收入《遗书》的《王船山史记申议》一文原本出自章士钊手笔，属误收，类似的遗漏和误植一定还有不少。并且已收论著的原刊错讹多未校正，而新出的排校又有舛误，诸如此类的问题也还相当的多，但迄今为止，这个版本仍不失为搜罗刘氏遗著最为齐全的一个版本，无论是刘师培在世时曾经上梓刊行过，如今早已成了绝版的论著，还是后来

① 郑裕孚：《刘申叔先生遗书后序》，见《刘申叔遗书》，江苏古籍出版社1997年据宁武南氏原印本重印，第2408页。

归家人亲族收藏或转辗于好友学生之手的手稿，历时八十余载而不至遗落散佚，此版之功实不可没。[①]

台湾大新书局1965年和江苏古籍出版社1997年版《刘申叔先生遗书》，均据武宁南氏铅印版影印。

（四）《陶庐丛刻》

王树楠编撰。王树楠（1851—1936），又名王树枏、王树枬，字晋卿，号陶庐，又号绵山老牧。清直隶河间府新城县即今河北省高碑店市新城镇人。年16，入邑庠。17岁，食廪膳。20岁，举优贡，朝考以教谕候选。光绪二年（1876）举于乡。光绪十二年（1886）成进士，授工部主事。历任四川省青神、资阳、新津、富顺等县知县。旋受聘为湖广总督张之洞、陕甘总督陶模幕宾。后任甘肃平庆固、巩秦阶、皋兰等道道员。光绪三十二年（1906）升任甘肃新疆布政使。宣统二年（1910）遭诬陷被查办旋以“查无实据”，于宣统三年（1911）入京任学部资政官、礼学馆高等顾问官。进入民国，1914年为清史馆四总纂之一。1921年与罗振玉等主持敦煌经籍辑存会。1925年任东方文化事业委员会委员，后任总裁。1928年应张学良之聘为奉天萃升书院主讲。1930—1936年寓居，1936年病逝于北平。王氏学殖深厚，著作等身，为近代学术大家。章士钊称其为“北方大儒”；黎昌庶将王闿运、王先谦、王树楠合称为“三王”[②]。据谢道弘统计，王树楠从1878年28岁到1935年85岁的57年时间里，共有53种685卷，1000多万字的著述。《陶庐丛刻》为王树楠在世时所刻，初集有20种153卷，二集10种37卷，此丛书目前国家图书馆有完整收藏。《中国丛书综录》所载《陶庐丛刻》收录22种，并非全目，且初集、二集不分。

（五）《六译馆丛书》

廖平（1852—1932），四川井研县青阳乡盐井湾人（今四川乐山）。初名登廷，字旭陔，又字勖斋，1879年中举时改名廖平，字季平。清同治十三年（1874）参加院试，受四川学政张之洞赏识，录取第一。光绪二年（1876）由官方供奉，进入成都尊纪院深造，钻研《春秋》经学。

① 李振声：《钱玄同参与〈刘申叔先生遗书〉编纂始末发微》，《中国现代文学论丛》2007年第1期。

② 参见王森然《王树楠评传》，载《近代名家评传》二集，生活·读书·新知三联书店1998年版，第40页。

光绪五年中举，光绪十五年中进士，钦点湖北某县知事，以母年老请改教职，任龙安府（治今平武县）教谕。后历署射洪县训导，绥定府（治今达县）教授、尊经书院襄校和嘉定九峰书院、资州艺风书院、安岳凤山书院院长、四川国学学校校长等职，为公认的晚清著名经学大师，哲学史家冯友兰曾多次指出："中国经学开始于董仲舒，终结于近代经学大师廖平。"[①] 廖氏一生著述甚丰，主要辑为《六译馆丛书》。

作为近代经学大师，廖氏一生经学六变，当其志于经学三、四变时，门人将其所著书编为《四益馆丛书》。五变后，易"益"为"译"，自称"五译老人"，取孔子缙经，以述为作之意。六变后，又改称"六译老人"，并重订所著书为《六译馆丛书》，正如时人所言："其以六艺为名馆者，民国癸丑，其经学由四变，改旧名四益为四译，又由五变六变更名六译，今即以六译称之。"[②]《六译馆丛书》收书112种，因为是廖氏生平主要著述的汇编，其中多数未曾刊印出版，故一些单篇或专门性短论也被视为一种，像《易生行谱例言》《大学中庸演义》《分撰两戴记章句凡例》等。国家图书馆所藏此全套丛书是1921年四川存古书局据光绪及民国间刻本汇印而成，故版型及行款不一，共98册。作为独撰丛书来说，其规模还是不多见的。与廖氏学术及老年经历相联系，该丛书1—93种主要为经学著述，94—112种则主要为医学类著述，这与廖氏老年多病有关。有道是"久病成医"，而且古代巫（易）、医不分，作为经学大家的廖平既有易学（医学）基础，又加上老年多遭遇中风等疾病之困，因此，晚年多有医学方面的著述，成为该丛书的一大特色。

（六）《直介堂丛刻》

刘声木撰。刘声木（1876—1959），字十枝，原名体信，字述之，安徽庐江人，历任山东、湖南省学务。民国后谢绝宾客，一意著述。新中国成立后被上海市文史馆聘为馆员。刘氏好藏书，20岁前后多收明以前书，以后则专意收罗清人撰述，所得以各省志书及清人文集、书目、笔记、诗词话居多，著作汇为《直介堂丛刻》。1929年庐江刘氏铅印本，分初编和

① 冯友兰：《中国哲学史》（下），华东师范大学出版社2001年版，第343页。

② 张鹏一：《读廖季平六译馆丛书评语》，《国立北平图书馆馆刊》1933年第7卷第2期，第99—100页。

续编。《中国丛书综录》所录初编为10种，续编为6种。国家图书馆有此丛书多种版本，其中41册本为初编12种，续编6种，单从种数上看好像收书比《综录》所记为多，实则不然。《综录》中记为1条者如“《苌楚斋随笔》十卷续笔十卷三笔十卷”，国图著录中析为3条。现径录国图41册本子目备考：

初编12种：《清芬录》2卷，《桐城文学渊源考》13卷引用书目1卷名氏目录1卷，《桐城文学撰述考》4卷，《续补汇刻书目》30卷，《续补寰宇访碑录》25卷，《寰宇访碑校勘记》11卷，《补寰宇访碑录校勘记》2卷，《再续寰宇访碑录校勘记》1卷，《苌楚斋随笔》10卷，《苌楚斋续笔》10卷，《苌楚斋三笔》10卷，《望溪文集再续补遗》4卷。

续编6种：《御批通鉴辑览五季纪事本末》21卷，《苌楚斋书目》22卷，《直介堂征访书目》1卷，《曾文正公集外文》1卷，《苌楚斋四笔》10卷，《苌楚斋五笔》10卷引用书目1卷目录1卷。

（七）《徐氏全书》

徐昂撰。徐昂（1877—1953），字益修，又字亦轩，江苏南通人。光绪末年以第一名秀才入庠，进江阴南菁书院学习。光绪三十四年（1908）后，在通州师范、南通中学、南通女子师范等校担任语文教师。1935年为之江大学教授，1939年兼任无锡国专教授。新中国成立后，曾为江苏省文史馆馆员。1929年以后，徐氏著述单行本陆续问世，20世纪50年代初，汇集为《徐氏全书》出版。

徐昂为民国时期易学及语言学研究大家，他认为“通《周易》”是贯通群经义理追本溯源的唯一途径，是研究汉学之本；“通古音”则是“明经传训诂”的方法。《徐氏全书》所收37种著述中，可分三大类：易学类、音学类、杂著类。其中易学类就有12种，音学类则有15种，可见徐氏学术之主旨。《徐氏全书》1944年开始由翰墨林印书局出版，第一种《京氏易传笺》3卷出版后中断三年，1947年又重新开始，到1949年尚未完成。中华人民共和国成立后，由韬奋印刷厂于1951—1954年间续印完毕。

第九章　类编古籍丛书

类编丛书是指按类编纂之丛书，像经、史、子部图书之丛刊，集部总集之汇编，各有专类可归者入于类编。类编丛书与类书的区别在于，类编丛书是同类图书的汇编，类书则是同类知识点或条目的汇编。按传统经、史、子、集的中国古籍分类法，民国时期的类编古籍丛书可分为经类古籍丛书、史类古籍丛书、子类古籍丛书、集类古籍丛书四大类别。

第一节　经部及史部古籍丛书

一　经、史部古籍丛书概览

（一）经部古籍丛书

经学是传统中国学术之根基和主体，也是历代科举考试内容之重点。因此，经部图籍在历代中国典籍中占有十分重要的地位，经部丛书亦成为中国古代丛书之大宗。清末以迄民国年间，由于科举制的废除，反古意识及新文化思潮的兴起，传统的经学相对式微，因此，民国时期的经部古籍丛书相对子、史、集而言数量要少。仅从《中国丛书综录》来看，收录民国时期的经部古籍丛书只有 22 种，远远少于其他三类丛书的数量。《中国丛书综录》《中国丛书综录续编》将经部古籍丛书分为正文注疏、经义、纬书、小学四类，《中国丛书广录》则分为总类、易类、书类、诗类、礼类、乐类、春秋类、孝经类、四书类、群经总义类、小学类（又细分为总类、训诂、字书、韵书），应该说这两种分类法各有长短。下面，将以上三种工具书所收民国时期经部古籍丛书书目按其各自分类统计如下表 9—1（上述三部目录工具书民国年间丛书均阙如之类目不列入表 9—1中）：

表 9—1 《中国丛书综录》《中国丛书广录》
《中国丛书综录续编》收录民国经部古籍丛书类别及数量一览表

类别 \ 书名 种数	中国丛书综录	中国丛书综录续编	中国丛书广录	合计
正文注疏	5	0	0	5
经义类	8	0	7	15
小学类	9	1	2	12
总类	0	0	1	1
易类	0	0	2	2
合计	22	1	12	35

（二）史部古籍丛书

民国时期的史部古籍丛书从数量上看远超经部丛书，据粗略估计超过130余种。这些丛书主要以杂史类、纪传类、舆地类、目录类和金石类为主。特别是舆地类丛书，数量多、内容广，基本上展现出民国时期地理、水利等学术研究成就及倾向。像《浙江图书馆丛书》（一名《蓬莱轩舆地丛书》）对我国历代边疆地理和西域地理著作进行了系统考证，可谓该时期边疆舆地整理之集大成，被称为“天下之奇作”。其他像《问影楼舆地丛书第一集》《东北文献丛书》《中国水利珍本丛书》《古今游记丛钞》等，在历代地域或水利文献整理方面都呈现出极高的价值。纪传类丛书以年谱汇集为大宗，像《三曾年谱》《关中三李年谱》《艺风堂汇刻四家年谱》《二王江焦年谱四种》《近代名人年谱丛刊》等，将历史、地域特别是近代学人年谱汇刻行世，有功于学术传承及后世相关学术研究。杂史类丛书以汇辑明清以来特别是近代非正史史料为主，其中有关太平天国史料的几种丛书最为集中：《太平天国有趣文件十六种》《太平天国史料第一集》《太平天国丛书第一集》《太平天国丛书》《太平天国书两种》，这五种丛书从不同角度对太平天国史料进行了汇辑，为太平天国史料的保存和流传，为后世全面认识和评价太平天国运动及学界的相关学术研究作出了贡献。其他有关满族、蒙古族等少数民族史料的丛书对于后人从特殊角度认识和研究相关少数民族都极有帮助。目录类丛书在史部丛书中数量也不少，一定程度上体现了民国年间古籍整理和刊印的盛况。

关于史部丛书的分类，《中国丛书综录》及《中国丛书综录续编》分为正史、诸史考订、编年、纪事本末、杂史、传记、舆地、政书、目录、金石、史钞共11类；《中国丛书广录》则分为总类、纪传类、编年类、纪事本末类、杂史类、传记类、史钞类、史评类、政书类、诏令奏议类、考工类、地理类、金石类、目录类14类，两种分类略有差异。下面综合《中国丛书综录》与《中国丛书广录》上述分类，将民国年间史部古籍丛书数量按类别列表统计如下表9—2（上述三部目录工具书民国年间丛书均阙如之类目不列入表9—2中）。

表9—2 《中国丛书综录》《中国丛书广录》《中国丛书综录续编》收录民国史部古籍丛书类别及数量一览表

类别 \ 书名 种数	中国丛书综录	中国丛书综录续编	中国丛书广录	合计
正史	3	0	1	4
诸史考订	5	0	0	5
编年	1	0	2	3
杂史	18	2	2	22
传记	8	8	1	17
舆地	27	2	2	31
政书	2	3	1	6
目录	6	2	8	16
金石	14	2	5	21
史钞	0	0	1	1
史评	0	0	1	1
合计	84	19	24	127

二 重要经、史部古籍丛书举隅

（一）经部古籍丛书

1.《音韵学丛书》

严式诲辑。严式诲（1890—1976），字谷声，又作縠孙，原籍陕西渭南孝义里，故自署“渭南严氏”。其祖上以业盐起家，清雍正年间拓业至四川成都。至严遨，业商而习儒，尤喜搜求异书，致力藏弆，其“贲园书库”有成都“天一阁”之誉。严遨以族子式诲入嗣，式诲承其父“易产求书刻书，整理古籍，以饷后学”之遗志，复设“渭南严氏书坊”，聘镌刻高手，刻书多种，均以精善称。其中最著名的就是从1923年至1936年陆续刻成的这部《音韵学丛书》。此书之始刻，乃由严式诲邀其好友林思进（山腴）、向楚（先翘）、龚向农（道耕）共同规划。校勘多由龚、向为之，而终审校核、通贯全书、组织镌刻皆由严式诲总理其事。丛书收书20种（若将顾炎武《音学五书》5种和江有诰《音学十书》中的8种单计，则为31种），123卷。严氏于丛书总目后附言曰：

> 右音韵学丛书凡三十二种，百二十三卷……外此尚有十数种拟别刊为续编，并取诸名家集中单篇精论辑为丛钞以殿于末，则尚有待也。是编之辑，发端于华阳林君山腴，编次雠校则成都龚君芗农、巴县向君先翘也。[①]

可见，严氏还有续刻之计划，但最终未见刻成，估计很可能与时局有关。初编蒇事之时，正是日寇全面侵华之始，续编很可能因此中辍。不过初编基本上将历代代表性音韵学著作收录一遍，其文献价值及学术史价值备受学界称道。正如山东大学刘晓东教授在国家图书馆出版社影印四川人民出版社1957年版《音韵学丛书》序言中所言：

> 从顾炎武到江有诰的古音研究，不是由妄趋真的过程，而是由疏转精的学脉延伸，具有很强的整体性和系列性。他们的著作既是各自独立的，又是相互关联的，是一种相辅而不相废的关系，后期“专精”的著作掩盖不了前期“未密”的著作，其中任何一部著作都是不可或缺和不可替代的，以至于如果不读彼书则不能真正理解此书。但是在严氏之前，这一古音研究的系列著作或单刻行世，或分别包括在其他丛书中，综合研阅十分不便，正如章太炎所说的“学者苦不能备”。如果将这些著作汇集共编，无疑会为研究者提供巨大的方

① 严式诲：《音韵学丛书初编目录》，见《音韵学丛书》，四川人民出版社1957年影印线装渭南严氏成都校刊本第1册。

便，而严氏这部丛书正是承担了这一任务。①

2.《敬跻堂经解》

郭则沄等辑。民国三十年（1941）北京古学院刊本，收经解著作4种：胡绍勋《四书拾义》5卷、宋世荦《仪礼古今文疏证》上下卷、《周礼故书疏证》6卷、徐璈《诗经广诂》。《周礼故书疏证》书末有如下附记：

> 同人校订本干事李子厚不交出，张范卿又不肯更将书借校。多方访求，于东方图书馆借得原刻本由闽侯郭则沄另校修正。北京古学院识。②

《仪礼古今文疏证》书末亦有同样识语，只不过“郭则沄”更为“周肇祥”，表明《仪礼古今文疏证》系周肇祥校正。全书由周肇祥、郭则沄、胡钧复阅。

3.《十三经证异》

编辑者为万希槐，嘉庆间人，生卒年月不详。《清史稿·列传二百七十三》记曰：“字蔚亭，黄冈人。以廪膳生官南漳训导。通经史百家言，著《十三经证异》、《困学纪闻集证》，陈嵩庆推为王氏功臣。”③ 万氏此书生前未能刊刻，民国十二年湖北督军萧耀南始为刊行。萧氏为此书作序曰：

> 张先正万慰庭先生所著书以《困学纪闻集证》刊布为最早，以《十三经证异》卷帙为最多，多则刊布非易。先生殁后，稿藏其家数世。往者奉节赵学使辑刊《湖北丛书》时以不及此书为憾。耀南向在里中饫闻此书名，亦未获一览也。前年来镇武昌始从其家求得副本。念国学日以陵夷，如先生经术闳深，不可再得。《证异》所为书乃陆元朗以来所无之作，不及今兹流播，恐遂湮墜。因属成烺先生付

① 刘晓东：《音韵学丛书序》，见《音韵学丛书》第1册，国家图书馆出版社2011年版。

② 北京古学院编：《周礼故书疏证》卷6末附记，见《周礼故书疏证》6卷《敬跻堂经解》本，北京古学院民国三十年（1941）孟秋刊本。

③ 《二十五史》卷15《清史稿·下》，中国文史出版社2003年版，第2369页。

湖北官印局以活版排印，同任子纯董校雠之役，逾年功成，勘对严审，从此学者益一治经之良书。[①]

全书14卷，除萧耀南序外，还有万希槐自序以及曾国藩序。万氏曾孙万方田校录，同邑成宪、任嗣黄校。

（二）史部古籍丛书

1.《太平天国史料第一集》

程演生辑。程演生（1888—1955），字源铨，又字总特，别号天柱外史、寂寞程生。安徽怀宁人。早年留学英、法、日等国，获法考古研究院博士学位，并任该院研究员。回国后担任北京大学和暨南大学教授。1925年任安徽省立第一师范校长。北伐后出任过国民政府外交部特派员，赴法国、土耳其、阿富汗、比利时等国考察，兼任签订暹罗通商条约专使。《太平天国史料第一集》一书即程氏1924年于法国巴黎东方图书馆所抄有关太平天国资料汇辑而成，“计凡十种，而《天朝田亩制度》尤关太平一代之规模，惜乎当时未能尽行。然处今之世，社会制度未善，经济支配不均，其视此或犹有研究之价值，非仅为过去之陈案也已。而各种诏书于当时官制军令之制定，与夫内讧之事实、宗教之信仰，亦皆足资考证焉。”[②] 这10种太平天国文献是：《颁行诏书》《太平天国诏书》《天父诏书》《天朝田亩制度》《建天京于金陵论》《贬妖穴为罪隶论》《太平救世歌》《原道醒世训》《原道觉世训》。《天父下凡诏书》（一、二）史家多称之为“程辑”本。此书由北京大学出版部1926年排印。台北文海出版社1967年重印，收入沈云龙主编的《近代中国史料丛刊》第一编。

2.《太平天国丛书十三种》

谢兴尧辑著。谢兴尧，一号五知，别号老长毛、荛公等。近现代著名藏书家、史学家，四川射洪人，1931年毕业于北平大学史学系。先后任职于北平大学国学门研究所、河南大学等。谢氏早年曾在故宫档案中搜索太平天国史料，还勤于在旧书摊、私家寻检，收藏甚多。《太平天国丛书十三种》系谢氏研究成果和收藏史料之一部分，共三辑。第一辑收谢氏著述51篇，可分为史料题跋、洪杨遗事两类；第二辑汇编史籍7种；第

① 萧耀南：《十三经证异》序，见《十三经证异》，民国十年（1921）刻本。
② 程演生：《太平天国史料第一集序》，《北京大学日刊》1926年第1876期。

三辑主要为有关太平天国的诗歌文献，分上中下三卷，上卷为《太平诗史》，中卷为《武川寇难诗草》，下卷为《金坛围城纪事诗》。当时的《国学季刊》曾介绍此丛书曰：

> 本书辑者谢兴尧氏近整理其旧作论文札记，并选其所藏具有史料价值之稿本秘笈，汇为丛书，都十三种，部为四辑。其第四辑史料选录、钞录、奏底、私记之鲜见者，以篇幅过巨，拟另印单行。今兹所刊，止前三辑，凡十二种。[①]

丛书由北平隆福寺修绠堂书店1938年刻印。台北文海出版社1968年将本丛书影印收入《近代中国史料丛刊》第一编中。

3.《太平天国丛书第一集》

萧一山辑。萧氏于民国二十一年旅欧时，得见大英博物馆东方部所藏太平天国官书及其他文献，遂即摄录。精选其中官书23种汇为此集，所选文献多为国内已佚之珍贵史料。时文对此有如下记述：

> 著清代通史之萧君一山素以专攻近代史著名，民国廿一年以欲补充材料，期将清《清代通史》下册增订付印并考察欧美文化故，特辞国立中央大学讲席，放羊西渡。闻在英伦博物院东方部获尽读所储太平天国钦定颁行之书共二十三部，"择要摘录了无遗珍"，返国之后，即亟编为太平天国丛书第一集。[②]

丛书所收23种除《天父诗》为排印本外，余皆据原书影印出版，每种复加跋语于后，阐明其史料价值。此书史料价值深得时人及学者推重，罗尔纲就曾指出："我们今天得了这部丛书，可谓对太平天国所颁行的书籍，其见于《旨准颁行诏书总目》[③] 内者，已一览无遗，而且并旁及其晚年所颁行而未见于总目内的书籍。萧先生对于太平天国史料的搜集的功

① 《太平天国丛书三辑十二种》，《图书季刊》1939年新第1卷第3期，第331页。

② 《太平天国丛书之辑印》，《浙江图书馆馆刊》1934年第3卷第6期，第31页。

③ 《旨准颁行诏书总目》，太平天国旨准颁行的官书书目。据《太平天国十一年新历》卷首所列，共29部，太平天国后期"旨准颁行"之官书未列入"总目"，故萧氏丛书补缺价值极高。

绩，实在不小。”[①] 该丛书由商务印书馆1936年影印，白纸线装10册1函。台北中华丛书委员会于1956年重印。

4.《浙江图书馆丛书》

一名《蓬莱轩舆地丛书》，丁谦著。丁谦（1843—1919），字益甫，浙江仁和人。同治四年中举，任汤溪县训导，继任象山县教谕。一生博学多才，工骈散文，精于医学，酷爱金石，尤精于历史地理考证，是晚清著名地理学家，对中国历代边疆及邻国地理有较深的研究。《蓬莱轩舆地丛书》是其最重要的学术著作，收录地理学著作30种69卷，主要涉及我国自周朝历两汉以迄明清之边疆地区及外国地理，多所考证与发明。北大陈汉章在序中称是书“以实事求是之学课士，多所成就”，其对历史地理方面的考证“并非诸儒所可及”。初撰于象山任署之蓬莱轩，故拟名为《蓬莱轩舆地丛书》，因丁氏身体及其他客观条件所限，直到民国四年才由浙江图书馆刊刻出版，被誉为“天下之奇书”。该书民国四年（1915）浙江图书馆木刻行世，分上、下两集，上集为35卷，收入自汉至明各朝正史四夷传进行考证，其中包括《汉书·匈奴传》《汉书·西南夷粤朝鲜传》《后汉·西域传》《晋书·四夷传》《隋书·四夷传》《新唐书·吐蕃传》《元史·外夷传》《明史·西域传》等文献之地理考证；下集为34卷，包括《穆天子传》、唐杜环《经行记》、元耶律楚材《西游录》、元《秘史》、元《圣武亲征录》、元长春真人《西游记》等地理考证，其内容以元史范围偏多，多为考证我国历代边疆地理，而尤偏重对西域历史地理的考证。竹纸线装2函16册，每页阴面版心下刻字数，正面每种第一页刻“浙江图书馆丛书”，每卷末有校勘人姓氏双行。有民国四年浙江图书馆刊本。

5.《问影楼舆地丛书第一集》

胡思敬辑。胡思敬（1870—1922），江西新昌人，字漱唐，晚号退庐居士。光绪进士，历任辽沈道监察御史、都察院左副御史。光绪末年，胡氏有感于列强对中国边疆地区的侵略，注意从历史及地理上来研究边疆问题，并为此收集了前人及同时代人的著述，加上一些有关中原地区的地理著作成此书，于光绪三十四年（1908）出版了第一集，共收书15种：

① 罗尔纲：《太平天国丛书第一集》（书评），《出版周刊》1937年第243期，第15—16页。

《黑鞑事略》1 卷，《峒溪纤志》3 卷，《云缅山川志》1 卷，《长河志籍考》10 卷，《黔记》《东三省舆图说》《陕西南山谷口考》《缅述》《三省山内风土杂记》《万里行程记》《关中水道记》《水地记》《游历记》《滇海虞衡志》《东三省韩俄交界道里表》。其中除《黑鞑事略》为宋人所著，余 14 种均为清人所作。胡氏对所收入的除《黔记》《关中水道记》两部著作之外的其余 13 种于卷末均附有他撰写的跋语。对该书的内容得失、版本流传情况及作者本人的简历都作了概述。为了方便研究者，另有《校勘记》附后。本书除光绪三十四年铅印本外，另有《丛书集成初编》本。

6.《中国史迹风土丛书》

张江裁辑。张江裁（1908—1968），字次溪，广东东莞人，继承其父伯桢藏书之习，收藏北京地方史料最为丰富，对于北京风俗掌故亦深有研究。平生编辑北京地方文献史料众多，先后有《辛亥以来纪述北京历史风物书录》《辛亥以来纪述中国戏剧书录》《北京史迹风土丛书》《北平史迹丛书》《京津风土丛书》《燕都风土丛书》等。《中国史迹风土丛书》就是在其《京津风土丛书》之后辑印的一部范围更大的风土丛书。《中国丛书综录》记此丛书收书 13 种，分别为张江裁所撰《北京庚戌桥史考》1 卷、《北京天桥志》1 卷、《北京庙宇征存录》1 卷、《金陵山水街道丛考》1 卷，民国蔡绳格撰《燕城胜迹志》1 卷、《燕城花木志》1 卷、《北京岁时志》1 卷，《北京礼俗小志》1 卷、《燕市商标看录》1 卷，民国张大都撰《燕市贾贩琐录》1 卷，清樊彬撰《津门小令》1 卷，清张子和撰《江南好词》1 卷，民国王猩酋撰《雨花石子记》1 卷。其实该丛书收录为 14 种，另有《汪精卫先生行实续录》，《综录》失收。当时的《中和月刊》曾介绍此丛书曰：

> 东莞张次溪君（江裁）曩辑《京津风土丛书》行世，脍炙人口。兹复有《中国史迹风土丛书》之辑，体裁相近，范围益广矣。凡十四种，汇印一册，曰《汪精卫先生行实续录》……①

所述第一种就是《汪精卫先生行实续录》，然后将其他 13 种逐一述

① 《中国史迹风土丛书（壹）》，《中和月刊》1943 年第 4 卷第 7 期，第 73 页。

及。最后称道此丛书曰："统观全帙，实考史迹风土者极有用之书也。"

此丛书初刊为民国三十二年东莞张氏拜袁堂排印本。

7.《乡土志丛编第一集》

燕京大学图书馆辑。清光绪间推行君主立宪，敕谕各县速纂修乡土志，后得刊行流布者仅百数十种，尚有大量稿本或抄本尘封于衙署档案中，辛亥后多散佚。燕京大学图书馆广为收寻，得数十种，重加校订，欲刊布流传，第一集所收10种乡土志，均为今陕西辖县志。计有云县、甘泉、宜川、岐山、城固、宁羌、神木、朝邑、华州、中部10州县。燕京大学图书馆在此丛书例目中曰：

> 乡土志为研究地方自治必要之书，逊清预备立宪敕各县从速编纂而印成流布者不过百数十种，其余或仅誊真或为稿底尘封于衙署档庋之间，改革以来多所散佚。本馆广事搜集，得有数十种，不敢自私，次第付梓公诸同好，定名《乡土志丛编》。[①]

所收10志中除《宁羌州志》有印本外，余均为稿本或抄本，赖此编得广为流传。时值日寇全面侵华战争，第一集于民国二十六年（1937）由燕大图书馆排印，草草蒇事后，未能继续编印。

8.《上海掌故丛书第一集》

上海通社编，辑元、明、清三朝有关上海内忧外患、风土岁时、文化物产及沪渎等地方历史文献而成。收书14种：《熬波图》《吴淞甲乙倭变志》《阅世编》《沪城备考》《木棉谱》《水蜜桃谱》《淞南乐府》《沪城岁事衢谈》《夷患备尝记》《红乱纪事草》《觉梦录》《枭林小史》《星周纪事》《上海曹氏书存目》。关于此丛书的编纂背景及意义，陈陶遗在序中曰：

> 上海自元至元间始立为县，历明清两朝，虽阅时只六七百年，而其间乡贤之著述攸关典章国故者殆已更仆难数。上海通社诸子懮其泯灭而无徵也，爰仿毗陵文献海陆丛刻之例从事搜辑而特于掌故立之

---

① 燕京大学图书馆编：《乡土志丛编例目》，《燕京大学图书馆报》1937年第101期，第2页。

范，先刊一集，都十四种，行见是书出，而元明清三朝沪渎内讧外患风土岁时以及文化物产昭昭然若列星复明，非特先哲载笔之苦心赖以不坠，抑亦史志之别裁辑略之流亚矣。①

丛书第一集1936年由上海通社排印。原拟编印第二集，书目已刊于《上海年鉴（1936）》上册，后因全面抗战爆发，未能印出。

9.《中国水利珍本丛书》

中国水利工程学会时期自1931年创立至1948年停止活动，尽管只有短短的17年，但是17年的工作，对新中国水利事业的发展产生了巨大的影响。水利学会在组织翻译出版西方著作时，特别出版了《中国水利珍本丛书》，认为，“本会既发行水利月刊，以传播新时代之经验与学理，犹恐古籍日沦，以致先民胼手胝足之成绩，与前代兴废得失之故，不能尽彰”。第四年会决定“搜集旧水河工书籍，请书局翻印，以利保存而广宣传”，此丛书共出了两辑，点校、排印了11种元代以来的水利著作。第一辑有：元沙克什《河防通义》、元欧阳玄《至正河防记》、明潘季驯《河防一览》、明刘天和《问水集》、清赵尔巽等《清史河渠志》、清丁显《复淮故道图说》等；第二辑有汪胡祯、吴慰祖《清代河臣传》，清李世禄《修防琐志》、清李大庸《河务所闻集》、清靳辅《治河方略》、清康基田《河渠纪闻》。该书由我国现代著名水利工程专家、原水利部顾问、中国科学院学部委员汪胡桢选编，全部进行了断句、标点，这是一部较大规模的专业农业古籍丛书，对水利研究的影响较大。

第二节　子部古籍丛书

一　子部古籍丛书概览

子部古籍丛书是子部有关古籍的汇编。传统古籍四部分类法之子部，包括诸子百家著作及天文、医术等。《隋书·经籍志三》为子部，著录儒、道、法、名、墨、纵横、杂、农、小说、兵诸家及天文、历数、五行、医方共14种，基本确立了子部丛书的分类框架，后世官簿私录绝大多数沿袭了这一分类方法。《中国丛书综录》分子部丛书为诸子、儒家、

① 陈陶遗：《上海掌故丛书序》，见《上海掌故丛书》，民国二十四年（1935）铅印本。

兵家、法家、农家、医家、天文、数学、术数、艺术、杂家、小说、道家13类。《中国丛书综录续编》分子部丛书为诸子、墨家、儒家、兵家、农家、工艺、医家、天文、数学、术数、艺术、杂家、小说、道家、释家、其他宗教16类。《中国丛书广录》则分子部丛书为总类、儒家、道家、法家、兵家、农家、医家、天文算学、艺术、谱录、杂家、类书、小说家13类，其中医家类又细分为总类、医经、本草、诊法、方论、医案医话、内科、妇科、儿科、针灸、养生、杂录12种。三种书目分类大同小异。下面我们综合以上三种目录工具书的著录及各自类目，将民国时期子部古籍丛书类目及数量列表如下（表9—3）。

表9—3 **《中国丛书综录》《中国丛书广录》《中国丛书综录续编》收录民国子部古籍丛书类别及数量一览表**

类别 \ 书名 种数	中国丛书综录	中国丛书综录续编	中国丛书广录	合计
诸子	6	2	9	17
儒家	6	2	10	18
兵家	2	0	1	3
农家	0	0	2	2
工艺	0	1	0	1
医家	52	3	36	91
数学	3	0	0	3
术数	0	0	2	2
艺术	27	2	10	39
杂家	2	0	0	2
小说	23	2	10	35
道家	10	2	4	16
释家	0	6	0	6
合计	131	20	84	235

从表9—3中可看出，民国时期的子部古籍丛书仅以上三种书目收录

者就达235种。其中数量最多的为医家类，达91种，这与传统中医在社会各阶层的广泛运用及流传不无关系。民国年间社会动荡不安，西学东渐虽有了一定的基础，但其普及性远远比不上传统中医。特别在积贫积弱的社会大环境下，传统中医的实用性及普及性更显优势。因此，各类实践经验性医书几乎成为大众生活必备，使得汇刻临床实用医书和医学入门读物成为当时医学类古籍丛书出版之大宗。正如时人张赞臣在《珍本医书集成序》中所言："近年而还，各大书局对中国医籍之翻印，不遗余力，殆国医界之好现象。"① 从内容看，民国时期医学类古籍丛书遍及中医学各个方面，既有《医统正版全书》《古今医学会通十一种》《珍本医书集成》《中国医学大成》《御纂医宗金鉴》等医学百科全书类的医籍汇编，又有《费氏食养三种》《达生保赤合编》《诊断学汇编》《针灸传真》等专科类医学图籍的汇编。从编纂及出版角度看，以汇集暨重印古代医学典籍为主。除医学丛书之外，艺术和小说类古籍丛书数量也较多。艺术类丛书以书画类为多，且多为新辑新著，体现了民国时期艺术特别是书画类收藏及研究之氛围。小说类丛书则以汇辑历代笔记为主，特别是明清笔记小说，多以不同题目被收录刊印或翻印，像《顾氏明朝四十家小说》《明清珍本小说集》《清代笔记丛刊》等。历代小说笔记汇刊类丛书也不少见，像《古今说海》《古今说部丛书》《笔记小说大观》等，或新辑新编，或翻印旧本，都体现出民国时期对说部文献的集大成式整理模式或趋向。

二　重要子部古籍丛书举隅

（一）《三三医书》

裘庆元（1879—1948）辑。庆元字吉生，浙江省绍兴人，为近代中医学大家。裘氏自幼患病，求医问药中，遂生研习中医之志。其去世后，悼念文章颇丰，于其行医生平多有记述：

> 平生所搜罗的孤本、精抄本、先贤遗著，以及东瀛版本、医稿，不下数千百种。国内外珍藏善本医籍的，无不推先生为巨擘。又以《礼记》上有"医不三世，不服其药"，《左传》上有"三折肱，知为良医"的古训，因设立三三医社，创办三三医院，刊行三三丛书，出

① 张赞臣：《珍本医书集成序》，《医界春秋》1936年第116期，第67页。

版三三医报，其宣扬文化，嘉惠杏林，利物济人之功，尤不可灭。[①]

裘氏一生所刊医学丛书数种，除《三三医书》外，还有《珍本医书集成》《医药丛书》《医药百家》《国医百家丛书》等。

《三三医书》又名《秘本医学丛书》《九九医学丛书》，刊于1924年，共三集，每集各33种，为使读者事先了解全书概况，每种书籍均撰有提要。此书保存了大量的中医孤本秘籍，特别是在搜救海内外孤本、珍本、抄本方面厥功至伟，如《医经秘旨》《温热逢源》《医学妙谛》《伤科方书》《重楼玉钥续编》《行军方便便方》《医余》《药征》等或濒临散佚或流散海外的重要医籍，均靠此书得以广传。另外，此丛书以注重实用为特色，所选医籍多为家传秘本，疗效独特，简练实用。

（二）《中国医学大成》

曹炳章编辑。曹炳章（1878—1956），字赤电，又名彬章、琳笙，浙江鄞县人。早年随父研习药业并在绍兴经营药品，后从医师方晓安，通读伤寒、内科、本草等名家医书，自设诊所行医。并发奋购天下医书，曾收集医籍达3500余种，1934年应上海大东书局聘请，主编《中国医学大成》丛书。曹氏曾曰："去秋（注：指1935年）受大东书局之聘，编辑《中国医学大成》，将三十余年积藏三千余种之医籍，精选三百六十五种，批校铅椠印行，为谋现代医家研究之需要。"[②] 编者本欲选取365种医籍，自1936年分辑刊行，然全书刊印至136种时，正逢抗日战争爆发，出版被迫中断。虽未成全帙，但已刊丛书约660卷，全书内容宏富，被誉为"医学之渊府"。所收皆为晋、唐、宋、明、清历代医家之重要著述，或拾遗补缺之专著，以明清时期医籍居多，包括中医典籍《内经》《金匮》之集注、探究，有伤寒、温病、内科、五官科、外科、时疫、儿科、痘科及妇产科等各科病症诊治之著。另有中医诊断学、本草、医论、医话、医案等，堪称一部具有影响力的近代中医丛书，对保存我国古代中医学文献有巨大贡献。

（三）"陈修园医书系列"

"陈修园医书系列"指清末民初流行的陈修园和托陈修园之名汇印的一系列医学丛书。陈修园（1753—1823），清代医学家。名念祖，字修

① 汤士彦：《哀思裘吉生先生》，《中国医药研究月报》1947年新1卷第8期，第90页。

② 曹炳章：《珍本医书集成序》，见裘庆元编《珍本医书集成》，世界书局1936年版。

园，又字良有，号慎修。福建长乐人。其实陈修园生前并未曾编纂过任何丛书，其所著医书均以专著形式出版。因其医术精，著作市场销售亦火，陈氏病殁后，书商为盈利竞相刊刻，坊间所刊刻既有陈氏专著单本，又有丛书汇刻。最早汇刻陈氏丛书的是三山林氏，于咸丰九年即陈氏去世后第36年，校刻了《陈修园先生晚余三书》，咸丰十年，经纶堂又刊刻了《公余医录六种》，光绪十五年江左书林又刊刻了《公余书录五种》。首次将陈氏医学著作全部汇刻成书的是文奎堂，于同治四年刻成《南雅堂医书全集》（又名《公余十六种》），这16种专著包括《神农本草经读》《灵素集注节要》《伤寒论浅注》《长沙方歌括》《金匮要略浅注》《金匮方歌括》《伤寒医诀串解》《伤寒真方歌括》《景岳新方砭》《时方歌括》《时方妙用》《医学从众录》《医学实在易》《医学三字经》《女科要旨》《十药神书注解》，这16种才是名副其实的“陈修园医书”。除此之外的所谓《陈修园医书十八种》（光绪二十四年，1898）、《陈修园医书二十一种》（光绪十五年，1889）、《陈修园医书二十三种》（同治元年，1862）、《陈修园医书二十四种》（同治六年1867）、《陈修园医书二十八种》（约道光三年，1823）、《陈修园医书三十种》（光绪二十八年，1902）、《陈修园医书三十二种》（光绪二十一年，1895）、《陈修园医书四十八种》（光绪三十一年，1905）、《陈修园医书五十种》（光绪三十一年，1905）、《陈修园医书六十种》（民国八年，1919）、《陈修园医书七十种》（光绪三十三年，1907）乃至《陈修园医书七十二种》等，均系坊间为谋利而加入其他医书汇刻或汇印而成。《中国丛书综录》收录有民国八年上海扫叶山房石印本《陈修园医书全集六十种》及民国十八年上海三星书店石印本《陈修园医书四十八种》；《中国丛书广录》收录有民国扫叶山房石印本《陈修园医书二十一种》。值得一提的是，《陈修园医书七十二种》是在《陈修园医书七十种》基础上增录《眼科验方》（不著撰者），并将王士雄撰《绞肠痧证》易名为《霍乱转筋》后汇刻而成。自1915年重庆中西书局始刊到1955年上海锦章书局石印共有9家出版，虽然丛书所收只有小部分为陈修园撰著，但由于该丛书汇辑医籍基本上都是具有一定影响或适合大众参考的一些普及类医学读物，在传播中医知识、保存相关医籍方面也具有不可忽视的价值。

（四）《美术丛书》

邓实、黄宾虹编。邓实生平见前述。黄宾虹（1864—1955），名质，字朴存，亦作朴丞，号村岑，别署予向、虹庐，中年更号宾虹，室名宾虹草堂。祖籍安徽歙县，生于浙江金华，居杭州，现代著名画家。本丛书分4集，每集各10辑。自1911年3月开始分册出版，初集10集，每集4册；至1914年底出齐二集（或称）续集10集，每集亦各4册。到1920年出版了三集（亦称后集）10集，集各4册。至此，全丛书为120册。1928年起由黄宾虹编纂补辑第四集，亦为40册（分上、下两集），1936年出齐。至此，全套丛书共计四集160册全部出齐。1947年11月重版，精装20册。丛书共收录历代书画、雕刻摹印、瓷铜玉石、文艺及杂记等五类著作计285种，其中以书画类著作为主。黄宾虹在1928年8月为此丛书重刊所写的序中曰：

> 是编刊行，肇始辛亥，竣工癸丑，曾未三稔，成书百二十册。题签标帙，不胫而走者，凡数千部。逮乙卯再版，至今又十余年。考古名家，如珍玮宝，摊泉冷客，频问陈编。既快睹于争先，或殷情于待后。虽锲而弗舍，匪辞仆仆，从事之劳，而座有向隅，时抱姗姗来迟之感。因鉴于此，不获自已，重拟覆印。①

在民国三十六年增订版之丛书第四集第一辑首页注有“辛亥孟春初版刊行，戊辰十月二版复印，民国二十五年夏三版续完，民国三十六年秋四版增订”字样。

（五）《古今说部丛书》

王文濡主编。王文濡（1867—1935），原名王承治，字均卿，别号学界闲民、天壤王郎、吴门老均、新旧废物等，室名辛臼簃，祖籍安徽广德，原籍浙江吴兴（今湖州），长期侨寓上海，晚岁移居苏州。为清季贡生，早年曾加入柳亚子主持的革命文学社团“南社”。先后任国学扶轮社、文明书局、进步书局、中华书局等重要出版社编辑，生平所编辑书籍无数，仅重要丛书就不下数十部。除《古今说部丛书》外，还有《香艳丛书》《说库》《笔记小说大观》《词话丛钞》等。王氏所供职的国学扶轮社是清末民初上海的一个出版机构，由王文濡和山阴沈知方等主持，以

---

① 黄宾虹：《重刊〈美术丛书〉序》，见徐建融、刘毅强主编《海派书画文献汇编》，上海辞书出版社2013年版，第570页。

刊行中国传统文化读物为主。《古今说部丛书》就是其中重要的一部传统读物丛书。关于丛书体例及资料来源，王文濡在丛书序中曰："欲仿《说荟》、《说海》、《说郛》、《说铃》、《朝野汇编》之例汇而集之，俾成巨佚。"[①] 意即该丛书仿历代说部丛书之体例，并从《玉函山房辑佚书》《汉魏丛书》《古今说海》《百川学海》《津逮秘书》《稗海》《说郛》等丛书中选取周秦至近代小说及笔记270余种，分10集汇印而成。关于该丛书编纂旨趣，该丛书凡例曰："本编所选专就纪述赅洽、笔意古雅、兴味浓厚者为主，可以广学子之见闻，供词家之驱使，不仅醒睡魔销暇日而已也。"凡例又曰："本编随时纂辑，不拘朝代、不分先后，略区门类，以便阅者。"[②] 故该丛书体例略显粗疏，编次亦较杂乱，分类也欠妥当。如第一辑分为史乘、博物、风俗、怪异、文艺、清供、游戏、游记、杂志9类，宋代江洵《灯下闲谈》属杂志类，却归入史乘类，而游记特辟一类，仅收韩愈《五岳约》，等等，均体现出该丛书编纂方面存在的一些不足。

（六）《笔记小说大观》

为王文濡供职进步书局时所编。丛书分8辑，又外集1辑，收录上起晋代，下迄清末共201家的226种笔记小说，初装共48函，凡500册，全书内容广泛，涉及诸子百家、文学艺术、历史地理、天文历算、博物技艺、医药卫生、典章制度、金石考古、社会风俗、人物传记、宫廷琐记、神鬼怪异及神话传记等，每种书前有编辑者写的内容提要。该书堪为《说库》的姊妹篇，内容和《说库》所采没有一种相同；读者购了《说库》，不得不再购该书。《说库》的提要，在总的目录后，该书没有总目录，提要就登载在每篇之前，也很适当。自晋唐起，直至宋元明清，凡属名作，可谓应有尽有。最早的有晋代葛洪的《西京杂记》，以后有唐代苏鹗的《杜阳杂编》，宋代黄庭坚的《宜州家乘》，元代陆友仁的《砚北杂志》，明代徐应秋的《玉芝堂谈荟》，清代毛祥麟的《墨余录》等。所谓笔记小说，不过是一种混称而已，实则都是笔记，没有小说在内。但本丛书是继宋代李昉《太平广记》之后对历史上笔记小说的又一次系统整理

① 王文濡：《古今说部丛书序》，见国学扶轮社校辑《古今说部丛书》，民国二年（1913）国学扶轮社排印本。

② 《古今说部丛书序·凡例》，见国学扶轮社校辑《古今说部丛书》，民国二年（1913）国学扶轮社排印本。

和编辑，为后人提供了多方面的历史文化知识，具有很高的学术和资料价值。只是有不少小说作了删节，只能称为“节本”，而且收录过泛，如所收《意林》《九国志》《入蜀记》《三吴游览志》《临汉隐居诗话》等书，把笔记小说的范围扩展到漫无边际。此外，还收入一些伪书，如郑景望的《蒙斋笔谈》、永亨的《搜采异闻录》等。从编纂体例上看亦欠谨严，抄写、断句又常有错误。

该丛书1912年由上海进步书局以石印线装袖珍本出版。1981年秋，扬州广陵古籍刻印社从苏北农村收集到了这部巨著，内容完整无缺。该社为适应学术界的需要，采用排印和影印结合的办法加以出版，共35册。1984年，由江苏广陵古籍刻印社作了校勘，补漏订误达万余处，以16开本每页影印原书四面，重新出版，每部平装亦35册。

（七）《清人说荟》

雷瑨辑。雷瑨（1871—1941），字君曜，别号娱萱室主，笔名云间颠公、缩庵老人等，松江县人。清光绪十四年（1888）举人。曾任扫叶山房编辑，《清人说荟》即其任职扫叶山房时所编。

《清人说荟》收笔记小说40种，分期编印，初集、二集各20种，初集石印于民国六年（1917），二集石印于民国十七年（1928）。书名模仿清陈世熙《唐人说荟》。可惜的是，此集所收与其书名有点名不副实。“小说”的概念和范围过于宽泛，像初集中的《圆明园词序》《八旗人著述存目》《光绪帝大婚妆奁单》和二集中的《国初品级考》《牧翁先生（钱谦益）年谱》等，很难归入传统意义哪怕是民国时期相对宽泛的小说系列。

第三节　集部古籍丛书

一　集部古籍丛书概览

按传统的图籍分类法，《隋书·经籍志》第一次正式确立“集部”，并在集部比较集中地著录各类文学文献，奠定了此后历代目录学及图书分类实践中“集部”的分类基础，使“集部”成为四部分类中专门收录历代作家的散文、骈文、诗、词、曲和文学评论等著作类目。关于集部的下属分类，历代多有不同。《四库全书》分集部为楚辞、别集、总集、诗文评、词曲五类，在历代图书分类实践中较具代表性。其中“别集”（从广义上讲也应包含“楚辞”）是以著录某位作者的部分或全部作品为原则的个人作品集，为单本（套）著述，显然不属于丛书范畴，而“总集”“诗文评”“词曲”则成为集部丛书分类的主体。《中国丛书综录》及《中国丛书综录续编》则在“总集”“诗文评”的基础上，增加了“郡邑”和“氏族”两类，并将“词曲”析为“词集”与“戏曲”。其中“总集”又按时代因素分为通代、汉魏六朝、唐代、宋代、金元、明代、清代、民国八小类。《中国丛书广录》关于集部丛书分类则略有不同，共分 8 类：楚辞类、总集类、地方艺文类、家集类、词集类、曲类、小说类、诗文评类。其中总集类又分通代与断代两类，而断代又细分为汉魏六朝、隋唐五代、宋代、元代、明代、清代、民国及其以后 7 小部分。其曲类又细分为杂剧、传奇、散曲、曲选、杂曲、曲谱 6 小类。下面我们综合《中国丛书综录》《中国丛书综录续编》《中国丛书广录》对集部丛书的分类，将其各自所收民国时期集部丛书数量统计如下表 9—4。

表 9—4　**《中国丛书综录》《中国丛书广录》《中国丛书综录续编》收录民国集部古籍丛书类别及数量一览表**

<table>
<tr><th colspan="2">类别 \ 书名 / 种数</th><th>中国丛书综录</th><th>中国丛书综录续编</th><th>中国丛书广录</th><th colspan="2">合计</th></tr>
<tr><td rowspan="8">总集</td><td>通代</td><td>9</td><td>0</td><td>10</td><td>19</td><td rowspan="8">95</td></tr>
<tr><td>汉魏六朝</td><td>2</td><td>0</td><td>0</td><td>2</td></tr>
<tr><td>唐代</td><td>15</td><td>5</td><td>2</td><td>22</td></tr>
<tr><td>宋代</td><td>1</td><td>0</td><td>1</td><td>2</td></tr>
<tr><td>金元</td><td>5</td><td>1</td><td>0</td><td>6</td></tr>
<tr><td>明代</td><td>4</td><td>0</td><td>1</td><td>5</td></tr>
<tr><td>清代</td><td>12</td><td>1</td><td>6</td><td>19</td></tr>
<tr><td>民国</td><td>13</td><td>0</td><td>7</td><td>20</td></tr>
<tr><td colspan="2">郡邑</td><td>22</td><td>1</td><td>6</td><td colspan="2">29</td></tr>
<tr><td colspan="2">氏族</td><td>64</td><td>3</td><td>29</td><td colspan="2">96</td></tr>
<tr><td colspan="2">诗文评</td><td>5</td><td>2</td><td>4</td><td colspan="2">11</td></tr>
<tr><td colspan="2">词集</td><td>26</td><td>4</td><td>11</td><td colspan="2">41</td></tr>
<tr><td colspan="2">戏曲</td><td>28</td><td>11</td><td>16</td><td colspan="2">55</td></tr>
<tr><td colspan="2">小说</td><td>0</td><td>0</td><td>7</td><td colspan="2">7</td></tr>
<tr><td colspan="2">合计</td><td>206</td><td>28</td><td>100</td><td colspan="2">334</td></tr>
</table>

从表9—4中可以看出，民国时期集部古籍丛书中，氏族类和总集类数量最多，其次是戏曲类和词集类，然后是郡邑类。最少的是小说类，只有《中国丛书广录》所收7种，这主要原因在于民国及其以前有关“小说”的内涵尚不确定，许多史料性学术性笔记和文学性的小说文体混在一起，从而使“小说”外延过于宽泛，大部分被归入子部“小说”类当中。

氏族类集部古籍丛书，《中国丛书广录》亦称“家集类”，是指一个家族之内不同诗文著作的汇编。氏族类丛书在民国集部丛书中数量居多的原因，可从中国传统宗族文化中寻找到一些答案。正如学者江庆柏先生所言：“从书目、总集等中可以看到，许多家族的著作活动几个世纪以来延绵不断，充分显示了家族源远流长的文化传统以及家族文化活动的旺盛生命力。”[①] 这段话虽是针对苏南家族文化而言，但也反映了中国家族文化在著述或“立言”方面的一般特征或旨趣。儒家倡导的“三不朽”中，“立言”虽居末位，但似乎最为一般士大夫文人或诗书之家所重，诚如曹丕《典论·论文》所述：“盖文章经国之大业，不朽之盛事。年寿有时而尽，荣乐止乎其身，二者必至之常期，未若文章之无穷。是以古之作者，寄身于翰墨，见意于篇籍，不假良史之辞，不托飞驰之势，而声自传于后。”因此，著书立说，传承后世，让家族文化薪火相传，成为历代中国士大夫终极价值追求的重要部分，也成为中国历代氏族文献或家集数量可观的重要原因。民国时期虽动荡不安，但文人士大夫及其家族的文化传承意识并未因此而削减，特别是诗文类著述，受经济等客观条件影响相对较小，因此，氏族类集部文献的生产暨丛书刊印势头并未削减多少。从单部丛书容量或体积看，氏族类集部丛书部头相对偏小，这也是集部古籍丛书的普遍性特征之一。近代文史学家、教育家唐文治在《锡山秦氏文钞序》中说：“从未有以家族之著述汇为鸿编者。即有之，亦不过三五人，或十数人而止，然已不数数觏，而况奏对尺牍，书序赠答，散奇骈偶，璀璨矞皇，兼以闺门鞶帨，绣口锦心，丽藻彬彬，芬流寰宇。此虽海内名族，如曲阜之孔、太原之王……亦鲜斯美。”[②] 此虽意在赞美锡山秦氏家族文献之巨，但也从某一侧面道出了古代家族类丛书在容量或体积上的一个

① 江庆柏：《明清苏南望族文化研究》，南京师范大学出版社1999年版，第279页。

② 秦毓钧辑：《锡山秦氏文钞》卷首，1930年咏烈堂铅印本。

特点。

总集是记录了多人作品的合集，它既可以包括断代和通代的作品，也可以包括一种体裁和多种体裁的作品。民国时期总集类集部丛书分时代看（包括通代）数量均不算多，但从总体看，数量达 95 种，与氏族类古籍丛书数量几可持平。从刊印方式看，清代及其以前的总集类丛书多以影印（石印）或排印前人辑本为主，如《汉魏六朝百三名家集》，历代有多种刊本，民国时期扫叶山房、四川官印局等均有翻印。从内容看，民国编纂辑录的集部丛书多以晚清或时人著述为主，由于采用新式印刷技术，新纂丛书部头或容量也相应增加，像《虞社丛书》《南社丛选》《现代十大家诗钞》《现代十大家文钞》等，无论收录种数还是总体规模，都是前代同类丛书中少见的。氏族与总集类以外，尚可一提的是戏曲类与词集类，数量分别为 55 种和 41 种，从这两类丛书所录内容看，均体现了民国年间对前代戏曲与词类文献的集成性整理与汇辑性倾向，许多戏曲类和词集类丛书的学术性资料性都很强，戏曲类方面如《汇刻传剧》《奢摩他室曲丛》《清人杂剧初集》及二集、《古今名剧选》等，词集方面的如《景刊宋金元明本词四十种》《校辑宋金元人词》《清名家词》等，学术意义暨文献史料价值都很高。另外，词集中实际包含了作品与词论两部分内容，其中词论性丛书汇辑历代词话，部头大，收录面广而全，文献价值极高，像唐圭璋辑《词话丛编》，况周颐辑、王文濡增补的《词话丛钞》等，堪称这一时期词集类古籍丛书的扛鼎之作。

二　重要集部古籍丛书举隅

（一）《周浦南荫堂姚氏丛刊》

姚养怡辑。姚养怡（1909—1992），字永年，号祖夔，上海南汇县周浦镇人。父早丧，家境贫寒，14 岁赴沪谋生，勤奋嗜学，于古诗词深有造诣，曾为上海“乐天诗社”“上海市地方史学研究会”会员、南社社员。生平搜集地方掌故文献颇丰，所辑相关文献稿本有《周浦掌故从钞》《周浦文献》《周浦竹枝词钞》《周浦诗存》和《永定寺小志》等。生平所编除《周浦南荫堂姚氏丛刊》外，还有《周浦姚氏家乘杂咏》。遗著有《养怡文稿》4 卷。

周浦南荫堂姚氏家族起自姚埙（约 1457—1503），字以和，号节庵，明代成化年间任太常寺卿。祖籍河南，其祖辈随宋王朝南渡至浙江，后来迁至浦东周浦，当时，周浦还是个荒僻的村落，姚埙节衣缩食，广筑廛舍，并集资兴建永兴和积庆两座石桥。又浚义井，解决居民的饮水问题。接着，又招集商贾，逐渐形成了后来繁荣一时的周浦镇。当时民间流传着“先有姚家厅，后有周浦镇”的谚语。姚家厅即南荫堂，堂额为文徵明所书，故姚氏后代至今仍以“南荫堂”为号。姚永年即以“周浦南荫堂姚氏丛刊”为名汇辑家族历代著述：

> 姚氏乡为我里望族。开基极早，代出名儒。有声庠序，工诗能文并擅医术者十数家。其著述多藏庋未梓。养怡惧其年湮代远，日就佚遗沦亡也，乃刻意经营，罗而汇辑之。阅数月而告成，都为一编。[①]

《周浦南荫堂姚氏丛刊》初编共收录姚氏家族著述6种：姚永年辑《澧溪姚氏诗钞》2卷，清姚兰泉撰《秋塘蜀道诗》2卷附录1卷，民国姚其慎撰《六宜楼吟草》1卷附录1卷，姚永年辑《见贻杂录》1卷附录1卷。书末附姚永年辑《南荫堂姚氏家乘杂咏》1卷《续咏》1卷。初编出版适遭日寇侵占上海之“八·一三”战乱，所出书版“尽付劫灰”，现存丛书为抗战中重版：

> 拙辑丛刊编集校雠早告蒇事，即待装帧，适以八一三沪变，猝发铜纸，各版俱存战区，未及取出，尽付劫灰。精神金钱，损失浩繁，十年搜纂，功亏一篑，殊以为憾。乃荷海内同文，函电驰问，殷殷垂念，至深铭感。用特重付剞劂，以广流传。惟国难方殷，纸张版氏因陋就简，聊存手泽而已。一俟时局宁靖，拟再删芜存菁，另行选录并与续编各稿一并付刊。[②]

可见，《周浦南荫堂姚氏丛刊》现存版本应为民国二十六年（1937）万卷图书斋重新排印本，当时抗日战争仍处峰端，所以“纸张版氏因陋就简”。未见续编。

---

① 朱淮涛：《周浦南荫堂姚氏丛刊序》，见《周浦南荫堂姚氏丛刊》初编第1册，民国二十六年（1937）周浦南荫堂姚氏刊本。

② 姚永年：《养怡启事》，见《周浦南荫堂姚氏丛刊》初编第1册，民国二十六年（1937）周浦南荫堂姚氏刊本。

（二）《明清八家文钞》

徐世昌辑。徐世昌（1855—1939），字卜五，号菊人，别号水竹村人、石门山人等，是中华民国第五任总统。徐世昌一生虽称不上国学大师，但他对近代文化的贡献却是不容忽视的，其中最值得提及者便是各类图书的编纂与刊刻。徐世昌一生主持编纂和刊刻图书达30余部，多是大型套书或丛书，仅就这一点来看，徐世昌足可称得上近代出版家。在徐氏所主编的图书中，最具文献学术价值、也最能体现他对近代文化贡献者，是他主持编撰并刊刻的两部大型文献，一是《晚晴簃诗汇》（又名《清诗汇》），二是《清儒学案》。《明清八家文钞》是徐世昌主持编辑的又一重要文献，虽然此书所选"八家"存在见仁见智之议，但自明代茅坤之后的明清古文选本中具有重要地位，与稍前问世的王文濡《明清八大家文选》为清末民初两部重要明清古文选本。丛书收《归震川先生文钞》2卷，《方望溪先生文钞》2卷，《姚姬传先生文钞》2卷，《梅伯言先生文钞》2卷，《曾涤生先生文钞》4卷，《张廉卿先生文钞》2卷，《吴挚甫先生文钞》4卷，《贺松坡先生文钞》2卷。此书的编纂明显是继承明代茅坤所编《唐宋八大家文钞》，也是与徐世昌对明清以来古文发展的独特理解和把握分不开的。

> 自宋以后至于今七八百年，惟归熙甫氏崛起有明，为文家之正宗。及清代，昌明学术，望溪方氏首以古文义法号召天下，文学蹊径由是益明。是后以文章擅誉海内者，姚姬传鼐、梅伯言曾亮、曾涤生国藩、张廉卿裕钊、吴挚甫汝纶、贺松坡涛皆巍然为当代大师，学者之所宗仰。要之，清代文学至姚而后醇，至曾而后大。张吴两先生力跻崇奥，追还三古两汉之隆，而贺先生卓然为其后劲。此有识者之所共见，非可以意为轩轾者也……今录归方以下至于贺氏为明清八大家文钞，以继茅选之后，盖数千年文学之承传绵延不绝者，章章在是矣！①

此书为桐城吴汝纶之子、近代古文家吴闿生（北江）代为评选，每

① 徐世昌：《明清八家文钞序》，见《明清八家文钞》，民国二十年（1931）天津徐氏刻本。

则文末多有简明扼要之评语。书名页由徐世昌自题。全书于民国二十年（1931）刻成问世，精纸精刻线装，共10册，历来为收藏界视为民国木刻之典范。版片藏于故宫博物院，中国书店曾于20世纪80年代据原版重印。

（三）《清人杂剧初集》《清人杂剧二集》

近人郑振铎（1898—1958）辑。郑氏生于浙江温州，原籍福建长乐。我国现代作家、学者、文学史家，也是现代著名收藏家。民国年间任商务印书馆编辑，是《小说月报》《公理日报》《世界文库》等书刊主编，曾任燕京大学、清华大学、上海暨南大学等校教授。出版了《插图本中国文学史》《民俗学概论》《民俗学浅说》《近百年古城古墓发掘史》等专著或译著，还创作了短篇小说集《家庭的故事》中的大部分作品，堪称近现代学术及收藏大家。中华人民共和国成立后曾任全国文联福利部部长、全国文协研究部长、人民政协文教组长、中央文化部文物局长、民间文学研究室副主任、中国科学院考古研究所所长、文化部副部长等职。清人戏剧既是郑氏藏书之重要部分，也是其文学史研究的重要内容之一。郑氏曾计划将能收集到的清人杂剧作品全部按照古刊本或抄本影印成系列丛书，原刊本中的序、跋、题词及评释文字均不加删减，力求保持原书原貌，为后人研究清代杂剧提供尽可能完备的资料。

> 杂剧之于清季，实亡而未亡也。然三百年间，杂剧之盛，远不若诗词古文。撰作虽伙，汇辑莫闻。邹氏之《杂剧新编》虽多载易代诸家，并及于今、梅村、西堂。然康、雍以后，类多单本，殊鲜汇编。其幸存于今者，仅亦什一而已，若防思之《四婵娟》剧，红友之《珊瑚》,《霓裳》，目在书亡，增人慨惜。及今而不为辑录，则什一之仅存者，几何不消亡殆尽乎？予性嗜读曲，尤好搜讨。涓涓不止，久亦成溪。十余年来，所聚清剧，不期乃逾二百数十本。于王氏《曲录》所载，已增三倍（《曲录》载清代杂剧仅八十四本）。因思论次结集，步晋叔，林宗后尘。所愧为力微薄，未能全刊。爰先以六之一为初集，俾流布焉。[①]

① 郑振铎：《清人杂剧初集序》，《中国文学研究》上册，人民文学出版社2000年版，第702—703页。

《清人杂剧初集》及二集各收40种，二集较初集晚三年成书，1934年辑成。郑振铎《清人杂剧初集序》曰：

> 凡收杂剧四十本，编为《二集》。合之《初集》四十本，较林宗二书，卷帙固已过之。然所欲流布者，尚不止此。《三集》已裒然成书待印。《三集》以下则正在拟目。《二集》之编印，历时三载，备尝艰苦。其间中辍于乱离播迁，或无力印刷者不止一次。赖众力之助，终抵于成，喜可知也。却亦几至典衣减食以赴之矣。措大生涯，乃复好事，其不中途蹶倒者幸耳。而《三集》之能否继之而出，固在不可知之数。[①]

（四）《彊村丛书》

朱孝臧校辑。朱孝臧（1857—1931），一名祖谋，字古微，又字藿生，号沤尹，又号彊村。归安（今浙江湖州）人。清光绪间官至礼部侍郎。辛亥革命后以遗老自居，专事词的创作和词学研究。

《彊村丛书》共260卷，汇刻唐宋金元词总集5种，另辑温庭筠《金奁集》别集1种，词别集收宋112家、金5家、元50家（含朝鲜李齐贤《益斋长短句》），每集后多附有朱氏校勘记。注重对前代词谱词调的注解及资料辨别，是朱氏校勘之特色之一。曹元忠在丛书序中对此曰："顾彊村所尤致意者，则在声律。故于宫调旁谱之属，莫不悉心校定。"[②] 并对声律之外的一些错误或不足之处加以勘补，每种书均注明版本来源。从所收子目版本看，以辑录稀见善本为主，凡前人已刻善本均不收。

该丛书初为归安朱氏1922年三校刊本，江苏广陵古籍刻印社1979—1980年据以影印，上海书店出版社与江苏广陵古籍刻印社1989年据重印本缩印，上海古籍出版社1989年据夏敬观、汪东手批本缩印，并附《彊村遗书》。

（五）《校辑宋金元人词》

赵万里辑。共73卷，辑词别集65家，其中宋56家、金2家、元7

---

① 郑振铎：《清人杂剧初集序》，《中国文学研究》上册，人民文学出版社2000年版，第718页。

② 曹元忠：《疆村丛书序》，《东方杂志》1918年第15卷第6期，第123页。

家，另有宋元词总集2种、宋人词话3种。附《宋金元名家词补遗》1卷。本书有51种词集不为其他丛书所收。如已为毛晋、王鹏运、江标、朱祖谋、吴昌绶刻本所收者，则补各刊本之佚词附于诸家之后。书中间附编者按语。本书校辑之精审，又胜前人。胡适对此书评价甚高：

> 赵万里先生校辑宋金元人词，计词人七十家，凡得词一千五百余首，除一小部分（如《稼轩词》丁集）之外，都是毛晋，王鹏运，江标，朱孝臧，吴昌绶诸家汇刻词集所未收的。他自序说，“汇刻宋人乐章，以长沙《百家词》始，至余此编乃告一段落。”这话不是自夸，乃是很平实的估计。他给宋金元词整理出这许多的新史料来，我们研究文学史的人，都应该对他表示深厚的感谢和敬礼。①

施蛰存曾在其手稿中列该丛书“七佳”：

> （1）《漱玉词》辑本可称最善；（2）（元）刘敏中《中庵乐府》久佚，惟此本全词二卷；（3）（元）洪希文《去华山人词》乃足本，较彊村所据钱塘丁氏藏钞本为胜；（4）《稼轩词丁集》补双照楼刊本所缺；（5）《闲斋琴趣》据星凤阁钞本，乃全帙；（6）《梅苑》据《永乐大典》及《花草粹编》校正李氏圣译楼本数百事，又搜得佚词十八首；（7）《古今词话》辑本最多（67则）。②

该丛书有前中央研究院历史语言研究所1931年排印本。

（六）《清名家词》

陈乃乾辑《清名家词》134卷，收录清初李雯至近代王国维100家134种专集，每种1卷，以作者生卒年代先后编次，首为小传，再为原刻《序言》一至数篇，词加标点，间附校记。全书末附卢前《饮虹移论清词百家》。编者原拟分批出版清代词集，此书为第一辑。本书搜罗广、选择精，清代词宗硕匠，大致齐备，时人称其“百辈词流慧业存”，指出该丛

① 胡适：《赵万里〈校辑宋金元人词〉序》，《胡适文集》5《古典文学研究·上》，人民文学出版社1998年版，第208页。

② 施蛰存：《〈校辑宋金元人词〉佳处》，《施蛰存全集》第7卷《北山楼词话》，华东师范大学出版社2012年版，第206页。

书对于清名家词的学术传承意义。

> 清代学术蔚盛，度越前修，词亦其一。清空婉约深宏柔厚，浙西常州两派，前后倡导，各标宗尚。而探其源流正变，以氏于大成。盖宋金元词之刊，自《彊村丛书》出而尽善尽美。以清代作家之林林，独无汇刻，学者以为憾。海宁陈乃乾先生出其清閟，有清名家词之校刊，卓卓略备，传先启后，其功伟矣。①

该丛书当然还存在一些缺点或不足，像所据版本多非足本，佚词未能辑补，校勘亦不甚精审，且任意删除原刻题词、评语以及序跋等。该丛书初为开明书店1937年排印本，上海书店1982年据以影印，分10册装订。

① 白蕉：《题共读楼校刻清名家词》，《人文月刊》1936年第7卷第6期，第7页。

余论　民国古籍丛书出版业的现代启示

民国时期是一个承前启后、继往开来的时代，传统的雕版印刷业渐趋式微，新式的现代印刷技术蓬勃兴起并获得广泛应用，古籍丛书的编纂出版模式也由传统的私人及作坊刻书转向以新式印刷技术为支撑的现代印刷业为主，特别是影印和铅字排印技术的广泛采用，使古籍丛书的出版速度和规模较之传统雕版古籍的出版有了质的飞跃和提高，新出古籍丛书数量和种类都非常可观，古籍丛书的编纂出版也成为民国图书出版业的重要组成部分。纵观短短 38 年的民国古籍丛书出版业，既有相对骄人的成就和亮点，亦有其局限和不足。正确客观地梳理和分析个中原因或利弊，对于我们当下的古籍丛书出版业来说不无裨益。

一　健全的法制是维护古籍丛书出版企业权益的重要前提

版权意识淡漠，盗版侵权现象严重，这是民国年间古籍丛书出版领域乃至整个出版界的通病，也是无法依靠出版业自身得以消除的一个致命短板。

应该说，盗版翻刻一直是我国刻书出版业中的痼疾。叶德辉《书林清话》中就有“翻版有例禁始于宋人”的专条，有“肆估翻刻他人书板，诚有害于士林”“世风日降，遇有风行善本，无不展转翻雕，则又无怪刻书者之防范增严矣”等记载①，说明宋代的盗版侵权现象已十分明显，以

① 叶德辉：《书林清话》卷 2《翻版有例禁始于宋人》，中华书局 1987 年版，第 36—37 页。

至“书者之防范增严”，甚至需要政府或皇家出台相应的禁例来制止。明清时期书籍牌记上多有“不许翻刻”“不许重刻”“敢有翻刻必究”“翻刻千里必究”等版权声明，同样说明盗版翻刻现象的普遍。民国时期版权方面的法律条文虽较清代及以前有所进步，但一方面是国家积贫积弱，政局动荡，始终缺乏一个强有力的统一政府来完善并执行相关法律，一方面民众的文化水准低，法制观念淡漠，版权方面的法律条文虽有若无，图书盗版侵权现象依然十分盛行。现代出版手段在大力提高图书出版效率的同时，也为图书盗版提供了更为便捷的条件，使得盗版侵权量更大，面更广，许多出版企业因此大受影响，苦不堪言。比如，最具影响力的商务印书馆在出版书籍之始，就有“版权所有，翻者必究”的字样，并在1899年获得江南商务总局示：“禁止坊间翻印商务印书馆编辑出版各书”，但收效甚微。相对于单本书籍而言，成套古籍丛书被盗版或翻印者数量并不很多，但将新出古籍丛书子目单独抽出加以翻印盗印从中谋利者比比皆是，商务印书馆深受其苦。同样深受盗版之困的文明书局创办人廉泉1903年5月直接上书管学大臣张百熙，要求政府维护企业版权：

> 户部郎中廉泉谨呈：为书局扩充，出书日广，恳请严定规条，申明版权并咨行各省学堂局所一体遵行以杜伪乱而维学界事……出版专卖之权，五之公例，各国莫不兢兢奉守，严立法条，所以奖成劳，防冒滥……此东西各国学术之所以日兴，学权之所以有统也……嗣后凡文明书局所出各书，拟请由管学大臣明定版权，许以专利，并咨行天下大小学堂、官私局所概不得私行翻印，或截取割裂，以滋遗误而敢例禁，则学术有所统归而人才日以奋迅矣。伏望迅断施行，学界幸甚，天下幸甚……司员廉泉谨呈。①

尽管张百熙接到上书后肯定了文明书局书籍之善举，并规定：“嗣后文明书局所出各书，无论编辑评述，准其随时送候审定，有本大学堂加盖审定图章，分别咨行，严禁翻印。”② 但收效甚微，屡遭盗版侵权的文明书局依然是举步维艰，最终兼并于中华书局。

---

① 《廉部郎上管学大臣论版权事》，《大公报》1903年5月22日。

② 《管学大臣批答廉惠卿部郎呈请明定版权由》，《大公报》1903年6月4日。

由于当今社会法制相对健全，像民国年间这种肆意盗版侵权的现象很少再出现，但个别出版企业"拼书"出版的现象并不少见。所谓"拼书"出版，即出版企业自己事先策划一部古籍丛书，其中所涉及的子目图书版本稀见，若从馆藏单位或收藏者获得的话需要很大费用，便从已出版的相关古籍丛书中选取该书然后影印，最后形成自己的一套古籍丛书。这实际上就是廉泉上书中所言及的"截取割裂"式盗版之一种。可见，如何更深入地健全完善相关法律，防止各类或明或暗的盗版行为，仍是当下出版业界需要很好思考的问题。

二　科学的顶层规划是避免新出古籍丛书重复收录重复出版的重要保障

缺乏来自国家层面的统一布局与规划，是民国年间古籍丛书出版业的一个重要短板。当时国力衰微，政局分裂并一直处于动荡不安之中，无论是割据政权还是所谓的中央政府均无心也无力于文化建设，古籍丛书编纂出版业的发展在很大程度上主要靠商业利益的驱动，因此，各出版企业在商业利益的驱动下，纷纷瞄准市场销路进行丛书策划和选题，导致不同出版企业间相似或雷同选题的古籍丛书大量出现；有些小出版企业或作坊则是跟风出版，看见某些丛书畅销，便进行类似的丛书编纂策划，书名虽异，所选子目图书多有重复，这种行为实质上是一种盗版侵权行为，但它却有自己的丛书名称，所重复选取的子目图书来源亦有别，等等，让被侵权者无可奈何。总之，无论是企业间缺乏统一规划的自由选题还是跟风策划出版，本质上都会导致各丛书之间重复收录的现象，造成社会资源的严重浪费。当然，这种由雷同选题导致的重复收录重复出版现象，在同一企业特别是大型规范企业内部可以得到较好的控制或解决。商务印书馆堪称民国年间古籍丛书出版业之翘楚，虽然编纂古籍丛书数量可观，但都能较好地避免同一系列丛书甚至不同种类古籍丛书之间的重复收录问题。比如其编纂的《四部丛刊》系列，先后分初编、续编、三编完成，其中续编、三编所收子目均与初编不同，因为要单独出版百衲本《二十四史》，故《四部丛刊》各编中便不再收录二十四史，等等，都是着眼于避免重复收录之弊。

将企业出版选题中的这种统一规划上升到国家或全社会层面，就可以看到国家层面的统一部局或规划对于古籍丛书出版的重要意义。

中华人民共和国成立后的1958年2月，国务院组建国家古籍整理出版规划小组（又称国务院古籍整理出版规划小组，简称“古籍小组”），标志着国家层面古籍整理与出版统一规划的正式开始。古籍小组作为全国古籍整理出版规划工作的领导、组织、协调机构，主要职能之一就是负责制定和组织实施国家古籍整理重点出版规划。小组成立后，确定了古籍整理出版的方针，起草了新中国第一部古籍整理出版重点规划《整理和出版古籍计划草案》，遗憾的是十年浩劫使古籍小组工作陷于停顿。1981年，古籍整理出版规划小组重新恢复，由小组主持制定的《古籍整理出版规划（1982—1990）》《中国古籍整理出版十年规划和“八五”计划》（1991—1995—2000年）也分别于1982年8月和1992年6月经国务院批准颁布实施。1993年，将“国务院古籍整理出版规划小组”更名为“国家古籍整理出版规划小组”，标志着古籍整理与出版国家层面的规划和调控功能更加明显与强化。这种规划和调控虽然带有浓厚的计划经济色彩，但对于全国范围内古籍丛书的规范化具有重要意义。特别是20世纪80年代以来以国家层面统筹规划出版的几部大型古籍丛书像《四库全书存目丛书》《续修四库全书》等“四库系列”丛书及《中国地方志集成》系列丛书等，都能做到统一布局，不仅选本精良，而且系列内部前后丛书之间及各系列丛书之间，基本上做到子目图书不重复。但是，由传统的计划经济转型到社会主义市场经济模式以后，出版社自负盈亏，国家古籍整理出版规划小组的统一布局规划对各出版企业来说只具有宏观引导作用，诸多出版社或出版公司的古籍丛书策划与选题主要依据商业效益与市场导向，导致目前的古籍丛书编纂与出版中选题混乱，不同名目的古籍丛书之间重复收录现象严重，这不仅会造成社会资源的严重浪费，也会导致馆藏空间和单位购书经费的巨大浪费。

因为目前大中型古籍丛书的出版主要是面向各类图书馆的文献收藏。仅就古籍丛书购藏单位的购书实践来看，这些大型古籍丛书或套书在为馆配市场提供了丰富采选货源的同时，也时常让收藏单位采访人员感到无所适从，乃至“左右为难”，主要原因是不同丛书所含子目多有重复，甚至同一家出版社不同选题的丛书之间也有很多子目重复的现象，而且这种重复收录的现象会随着选题的日益多样和类目的细化而更加严重。在采购实践中，采购人员忽然看到一套不错的古籍丛书，仅从目录中就能看出这套丛书中的许多子目本单位已有收藏，每当面临这种情况，图书采访员都会很犯难：订购还是不订购？若订购，丛书中有相当一部分古籍单位图书馆中已有，若不订购，该丛书中还有些子目古籍相当具有购藏价值。但单位购书经费是有限的，就为了其中的几种文献，花大钱购一整套丛书，实在是购书经费和馆藏空间的巨大浪费，于是不得不放弃订购。看来，大型古籍丛书的编纂出版完全靠市场调节还是有很大弊端和局限的，国家如何在市场经济条件下对目前的古籍整理特别是大中型古籍丛书的编纂出版行为作出实质性的科学规划与协调，哪怕是统一规划之后再采取市场运作的方式如招标出版等，以避免古籍丛书出版过程中选题之乱，减少相关浪费，的确是一个值得深入研究的问题。

三 影印是传承和保存古籍的最佳方式

影印是民国年间古籍丛书最重要的出版手段，影印古籍丛书也成为民国新出古籍丛书的最大亮点。其中，商务印书馆的《四部丛刊》堪称民国年间影印古籍丛书之典范。若仅从收书数量看，《四部丛刊》显然无法与乾隆年间编纂的《四库全书》相比，但在古籍版本的保存方面，《四部丛刊》价值要远胜《四库全书》。限于当时的国力及印刷条件，《四库全书》编完后只得用人工抄写而成，而原书的版本面目荡然无存，再加上清王朝利用编《四库全书》之机大量删改原书内容，使得《四库全书》文献参考价值大减，不被学者重视。为了还原《四库全书》所据古籍底本的原貌，《四库提要著录丛书》编纂委员会费 10 年之力，从海内、外馆藏古籍中甄别善本，将《四库全书》所据底本 3000 余种收集在一起加以影印出版，成为《四库提要著录丛书》，这套古籍丛书不仅保存了《四库全书》原本内容的完整性，原底本版本特征也得以原样展示，文献价值远胜手抄之文渊阁、文津阁、文溯阁本《四库全书》。《四库提要著录丛书》是当年国家古籍整理出版重点项目之一，体现了国家对影印文献的重视。

古籍身兼文物价值和文献价值双重属性，从文物的角度看，古籍具有不可再生性。如何在保护文物的前提下使古籍的文献价值得到广泛传播和利用，古人想出了“影刻”的方法让善本古籍“原样”再生。后来，摄影技术与现代印刷制版术的结合，使传统古籍的再生性保护变得更加容易和完美：

> 由于古籍具有文物价值与文献价值的双重属性，目前在古籍的保护上分别采取了原生性保护与再生性保护两种方式。所谓原生性保护，是对古籍原件的保存与养护，主要是针对古籍的文物属性而言的。但这种保护，客观上会限制古籍的利用，使古籍的文献价值发挥不出来。因此古籍的再生性保护便应运而生。众所周知，文物是不具备再生性的；然而古籍图书的文献价值，即书的内容，可以通过翻印的方式得到再生，使其能够继续为人们所利用，这就是古籍的再生性保护。①

民国古籍丛书出版的实践也充分证明，影印是古籍再生性保护的最佳方式和途径。因为影印古籍丛书的优点是显而易见的：不仅将孤本古籍化身千万，而且几乎是原汁原味地保存了古籍的版式特征及内容信息。由于很多古籍分藏在全国乃至全世界相关图书馆或博物馆中，相关研究人员即使费九牛二虎之力跑遍全国、全世界图书馆，也未必能亲睹这些古籍容颜，而收入丛书中的影印本对一般的学术研究（甚至包括某些版本学研究）来说完全可以替代原本古籍，所以，影印古籍无论对保存古籍、文化传承还是学术研究来说，都是很重要的。学者陈福康的如下论述颇能表达当今学界对于影印古籍的看法或倾向：

> 我就知道有不少研究者，在工作中就常常坚持只要有影印本就不用排印本的。（当然，高质量的整理本除外）而且，事实已经无数次地告诉我们，整理影印、化身千百，是对我国民族文献、历史珍本的最有效、最经济、最迅速的保护方法。不仅能大大延续古籍的生命，而且能充分发挥其作用，影印本对研究者来说也是最有价值的。②

当然，影印古籍丛书也有不足之处，便是不利于普及阅读，既无断句也无标点，让中等以下文化程度者“看不下去”。不过话又说回来，既然

① 《影印出版：保护利用古籍的最佳选择》，《光明日报》2011年1月12日。

② 陈福康：《整理古籍应有敬畏之心》，《中华读书报》2013年1月23日。

是普及性阅读，大多是休闲性或消遣性阅读，谁也不会钻到这些故纸堆里来寻求休闲和消遣。显然，这一不足几乎可以忽略不计。

四 质量是排印整理本古籍丛书的生命线

民国时期古籍丛书出版方式除了影印之外，还有排印，当时主要是铅字排印，这实际上是对古籍的整理性再版。民国时期排印本古籍丛书的最佳典范是中华书局编纂出版的《四部备要》。《四部备要》本是中华书局与商务印书馆出版业竞争的产物，也是这两大龙头出版社在古籍丛书出版竞争方面最终取得双赢的经典范例。当时商务印书馆编纂出版的《四部丛刊》市场销售很火，中华书局随之也策划出版《四部备要》来与之分庭抗礼。但《四部丛刊》所收录的古籍均为士子读书研学之必备书目，而且全部是择善本影印，《四部备要》的选目显然也不能脱离大众阅读及研学需求，所选书目便无法避免与《四部丛刊》重复，若再用影印方式出版，亦有步商务印书馆后尘之拙，甚至有侵权之嫌。所以中华书局另辟蹊径，选目可以与《四部丛刊》相同，但底本选取以方便士子实用为原则，即底本不必尽善尽古，但要信息全，注疏权威而经典，最重要的是，用专门制作的仿宋铅字排印，让新出丛书呈现出宋版书的古朴典雅。实践证明中华书局的这一理念是非常正确的，《四部备要》推向市场后，因其实用而又古朴的装帧，吸引了大量读者，实现了经济效益与社会效益的双丰收。

从出版成本上看，《四部备要》费用支出要比《四部丛刊》高昂得多，主要是因为影印所需费用比排印要小得多。商务印书馆在编印《四部丛刊》之初，就曾发生过影印（善本派）和排印（实用派）之争，当时茅盾正在商务印书馆工作，目睹并记载了商务印书馆之所以采用影印而不用铅印的根本原因："倘用铅印，合格的校对人员很难找（编译所中只有编辑《辞源》的一班人可以胜任），即使找到，薪水必高，则《四部丛刊》的成本也将随之增高，也会影响销路。"[①] 事实的确如此。排印所需工序繁多，人力及物力成本亦相应增加。比如，为了体现《四部备要》古朴典雅的风格，中华书局专门请人制作了一套仿宋字体，进入出版程序

① 茅盾：《我走过的道路》（上），人民文学出版社 1981 年版，第 150—151 页。

后，排字、一遍遍的校对等工序，这些都需要成本。尽管如此，中华书局还是咬定质量不放松，不惜代价，确保《四部备要》不出质量差错，甚至在报纸上登出“一字千金”（一字一元）悬赏找错字的广告，虽然意在宣传，但这种质量意识和对自家出版物的高度自信，足为业界楷模。中华人民共和国成立后，国家统一规划组织了一批古籍整理项目，像《二十四史》校点工程等，无论是校对、注释，还是古文今译等，质量都属上乘。但自20世纪八九十年代以来，随着出版社经营体制的转变，在经济效益的冲击下，许多排印本大型古籍丛书在整理质量方面堪忧，尤其是标点、断句乃至古文今译等方面失误比比皆是，颇为学界诟病。很多学者都有这种体会，参阅同一种书，若有影印本，绝不用整理排印本。所以，无论从出版成本还是成书质量效果看，以古籍出新为目的的大型古籍丛书的整理与编纂，笔者认为最好多一些影印本，少一些排印本。

参考文献

一　著作

[1]《回忆中华书局：1912—1987》，中华书局 1987 年版。

[2]《近代天津十大收藏家》，天津人民出版社 2006 年版。

[3]《刘申叔遗书》，江苏古籍出版社 1997 年据宁武南氏原印本重印本。

[4]《千种丛刊目录》，商务印书馆 1927 年版。

[5]《黔南丛书》别集，《黔南丛书》编印处丙子（1936）刻本。

[6]《清史稿》，中国文史出版社 2003 年版《二十五史》丛书本。

[7]《山右丛书初编书目提要》，山西省文献委员会 1937 年 5 月排印本。

[8]《商务印书馆大事记》，商务印书馆 1987 年版。

[9]《商务印书馆九十年》，商务印书馆 1987 年版。

[10]《商务印书馆九十五年》，商务印书馆 1992 年版。

[11]《商务印书馆一百年》，商务印书馆 1998 年版。

[12]《师石山房丛书》，开明书店民国二十五年（1936）10 月版。

[13]《史记》，中华书局民国十二年（1923）影印竹简斋本。

[14]《续修四库全书总目提要（稿本）》，齐鲁书社 1996 年版。

[15]《学林漫录》第 8 辑，中华书局 1983 年版。

[16]《张元济傅增湘论书尺牍》，商务印书馆 1983 年版。

[17]《张元济全集》，商务印书馆 2009 年版。

[18]《中华书局百年大事记（1912—2011）》，中华书局 2012 年版。

[19]《周易正义》（《嘉业堂丛书》本），民国七年（1918）戊午嘉业堂刻本。

[20] 北京古学院编：《敬跻堂经解》，北京古学院民国三十年（1941）孟秋刊本。

［21］卞孝萱:《现代国学大师学记》，中华书局2006年版。
［22］曹书杰:《中国古籍辑佚学论稿》，东北师范大学出版社1998年版。
［23］曹之:《中国古籍版本学》，武汉大学出版社1992年版。
［24］陈伯熙编著:《上海轶事大观》，上海书店出版社2000年版。
［25］陈江辑注:《中国出版史料》，山东教育出版社2001年版。
［26］陈乃乾:《陈乃乾文集》（虞坤林整理本），国家图书馆出版社2009年版。
［27］邓实编:《古学汇刊》，国粹学报社1912年版。
［28］丁尔纲:《茅盾翰墨人生八十秋》，长江文艺出版社2000年版。
［29］董汉良等主编:《越医汇讲》，人民卫生出版社1994年版。
［30］董康:《书舶庸谭》（傅杰校点本），辽宁教育出版社1998年版。
［31］杜泽逊:《文献学概要》，中华书局2001年版。
［32］吴玉搢:《十忆诗》，楚州丛书本。
［33］范军编撰:《中国出版文化史研究书录（1985—2006）》，河南大学出版社2011年版。
［34］冯友兰:《中国哲学史》，华东师范大学出版社2001年版。
［35］傅璇琮、谢灼华:《中国藏书通史》，宁波出版社2001年版。
［36］高信诚:《中国图书发行史》，复旦大学出版社2005年版。
［37］郭汾阳、丁东:《书局旧踪》，江西教育出版社1999年版。
［38］郭沫若:《中国古代社会研究》，人民出版社1977年版。
［39］国学扶轮社校辑:《古今说部丛书》，民国二年（1913）国学扶轮社排印本。
［40］贺葆真著:《贺葆真日记》，徐雁平整理，凤凰出版社2014年版。
［41］洪湛侯:《中国文献学要籍解题》，杭州大学出版社1997年版。
［42］胡朴安:《朴学斋丛书》，民国二十九年（1940）安吴胡氏刊本。
［43］胡适:《胡适文集》，人民文学出版社1998年版。
［44］胡宗楙:《梦选楼文钞》卷下，胡氏津门丙子（1936）年刊本。
［45］胡宗楙:《续金华丛书》，江苏广陵古籍刻印社1983年重印永康胡氏梦选楼甲子（1924）锓本。
［46］湖南图书馆编:《湖南近现代藏书家题跋选》，岳麓书社2011年版。
［47］江庆柏:《近代江苏藏书研究》，安徽文艺出版社2000年版。
［48］江庆柏:《明清苏南望族文化研究》，南京师范大学出版社1999年版。

[49] 蒋士铨：《红雪楼逸稿》，中华书局 1936 年版。
[50] 瞿冕良：《中国古籍版刻辞典》，齐鲁书社 1999 年版。
[51] 李春光：《古籍丛书述论》，辽沈出版社 1991 年版。
[52] 李国新：《中国文献信息资源与检索利用》，北京大学出版社 2004 年版。
[53] 李华兴主编：《民国教育史》，上海教育出版社 1997 年版。
[54] 李肖聃：《星庐笔记》，绛希点校，岳麓书社 1983 年版。
[55] 李兆洛：《养一斋文集》，《四部备要》本（上海中华书局据清光绪戊寅重刊本校刊）。
[56] 李致忠：《历代刻书考述》，巴蜀书社 1989 年版。
[57] 刘宝楠：《论语正义》（《诸子集成》本），世界书局民国二十四年（1935）12 月初版。
[58] 刘承干：《希古楼金石萃编》，文物出版社 1982 年影印本。
[59] 刘国钧：《中国书史简编》，郑如斯订补，书目文献出版社 1982 年版。
[60] 刘尚恒：《古籍丛书概说》，上海古籍出版社 1989 年版。
[61] 刘声木：《苌楚斋随笔》，民国十八年（1929）直介堂丛刊本。
[62] 鲁迅：《鲁迅日记》，人民文学出版社 2006 年版。
[63] 伦明：《辛亥以来藏书纪事诗》（《伦明全集》本），广东人民出版社 2012 年版。
[64] 罗继祖：《枫窗三录》，大连出版社 2000 年版。
[65] 罗继祖：《我的祖父罗振玉》，百花文艺出版社 2007 年版。
[66] 罗继祖：《永丰乡人行年录》（肖文立编《雪堂类稿》本），辽宁教育出版社 2003 年版。
[67] 罗振玉：《罗振玉学术论著集》，上海古籍出版社 2010 年版。
[68] 罗振玉：《雪堂自述》，江苏人民出版社 1999 年版。
[69] 闵尔昌编：《碑传集补》（《近代中国史料丛刊》本），文海出版社 1973 年版。
[70] 缪荃孙、吴昌绶、董康：《嘉业堂藏书志》，吴格整理点校，复旦大学出版社 1997 年版。
[71]（南宋）俞鼎孙、俞经辑：《儒学警悟七集》，陶氏民国壬戌（1922）刻本。

[72] 潘树广：《潘树广自选集》，江苏大学出版社 2012 年版。
[73] 秦毓钧辑：《锡山秦氏文钞》，1930 年咏烈堂铅印本。
[74] 裘庆元编：《珍本医书集成》，世界书局 1936 年版。
[75] 桑兵等编：《近代中国学术批评》，中华书局 2008 年版。
[76] 上海通社编：《上海掌故丛书》，民国二十四年（1935）铅印本。
[77] 上海图书馆：《中国近现代丛书目录》，上海图书馆出版社 1979 年版。
[78] 上海图书馆编：《图书馆工作手册》，中国国际广播出版社 1990 年版。
[79] 上海图书馆编：《中国丛书综录》，上海古籍出版社 2007 年版。
[80] 沈昌文：《八十溯往》，海豚出版社 2011 年版。
[81] 沈雁冰：《茅盾全集》，人民文学出版社 1989 年版。
[82] 沈云龙主编：《近代中国史料丛刊》正编、续编、三编，文海出版社 1966—2006 年版。
[83] 施廷镛：《中国丛书综录续编》，北京图书馆出版社 2003 年版。
[84] 施蛰存：《施蛰存全集》，华东师范大学出版社 2012 年版。
[85] 宋应离、袁喜生、刘小敏编：《20 世纪中国著名编辑出版家研究资料汇辑》，河南大学出版社 2005 年版。
[86] 宋原放主编：《中国出版史料·近代部分》，湖北教育出版社、山东教育出版社 2004 年版。
[87] 万希槐：《十三经证异》，民国十年（1921）刻本。
[88] 汪家熔：《近代出版人的文化追求》，广西教育出版社 2003 年版。
[89] 王德毅主编：《丛书集成三编》，新文丰出版公司 1999 年版。
[90] 王德毅主编：《丛书集成新编》，新文丰出版公司 1984 年版。
[91] 王国维：《罗振玉校刊群书叙录》，江苏广陵古籍刻印社 1998 年版。
[92] 王建辉：《出版与近代文明》，河南大学出版社 2006 年版。
[93] 王建辉：《文化的商务——王云五专题研究》，商务印书馆 2000 年版。
[94] 王森然：《近代名家评传》，三联书店 1998 年版。
[95] 王涛等编：《商务印书馆一百一十年（1897—2007）》，商务印书馆 2009 年版。
[96] 王余光、吴永贵：《中国出版通史·民国卷》，中国书籍出版社 2008 年版。
[97] 王云五：《商务印书馆与新教育年谱》，江西教育出版社 2008 年版

[98] 王云五：《王云五全集》，九州出版社 2012 年版。
[99] 王云五：《王云五文集》，江西教育出版社 2011 年版。
[100] 韦力：《鲁迅古籍藏书漫谈·上卷》，福建教育出版社 2006 年版。
[101] 吴汉民主编：《20 世纪上海文史资料文库》，上海书店出版社 1999 年版。
[102] 吴家驹：《古籍丛书发展史》，南京师范大学出版社 2011 年版。
[103] 吴梅：《吴梅全集》，河北教育出版社 2002 年版。
[104] 吴庆坻：《蕉廊脞录》，南林刘氏求恕斋刊本。
[105] 吴永贵：《民国出版史》，福建人民出版社 2011 年版。
[106] 吴永贵：《中国出版史·近代卷》，湖南大学出版社 2008 年版。
[107] 萧文立：《罗雪堂述丛稿》，万卷出版社 2012 年版。
[108] 肖东发、杨虎：《插图本中国图书史》，广西师范大学出版社 2005 年版。
[109] 新都杨升庵研究会、新都杨升庵博物馆主编：《杨升庵诞辰五百周年学术论文集》，四川大学出版社 1994 年版。
[110] 徐建融、刘毅强主编：《海派书画文献汇编》，上海辞书出版社 2013 年版。
[111] 徐乃昌：《怀豳杂俎》，南陵徐氏辛亥（1912）刻本。
[112] 徐乃昌编：《积学斋丛书》，清光绪中南陵徐氏校刊本。
[113] 徐乃昌编：《随庵丛书》，光绪间南陵徐氏刊本。
[114] 徐乃昌编：《随庵丛书续编》，南陵徐氏民国五年（1916）刊本。
[115] 徐乃昌编：《鄦斋丛书》，江苏省扬州市古籍书店 1960 年用南陵徐乃昌校刊原版补刊重印本。
[116] 徐乃昌辑：《小檀栾室汇刻闺秀词》，富之江出版社 1996 年版。
[117] 徐世昌辑：《明清八家文钞》，民国二十年（1931）天津徐氏刻本。
[118] 徐雁：《中国旧书业百年》，科学出版社 2005 年版。
[119] 许衍董等编纂：《广东文征续编》，《广东文征》编印委员会 1987 年版。
[120] 严式诲：《音韵学丛书》，国家图书馆出版社 2011 年版。
[121] 严式诲：《音韵学丛书》，四川人民出版社 1957 年影印线装渭南严氏成都校刊本。
[122] 严佐之：《古籍版本学概论》，华东师范大学出版社 1989 年版。

[123] 扬州博物馆编：《江淮文化论丛·第2辑》，文物出版社2013年版。

[124] 阳海清：《中国丛书综录补正》，江苏广陵古籍刻印社1981年版。

[125] 阳海清：《中国丛书广录》，湖北人民出版社1999年版。

[126] 姚永年编：《周浦南荫堂姚氏丛刊》，民国二十六年（1937）周浦南荫堂姚氏刊本。

[127] 叶德辉：《书林清话》，古籍出版社1957年版。

[128] 叶德辉编：《观古堂汇刻书》，光绪戊戌（1898）长沙叶氏郎园重刊本。

[129] 叶再生：《中国近现代出版通史》，华文出版社2002年版。

[130] 叶至善、叶至美、叶至诚编：《叶圣陶集》，江苏教育出版社1994年版。

[131] 怡庵主人：《绘图精选昆曲大全》，世界书局民国十四年（1925）石印版。

[132] 俞筱尧、刘彦捷编：《陆费逵与中华书局》，中华书局2002年版。

[133] 张静庐主编：《中国现代出版史料》，中华书局1957年版。

[134] 张钧衡辑：《适园丛书》，吴兴张氏乙卯（1915）汇刊本。

[135] 张人凤、柳和城：《张元济年谱长编》，上海交通大学出版社2011年版。

[136] 张人凤：《智民之师·张元济》，山东画报出版社2001年版。

[137] 张人凤编：《张元济古籍书目序跋汇编》，商务印书馆2003年版。

[138] 张树华、张久珍编著：《20世纪以来中国的图书馆事业》，北京大学出版社2008年版。

[139] 张树年：《我的父亲张元济》，百花文艺出版社2006年版。

[140] 张树年主编：《张元济年谱》，商务印书馆1991年版。

[141] 张舜徽：《中国文献学》（姚伟钧导读本），上海古籍出版社2011年版。

[142] 张舜徽：《中国文献学》，上海古籍出版社2005年版。

[143] 张秀民：《张秀民印刷史论文集》，印刷工业出版社1988年版。

[144] 张元济：《读史阅世》，陕西师范大学出版社2007年版。

[145] 张元济：《涉园序跋集录》，古典文学出版社1957年版。

[146] 张元济：《张元济诗文》，商务印书馆1986年版。

[147] 张元济：《中华民族的人格》，辽宁教育出版社2003年版。

[148] 张泽贤:《民国出版标记大观》,上海远东出版社 2008 年版。

[149] 张志强:《江苏图书印刷史》,江苏人民出版社 1995 年版。

[150] 章钰:《四当斋集》(《近代中国史料丛刊》本),文海出版社 1987 年版。

[151] 赵传仁、鲍延毅、葛增福主编:《中国书名释义大辞典》,山东友谊出版社 2007 年版。

[152] 郑国勋辑:《龙溪精舍丛书》,潮阳郑氏民国六年丁巳(1917)刻藏家塾本。

[153] 郑士德:《中国图书发行史》,高等教育出版社 2000 年版。

[154] 郑逸梅:《近代野乘》,新中书局民国三十七年(1948)十一月版。

[155] 郑逸梅:《书报话旧》,学林出版社 1983 年版。

[156] 郑逸梅:《芸编指痕》,北方文艺出版社 2009 年版。

[157] 郑振铎:《西谛书话》,三联书店 1993 年版。

[158] 郑振铎:《中国文学研究》,人民文学出版社 2000 年版。

[159] 中国历史文献研究会、安徽省古籍整理出版办公室编著:《明清安徽典籍研究》,黄山书社 2005 年版。

[160] 中国人民政治协商会议大同市新荣区委员会文史委员会编:《大同市新荣区文史资料》第 3 辑,1996 年内部准印版。

[161] 中华书局编:《丛书集成初编目录》,中华书局 1983 年版。

[162] 中华书局编辑部编:《中华书局百年大事记(1912—2011)》,中华书局 2012 年版。

[163] 钟敬文等主编:《古书一叶》,中国广播电视出版社 1997 年版。

[164] 周武:《二十世纪文化名人与上海——张元济书卷人生》,上海教育出版社 1999 年版。

[165] 周子美:《周子美学述》,浙江人民出版社 1999 年版。

二 民国期刊

[1]《安徽省立图书馆季刊》1929 年 第 1 卷第 2 期。

[2]《北京大学日刊》1926 年第 1876 期。

[3]《出版周刊》1937 年第 243 期。

[4]《东方杂志》1917 年第 14 卷第 11 期。

[5]《东方杂志》1918 年第 15 卷第 6 期。

[6]《公理报》1948 年第 1 卷第 12 期。
[7]《贵州文献季刊》创刊号，贵州文献征辑馆 1938 年印行。
[8]《国立北平图书馆馆刊》1933 年第 7 卷第 2 期。
[9]《教育部公报》1936 年第 6 卷第 9—10 期。
[10]《教育月刊》1917 年第 1 卷第 2 期。
[11]《宁波人周刊》1946 年第 1 期。
[12]《青鹤》1936 年第 5 卷第 1 期。
[13]《人文月刊》1934 年第 5 卷第 9 期。
[14]《人文月刊》1936 年第 7 卷第 6 期。
[15]《上海画报》1925 年第 43 期。
[16]《申报月刊》1934 年第 3 卷第 3 期。
[17]《天文台》1947 年 沪版第 4 期。
[18]《同行月刊》1937 年第 5 卷第 1 期。
[19]《同舟》1937 年第 5 卷第 8 期。
[20]《图书馆学季刊》1926 年第 1 卷第 3 期。
[21]《图书季刊》1941 年第 1—2 期。
[22]《图书季刊》1945 年新第 6 卷第 3—4 期。
[23]《图书季刊》1939 年新 1 卷第 3 期、第 4 期。
[24]《图书展望》1937 年第 2 卷第 3 期。
[25]《新中华》1934 年第 2 卷第 5 期、第 7 期、第 9 期。
[26]《学风》1932 年第 2 卷第 10 期。
[27]《学觚》1936 年第 1 卷第 12 期。
[28]《亚洲学术杂志》1922 年第 1 卷第 2 期。
[29]《燕京大学图书馆报》1937 年第 101 期。
[30]《燕京学报》1947 年第 33 期。
[31]《医界春秋》1936 年第 116 期。
[32]《浙江省立图书馆月刊》1932 年第 1 卷 第 1 期。
[33]《浙江省立图书馆月刊》1932 年第 1 卷第 5、6 期合刊。
[34]《浙江省立图书馆月刊》1932 年第 1 卷第 10 期。
[35]《浙江图书馆报》1927 年第 1 卷第 1 期。
[36]《浙江图书馆馆刊》1933 年第 2 卷第 4 期、第 6 期。
[37]《浙江图书馆馆刊》1934 年第 3 卷第 6 期。

[38]《政府公报》1921 年第 2094 号。
[39]《政府公报》1917 年第 635 期。
[40]《职业与修养》1939 年第 1 卷第 5 期。
[41]《中德学志》1943 年第 5 卷第 1—2 期。
[42]《中法汉学研究所图书馆馆刊》1945 年第 1 期。
[43]《中国新书月报》1932 年第 2 卷第 9—10 号。
[44]《中国医药研究月报》1947 年新 1 卷第 8 期、第 12 期。
[45]《中和月刊》1943 年第 4 卷第 7 期。
[46]《中华教育界》1934 年第 9 卷第 21 期、第 21 卷第 9 期。
[47]《中华图书馆协会会报》1929 年第 5 卷第 1、2 期合刊。
[48]《中华图书馆协会会报》1932 年第 8 卷 第 1—2 期。
[49]《中华图书馆协会会报》1940 年第 15 卷第 1—2 合期。

三 现代期刊及学位论文

[1] [日] 武内义雄:《说〈四部丛刊〉》,《支那学》第 1 卷第 4 号。
[2]《赣文化研究》2007 年总第 14 期,江西人民出版社 2008 年版。
[3]《中国文字》新 23 期,艺文印书馆 1997 年版。
[4] 曹之、司马朝军:《20 世纪版本学研究综述》,《图书与情报》1999 年第 3 期。
[5] 陈刚:《中国近代图书市场研究》,《编辑学刊》1995 年第 2 期。
[6] 陈江:《古籍整理家与中国童话的创始人——孙毓修》,《出版史料》1986 年 6 月(总第 5 辑)。
[7] 陈抗:《〈丛书集成初编〉3467 册全部重印完毕》,《古籍整理出版情况简报》1989 年第 219 期。
[8] 杜少霞:《民国时期古籍版本学研究》,硕士学位论文,郑州大学,2007 年。
[9] 方厚枢:《我了解的商务印书馆若干史事——八十回望访谈录》,《出版科学》2009 年第 2 期。
[10] 胡文楷:《张菊老校书琐记》,《出版史料》2011 年第 4 期。
[11] 贾鸿雁:《民国时期古籍丛书出版的成就与影响》,《图书馆杂志》2003 年第 1 期。
[12] 李明杰:《20 世纪中国古籍版本学史研究综述》,《古籍整理研究学

刊》2003 年第 2 期。
[13] 李振声:《钱玄同参与〈刘申叔先生遗书〉编纂始末发微》,《中国现代文学论丛》2007 年第 1 期。
[14] 刘洪权:《王云五与商务印书馆的古籍出版》,《出版科学》2004 年第 2 期。
[15] 刘萌:《商务印书馆古籍出版研究》,硕士学位论文,河南大学,2010 年。
[16] 齐琳:《20 世纪上半叶中华书局古籍出版情况研究》,硕士学位论文,东北师范大学,2009 年。
[17] 施新:《胡宗楙辑刻金华乡邦文献考述》,《浙江社会科学》2010 年第 12 期。
[18] 汪家熔:《陆费逵人品和创办中华书局动机考辨》,《中国编辑》2006 年第 1 期。
[19] 吴永贵:《学习民国时期的古籍出版》,《出版广角》2007 年第 4 期。
[20] 杨丽莹:《扫叶山房史研究》,博士学位论文,复旦大学,2005 年。
[21] 杨嫚:《民国时期的古籍丛书出版探要》,《图书馆学刊》2005 年第 2 期。
[22] 张敏慧:《近代三大古籍丛书的比较研究》,《安徽师范大学学报》(人文社会科学版)2003 年第 1 期。
[23] 周其厚:《中华书局与近代文化》,博士学位论文,北京师范大学,2004 年。
[24] 朱琴:《苏州古代笔记研究》,博士学位论文,苏州大学,2011 年。

后　记

从读研究生开始，我便体会到了古籍丛书的用处和价值，特别是论文中需要的某些古籍资料能在校藏古籍丛书或套书中查到而免去到外地查阅的颠簸之苦时，这种感受更明显。2004 年硕士毕业以后，我有幸到聊城大学图书馆工作近 9 年时间。无论是前期的古籍编目工作，还是后来的文科图书采访工作，都使我对大型古籍丛书的功能特点及学术价值有了更直接、更全面、更理性的认识和把握。聊城大学地处经济落后的鲁西地区，但学校图书馆基础古籍文献类的典藏却颇成体系，既有山东师范学院聊城分院时期由山师划拨过来的《四部丛刊》（包括线装本和洋装本各完整一套）、《四部备要》等民国时期的古籍丛书，也有后来学校自行购藏的"四库系列丛书"、《近代中国史料丛刊》等新出古籍丛书。在聊大古籍书库《近代中国史料丛刊》的索引册上，至今还粘贴着 20 世纪 90 年代初校领导为购买这套大型丛书所写的拨款批条及分期付款记录，而当时能有如此魄力和眼光从台湾引进这套丛书的省内高校并不多，每当看到在外地高校甚至一些名牌高校读博的聊大人专门回校查阅《近代中国史料丛刊》中的相关资料时，我便对当初图书馆人及校领导的魄力及眼光充满了由衷敬意。

在 20 世纪 90 年代后期由传统的卡片管理向计算机管理转变的过程中，聊大图书馆的这些大型丛书均是整体著录，即只能检索到丛书名，而更重要更具有学术检索意义的丛书子目书名及著者均无法检索，这就大大限制了这类文献的使用。因此，馆领导根据我的专业特点，特意安排我到古籍书库对这些大型古籍进行标准 MARC 格式的编目工作。虽然编了一年便因本科教学评估而中止（当时为迎合本科教学评估相关指标要求，各高校疯狂地高复本量地购买新书，造成购书经费和馆藏空间的惊人浪费，我也回采编部从事普通新书编目工作），但正是在这短短的古籍编目过程中，我对这些古籍丛书的内容及价值有了新的感受乃至研究冲动，先后与王云教授合作撰写并发表了《沈云龙与近代中国史料丛刊》（在《民国档案》发表时改题为《简析近代中国史料丛刊的学术价值》）、《张元济与四部丛刊》《四部丛刊编纂考略》等论文。同时，一个关于“民国时期的古籍丛书研究”的课题想法及轮廓也逐渐形成，后经充分论证，申报了教育部2012年度社科规划一般项目并获准立项，本书即该项目最终成果。

看花容易绣花难。三年多的项目研究让我对此深有体会。项目论证设想得很好很丰满，但具体推进落实中却遇到了太多的困难，最突出的便是好多丛书既无法寓目，又缺乏相关文献资料。三年多来，我几乎跑遍了国内相关图书馆，资料收集几近“上穷碧落下黄泉”，即便如此，仍有许多丛书暨资料无法找到，再加上本人天资愚钝学殖浅薄，书中缺憾和错误在所难免，还望方家多多指正。

感谢聊城大学李泉教授、王云教授、吴欣教授、丁延峰教授，济南大学张秉国副教授，山东大学杜泽逊教授，南京大学徐有富教授、郑建明教授，华东师范大学严佐之教授在百忙中审阅书稿；感谢项目组成员马忠庚、杜季芳、刘化兵、高金华、王娟、刘敏诸位师友的支持；感谢聊城大学运河学研究院提供的良好工作环境及学术研究氛围，感谢聊城大学社科处对本项目的支持和帮助。

三年多来，由于项目在身，周末及节假日等休闲时光对我来说可能是最不得闲的时候，妻子袁明霞教学工作并不比我轻松，却承担了更多的家务及孩子照料工作。感谢她的宽容、理解和支持。

崔建利

2015年12月于聊城大学运河学研究院